"十三五"国家重点出版物出版规划项目

转型时代的中国财经战略论丛

# 中国制造业转型升级中产业政策的绩效研究

邱兆林　著

中国财经出版传媒集团

经济科学出版社
Economic Science Press

**图书在版编目（CIP）数据**

中国制造业转型升级中产业政策的绩效研究/邱兆林著.
—北京：经济科学出版社，2019.5
（转型时代的中国财经战略论丛）
ISBN 978 - 7 - 5218 - 0484 - 3

Ⅰ.①中…　Ⅱ.①邱…　Ⅲ.①制造工业 - 产业结构
升级 - 研究 - 中国②制造工业 - 产业政策 - 经济
绩效 - 研究 - 中国　Ⅳ.①F426.4

中国版本图书馆 CIP 数据核字（2019）第 077707 号

责任编辑：刘战兵
责任校对：刘　昕
责任印制：李　鹏

**中国制造业转型升级中产业政策的绩效研究**
邱兆林　著
经济科学出版社出版、发行　新华书店经销
社址：北京市海淀区阜成路甲 28 号　邮编：100142
总编部电话：010 - 88191217　发行部电话：010 - 88191522
网址：www. esp. com. cn
电子邮件：esp@ esp. com. cn
天猫网店：经济科学出版社旗舰店
网址：http：//jjkxcbs. tmall. com
北京季蜂印刷有限公司印装
710 × 1000　16 开　12.5 印张　200000 字
2019 年 5 月第 1 版　2019 年 5 月第 1 次印刷
ISBN 978 - 7 - 5218 - 0484 - 3　定价：46.00 元
（图书出现印装问题，本社负责调换。电话：010 - 88191510）
（版权所有　侵权必究　打击盗版　举报热线：010 - 88191661
QQ：2242791300　营销中心电话：010 - 88191537
电子邮箱：dbts@ esp. com. cn）

# 前　言

　　产业政策是市场经济国家在工业化进程中普遍采用的干预经济运行的手段，在各国经济发展初期，政府通过产业政策保护和扶植特定产业，对推动国民经济快速发展发挥了重要作用。改革开放之后，中国政府相继出台了大量的产业政策文件。从产业政策的范围来看，制造业是政府实施产业政策较多的领域，可以说，中国的工业化进程和制造业转型升级都是在产业政策的引导下完成的。对于中国产业政策的有效性，学术界一直存在较大争论。很多学者从中国产业政策的特征出发研究产业政策的实施效果，认为中国的产业政策延续了计划经济时期政府直接干预经济的传统，阻碍市场竞争，产业发展滞后；也有学者认为，政府制定的产业政策对经济转型期产业结构调整和经济快速发展具有重要的推动作用。本书认为，要对产业政策的绩效进行评价，需要区分不同类型的产业政策。本书根据 1994 年国务院颁布的《90 年代国家产业政策纲要》将产业政策划分为产业结构政策、产业组织政策、产业技术政策和产业布局政策，同时参照了拉尔（Lall，2003）关于选择性产业政策和功能性产业政策的划分。我们界定中国制造业转型升级中产业政策的目标主要包括结构调整、组织优化、技术进步和就业稳定四个方面，并运用理论和实证分析相结合的方法研究了产业政策的有效性。最后，本书基于实证分析的结论，指出了传统选择性产业政策存在的缺陷，以及实施功能性产业政策的政策建议。主要内容如下：

　　第一，从理论和实证两方面分析了产业政策在制造业结构调整中的实施效果。根据耗散结构理论，产业发展的动因源自分工网络内部的自发演进，产业结构变迁是在市场条件下自发实现的，产业政策发挥作用的基础是市场机制正常运转，产业政策的作用方向与产业自身发展规律相一致。中国传统的"选择性产业政策"倾向于挑选规模较大且国有资本比重较高的特定行业进行扶持，这种选择性行为违背了市场规律，产业政策的效果往往并不理想。我们选取了 2004～2014 年中国工业 34 个细分行业的面板数据，实证分析了产业政策对产业结构调整的影响，把政府固定资产投资作为资本投入，政府研发资金投入作为技术投入，以要素投入倾斜来衡量产业政策偏向。结果发现，固定资产投资倾斜与行业产出增长率之间存在负向关系，政府投资倾向于规模较大且国有资本比重较高的行业，这些行业的产出增长率较低；固定资产投资倾斜对全要素生产率和技术改进有显著的正向影响，对技术效率的影响不显著，中国全要素生产率的提升主要得益于技术改进，技术改进则表现为对国外先进机器设备的引进，这主要是通过固定资产投资来完成的。研发资金倾斜对产出增长率和全要素生产率的影响都不显著，表明中国政府研发支出的利用效率较低。

第二，对比分析了中国钢铁行业和家电行业的产业政策特征及产业政策的绩效。我们先系统梳理了 1994 年以来的钢铁产业政策，分析了产业政策的演变过程和特征，发现钢铁产业政策的最大特点是政府行政权力对经济的强势干预。通过测算钢铁行业的市场集中度和生产效率来反映产业政策的实施效果，结果显示：钢铁行业市场集中度偏低，2012 年钢铁行业的集中度 CR4 和 CR10 分别只有 27% 和 45.9%；钢铁企业空间分布比较离散，各地区重复建设严重；钢铁行业的生产效率呈下降趋势，从 2006 年的 0.617 下降到 2012 年的 0.586。中国钢铁产业政策失效的原因主要包括政策制定不合理和执行不到位两方面：钢铁产业政策延续了计划经济的传统，政府选择代替市场竞争，不利于激励企业提高生产效率；地方政府对企业的直接干预，扭曲了企业的投资行为，导致过度投资和产能过剩。作为对比，我们以家电产业的发展历程为起点，探讨了家电产业政策的特征及其对家电产业发展的影响。总体来看，家电产业政策遵循了产业发展的客观规律，针对产业发展的特点采取扶植和诱导的政策手段。我们选取了 18 家家电上市公司作为样本实证分析家电企业的市场结构和技术进步：首先，采用新实证产业组织（NEIO）方法测算家电企业的市场势力，结果显示市场势力溢价为 0.842，说明家电企业不存在很强的市场势力，属于竞争型市场结构；其次，采用 DEA - Malmquist 方法测算了家电企业的全要素生产率，结果显示，家电企业的全要素生产率不断提高，这主要得益于技术改进，而技术效率和规模效率还不高。家电产业政策以优先发挥市场机制的作用为前提，充分的市场竞争促使整个行业的技术水平不断提升，宽松的外部环境和产业政策的有效引导共同推动了家电产业快速发展。

第三，基于行业和区域两个层面实证分析了中国高技术产业的创新效率以及产业政策在促进技术创新方面的绩效。借鉴余泳泽（2010）的研究，价值链视角下，高技术产业的创新过程可分为技术研发和成果转化两个阶段。本书采用随机前沿生产函数模型（SFA）研究了中国高技术产业研发效率和转化效率及产业政策的绩效。在行业层面：2000 ~ 2012 年中国高技术产业 16 个细分行业两阶段创新效率水平总体偏低，2012 年两阶段创新效率分别为 0.41 和 0.25，相对而言，研发效率高于转化效率；从动态趋势看，两阶段创新效率都不断提升，研发效率提高更快，2000 ~ 2012 年研发效率的平均增长率达到 8.36%，转化效率年平均增长率只有 0.3%。在区域层面：2000 ~ 2012 年中国 23 个省份高技术产业的研发效率总体偏低，转化效率相对较高，区域层面上两阶段创新效率与行业层面截然不同，说明大部分省份的高技术企业还不具备核心技术的研发能力，新产品销售的利润率较低，企业主要从事技术含量较低的加工组装工作，依靠资源和劳动力的低成本优势来获取微薄利润；分区域来看，不同省份研发效率差距较小，但转化效率差距较大，东部发达省份在成果转化阶段优势明显，北京、天津、上海、江苏、福建、山东、广东等省份的高技术产业发展较快。我们用政府研发支出和知识产权保护来表示产业政策，实证分析了产业政策和市场因素对两阶段创新效率的影响，结果发现：政府研发支出和知识产权保护对两阶段创新效率都有正向影响，但政府研发支出的贡献度较小，知识产权保护对研发阶段创新效率的正向影响更大；比较发现，企业研发支出对技术创新的正向促进作用比政府研发支出的效果更大，市场竞争对两阶段创新效率的正向作用显著。考虑到外商直接投资（FDI）会带来国外先进的技术并产生技术溢出效应，本书进一步考察了 FDI 对内资企业技术创新的影响，研究发现，FDI 对内资企业的技术研发能力具有显著的溢出效应，但对内资企业的创新成果转化的溢出效应不显著；政府研发支出和企业研发支出对内资企业技术研发能力和成果转化能力的影响都不显著，研发资本支出的利用效率较低。因此，市场机制下，企业应该成为研发活动的主体，政府构建企业研发创新的激励机制，间接引导和鼓励企业创新，而不是主导企业的研发活动。

第四，基于财政支出的视角分析了中国制造业转型升级中产业政策的就业效应。中国经济步入新常态，制造业转型造成经济增速下滑，经济增长对就业的拉动作用趋弱，稳定就业必将成为产业政策的重要内容。作为政府实施产业政策的重要工具，财政支出对就业具有重要影响，本书基于财政支出的增长效应和社会效应将财政支出分为经济建设支出、教育支出、技术支出和社会保障支出四类，从理论上分析了不同类型财政支出对就业的影响机制。然后采用 2007～2013 年中国 30 个省份的面板数据，实证检验了财政支出规模和结构对就业的影响。研究发现：中国财政支出对就业的影响存在滞后效应，滞后一期财政支出规模对就业具有正向影响；不同类型财政支出的就业效应差别较大，其中，经济建设支出对就业的影响不显著，技术支出只在当期对就业有正向影响，而教育和社会保障支出对就业的长期正向影响显著。因此，政府可以通过调整财政支出规模和结构来实现"稳就业、调结构"的目标，提高政府在教育、技术和社会保障方面的财政支出比重，改善教育支出结构、技术创新激励机制和社会保障缴费体制。

第五，在实证分析产业政策绩效的基础上，本书指出了选择性产业政策存在的缺陷，以及功能性产业政策的转型方向。选择性产业政策体现出政府直接干预微观经济、政府选择代替市场竞争的特征。随着市场经济体制不断完善，其阻碍竞争、创新激励不足和维系行政垄断等弊端逐步显现出来，制约了产业结构调整和经济长期增长。因此，适应于市场经济发展和制造业转型的需要，产业政策应该由选择性产业政策向功能性产业政策转型，形成竞争政策优先、产业政策与竞争政策协调互补的公共政策体系。产业政策的作用范围应局限在市场失灵和社会服务领域，政策手段由直接干预向市场监管和间接引导转变。

# 目　录

# 第 1 章 导　论

## 1.1　研究背景及意义

产业政策是指政府为了实现某种经济和社会目标而制定的有特定产业指向的政策总和①。产业政策是市场经济国家在工业化进程中普遍采用的干预经济运行的手段，在各国经济发展初期，政府通过产业政策来保护和扶植特定产业，对推动经济增长具有重要意义。日本被认为是产业政策实施较为成功的国家，产业政策在战后日本经济赶超过程中发挥了重要作用。中国的产业政策也是以日本为借鉴，20 世纪 80 年代以后，大量综合性和单项性产业政策文件相继出台，政策内容几乎涵盖了各个领域，产业政策逐渐成为政府在市场经济体制下对经济进行宏观调控的重要工具。

对中国这样一个处在经济转轨期的国家来说，市场机制并不完善，对经济的宏观调控更需要发挥政府与市场的合力。延续了计划经济体制时期政府直接干预微观经济活动的传统，改革开放之后，政府在"宏观调控"的旗帜下通过制定产业政策干预经济运行。中国在 1986 年开始实施的"七五"计划中明确提出了产业政策的概念，指出产业结构调整的方向和原则以及重点发展的产业。1989 年出台的《国务院关于当前产业政策要点的决定》是中国第一个明确的产业政策文件，之后又相继出台了一系列旨在促进产业结构调整和经济发展的政策措施，特别是20 世纪 90 年代以后，产业政策几乎覆盖了经济活动的各个领域。1992

---

①　江小涓. 转轨经济时期的产业政策［M］. 上海：上海三联出版社，1996：9.

年颁布的《关于加快第三产业发展的决定》要求必须使第三产业有一个快速全面的发展。1994年国务院颁布的《90年代国家产业政策纲要》成为政府制定产业政策的主要依据，明确规定了制定产业政策的原则，指出了国家鼓励重点支持和发展的产业，提出切实加强交通运输、通信、能源等基础工业发展，积极振兴机械电子、石油化工、汽车制造和建筑业发展，使其成为国民经济的支柱产业。1998年发布的《国家重点鼓励发展的产业、产品和技术目录》列出了重点鼓励的29个领域共440种产品、技术和工艺等。在产业政策引导下，一些落后产业在国家政策的扶持下得到了较快的发展，尤其是在工业领域，产品市场上供不应求的局面得到缓解，市场逐渐转向买方市场，但结构不平衡的问题依然存在。2000年之后，政府在继续调整产业结构的同时，加强了对单个产业的干预力度，产业政策更加细化，相继出台了《当前国家重点鼓励的产业、产品和技术目录》（2000年修订）、《促进产业结构调整暂行规定》和《国务院关于投资体制改革的决定》等综合性产业政策文件，以及《汽车工业产业政策》《钢铁产业政策》和《国务院关于促进光伏产业健康发展的若干意见》等单项性政策文件，提高市场集中度、实现规模经济、提高技术创新能力成为产业政策的主要目标①。

从产业政策的范围来看，制造业是政府实施产业政策较多的领域，可以说，中国的工业化进程和制造业转型升级都是在产业政策的引导下完成的。制造业是中国经济发展的主要组成部分，也是保障国家安全和改善社会民生的重要基石，还是吸纳就业的主要力量。2014年中国制造业增加值占GDP的比重为35.9%，占第二产业增加值的比重为83.9%。改革开放之后，中国大力发展外向型经济，制造业发展速度和发展水平都有了较大提高，中国已经发展成为世界的"制造中心"。然而，经过30多年的高速发展，中国制造业发展开始步入瓶颈期。受环境资源约束和要素成本上升的影响，制造业发展速度出现下滑，各地区重复建设和产能过剩严重；产业技术创新能力不强，产品附加值低，传统行业呈现大面积亏损局面。粗放式增长已经难以适应新时期经济发展的要求，市场机制倒逼制造业进行结构调整。同时，制造业转型升级离

---

① 江飞涛、李晓萍. 直接干预市场与限制竞争：中国产业政策的取向与根本缺陷 [J]. 中国工业经济，2010 (9)：26–36.

不开政府产业政策的有效引导。

　　不同经济发展阶段，产业政策的目标、内容、范围以及干预手段都有所不同。概括来说，20世纪八九十年代，中国经济呈现卖方市场的特征，产品供不应求，既包括产品总量不平衡，也包括产品结构不平衡。因此，当时的产业政策主要是针对结构不合理提出的，政策目标主要是调整产业结构、缓解瓶颈产业以及选择主导产业[①]；进入21世纪之后，产业政策的目标仍然以结构调整为主，同时，针对一些行业出现的低水平重复建设和产能过剩的局面，提高产业的技术水平、抑制部分产业过度投资和产能过剩成为产业政策的重要内容。例如，《当前国家重点鼓励发展的产业、产品和技术目录》（2000年修订）、《外商投资产业指导目录》（2004年修订）、《钢铁产业发展政策》、《国务院关于促进光伏产业健康发展的若干意见》等都把产业结构调整放在极为重要的位置上。同时，一些传统行业由于过度扩张出现了产能过剩的态势，政府在加快产业结构调整的同时遏制部分高能耗行业的过度投资，相继出台了一些抑制性产业政策，《国务院关于加快推进产能过剩行业结构调整的通知》《关于抑制部分行业产能过剩和重复建设引导产业健康发展的若干意见》等采取严格的政策手段抑制钢铁、煤炭、水泥等行业的过度投资行为。

　　虽然产业政策一直伴随着中国经济高速发展的整个过程，但关于产业政策的有效性始终存在很大争议。江小涓（1993）对中国转型期产业政策的绩效进行了研究，对产业政策的有效性持否定观点。江飞涛（2010）也认为中国传统的产业政策在很大程度上延续了计划经济的色彩，政府习惯于直接干预企业的生产经营，市场准入、项目审批、供地审批、目录指导、强制清理等行政性管理手段被强化。当然，中国也不乏产业政策实施较为成功的案例。家电产业经历了从过度竞争到有效竞争的发展过程，市场结构日趋合理，企业的国际竞争力显著增强，成为中国产业组织结构调整较为成功的范例。不同类型产业政策的实施效果存在较大差别，产业政策按其功能可以分为选择性产业政策和功能性产业政策（Lall，2003），选择性产业政策是指政府主动扶持和保护某些特定产业，加快这些产业的发展，缩短产业结构的演进

[①]　江小涓. 论我国产业结构政策的实施及调整机制的转变［J］. 经济研究，1991（2）：9－15.

过程，从而实现经济赶超目标，政府行政性干预特征明显；功能性产业政策是指政府通过完善市场环境来激励企业进行研发创新和人力资本投资，实行间接激励性干预，目的是弥补市场失灵。中国传统的产业政策虽然强调市场配置资源的基础性作用，但实施手段仍以行政性直接干预为主，本质上依然是选择性产业政策（江飞涛，2010）。日本和美国的产业政策则大多属于功能性产业政策，日本的产业政策随着经济的发展不断做出调整，主要采取了间接引导的方式，美国更注重产业技术政策的实施，重视技术研发、转让、推广和科技成果的商业化等。《90年代国家产业政策纲要》指出，产业政策可以划分为产业结构政策、产业组织政策、产业技术政策和产业布局政策，不同类型产业政策的实施效果也不尽相同。因此，研究产业政策的绩效时需要区别对待。

总体来说，产业政策在中国制造业快速发展过程中发挥了重要的推动作用，产业结构出现积极变化，符合经济转型升级方向的高技术制造业、装备制造业等行业较快发展。不可否认，产业政策也存在消极效应，产业政策干预较多的钢铁、汽车、水泥、煤炭、光伏等行业没能实现产业政策的预期目标，甚至出现了严重的产能过剩。因此，全面研究产业政策在中国制造业转型升级中的绩效，为政府部门科学合理地制定和实施产业政策提供政策建议，对中国产业结构调整和经济发展方式转变具有重要的理论和现实意义。

## 1.2　基本框架与研究方法

### 1.2.1　研究框架

产业政策有广义和狭义之分，狭义的产业政策仅指产业结构政策，广义的产业政策是指政府为了实现一定的经济和社会目标，主动对产业发展进行干预的各种政策的总和，即本书的研究对象。要想对产业政策的绩效进行评价，需要根据产业政策的内容和政策目标区分产业政策的类型。本书根据以下三个标准对产业政策进行分类，分析不同类型产业政策的有效性。

第一，产业政策按其功能可以分为"选择性产业政策"和"功能性产业政策"。选择性产业政策是指政府主动扶持和保护某些特定产业，加快这些产业的发展，缩短产业结构的演进过程，从而实现经济赶超目标，政府行政性干预特征明显，如市场准入、项目审批、特殊的补贴政策等；功能性产业政策是指政府通过完善基础设施（包括物质性基础设施和制度性基础设施）来激励企业进行研发创新和人力资本投资，提高产业或企业的市场竞争力，实行间接激励性干预，其目的是弥补市场失灵，更好地发挥市场的优胜劣汰机制。

第二，1994 年国务院颁布的《90 年代国家产业政策纲要》将产业政策划分为产业结构政策、产业组织政策、产业技术政策和产业布局政策。产业结构政策是指政府根据本国产业结构现状和产业发展前景，确定重点发展的产业，调整产业间的资源配置状态，推动产业结构合理化和高级化；产业组织政策是指建立正常的市场秩序，保护企业间的公平竞争，优化市场结构，实现规模经济；产业技术政策致力于支持企业研发创新，鼓励国内企业引进国外先进技术，努力提高产业的技术水平；产业布局政策是指政府协调区域间的经济活动和资源配置，积极扶持欠发达地区经济发展，加强区域间协同合作，实现区域经济一体化。

第三，产业政策的作用范围不应局限于经济领域，随着市场经济体制的不断完善，政府应该从经济领域适时退出，产业政策向社会服务领域倾斜，如就业、医疗、保险、卫生、教育等，这将成为政府在制定政策时重点关注的问题。其中，就业一直是各国政府普遍关注的问题，就业稳定是经济持续健康发展和社会安定的重要保障，应该成为产业政策的重要组成部分。财政支出是政府实施产业政策的重要工具，因此，我们基于财政支出的视角，研究产业政策的就业效应。

基于以上分析，我们界定产业政策的目标主要包括结构调整、组织优化、技术进步和就业稳定四个方面（见图 1－1）。结构调整是实现产业结构的合理化和高级化；组织优化是对某一产业内部的市场结构和生产效率等进行调整，提高产业的市场集中度，实现规模经济；

技术进步是指政府通过研发支出、专利保护、鼓励技术引进和自主创新等方式来提高国家的技术水平，突出技术进步对经济增长的贡献率；就业稳定是指政府通过优化财政等政策来提高就业率，降低失业率，属于产业政策的社会目标。需要说明的是，产业布局政策的绩效不是本书研究的主要内容，我们以产业政策和制造业发展为研究对象，分析中国制造业转型升级中产业政策的绩效，而产业布局政策属于区域经济理论的研究范畴，因此，本书没有对产业布局政策的绩效做单独研究。

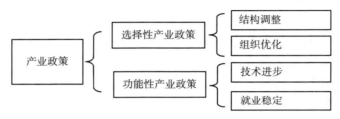

**图 1-1　产业政策的类型和政策目标**

本书主体框架包括三个部分（见图 1-2）：

第一部分：导论和文献综述（第 1 章~第 2 章）。第 1 章导论，介绍了本书的研究背景及意义、研究框架、主要内容和主要创新点；第 2 章包括两部分内容，即文献综述和相关概念界定。

第二部分：中国制造业转型升级中产业政策的实施效果（第 3 章~第 7 章）。主要从产业政策对制造业结构调整、组织优化、技术进步以及社会效应（以就业稳定为例）等几个方面的绩效展开分析。

第三部分：中国产业政策的转型分析（第 8 章）以及结论和展望（第 9 章）。第 8 章在实证分析产业政策绩效的基础上，指出了选择性产业政策存在的缺陷，提出向功能性产业政策转型的政策建议，并对功能性产业政策的定位和实施范围做了界定；第 9 章总结了本书的主要研究结论，指出了研究存在的不足和展望。

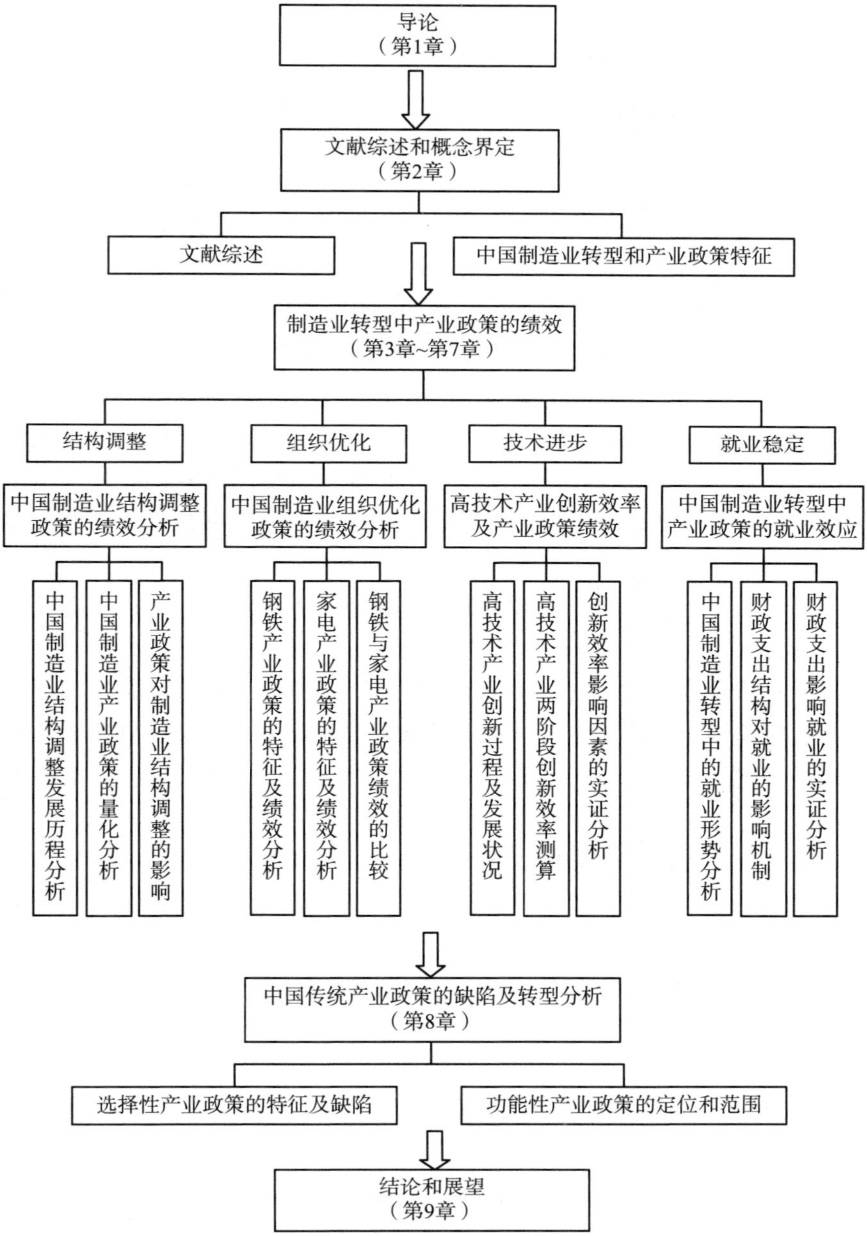

导论
（第1章）

文献综述和概念界定
（第2章）

文献综述

中国制造业转型和产业政策特征

制造业转型中产业政策的绩效
（第3章~第7章）

结构调整

组织优化

技术进步

就业稳定

中国制造业结构调整政策的绩效分析

中国制造业组织优化政策的绩效分析

高技术产业创新效率及产业政策绩效

中国制造业转型中产业政策的就业效应

中国制造业结构调整发展历程分析

中国制造业产业政策的量化分析

产业政策对制造业结构调整的影响

钢铁产业政策的特征及绩效分析

家电产业政策的特征及绩效分析

钢铁与家电产业政策绩效的比较

高技术产业创新过程及发展状况

高技术产业两阶段创新效率测算

创新效率影响因素的实证分析

中国制造业转型中的就业形势分析

财政支出结构对就业的影响机制

财政支出影响就业的实证分析

中国传统产业政策的缺陷及转型分析
（第8章）

选择性产业政策的特征及缺陷

功能性产业政策的定位和范围

结论和展望
（第9章）

图1-2　本书研究框架

7

## 1.2.2  主要内容

本书的研究主要围绕产业政策在制造业转型升级中的绩效展开，总体来看，主要解决三个大的问题：第一，什么是产业政策？如何界定产业政策？这是本书研究的起点，在合理界定中国产业政策的含义、类型、特征以及政策目标的基础上，分析不同类型产业政策的绩效。第二，如何评价产业政策的绩效？应该说，中国制定并实施了大量综合性和单项性产业政策，要对产业政策的绩效做出全面评价是比较困难的，我们通过理论和实证相结合的方法，分析产业政策在制造业结构调整、组织优化、技术进步和就业稳定四个方面的绩效。第三，传统的产业政策应该如何调整？在实证分析不同类型产业政策绩效的基础上，提出中国制定产业政策的转型方向。按照以上研究思路，本书共分为9章，主要内容如下：

第1章，导论。以产业政策的实施背景和意义作为切入点，提出产业政策是政府实施宏观调控的重要工具，中国的工业化进程和制造业转型都是在产业政策的引导下实现的。因此，研究中国制造业转型升级中产业政策的绩效对中国产业结构调整和经济发展方式转变具有重要的现实意义。之后介绍了本书的研究框架、主要内容、研究方法和主要创先点。

第2章，文献综述和概念界定。文献综述部分系统梳理国内外关于产业政策的研究，主要对产业政策的含义和类型、产业政策实施的理论依据、产业政策的绩效评价、产业政策实施的国际经验等方面的相关文献予以总结；概念界定部分，分析了中国制造业转型升级的战略选择，以及中国产业政策的制度背景和特征，为后文研究产业政策的实施效果做好铺垫。

第3章，中国制造业结构调整政策的绩效分析。根据《中国统计年鉴》公布的数据对中国产业结构调整过程做了统计分析；并将耗散结构理论引入产业结构变迁中，分析了产业结构的演变机制；在理论分析的基础上，采用要素投入倾斜来衡量产业政策偏向，实证分析产业政策对制造业结构调整的影响。总体来看，固定资产投资倾斜与产出增长率负相关，与全要素生产率正相关；研发资金倾斜对产出增长率和全要素生产率的影响不显著。

第4章，中国制造业组织优化政策的绩效分析。本章分别梳理了20世纪90年代以来中国钢铁和家电产业发展过程及产业政策特征，钢铁产业政策带有明显的计划经济色彩，政府选择代替市场竞争；家电产业政策遵循了产业发展的客观规律，针对产业不同发展阶段的特点采取扶植和诱导的政策手段，有效推动了家电产业较快发展。之后，我们从产业规模、市场集中度、市场势力、技术进步和生产效率等方面比较分析了钢铁和家电产业政策的绩效。最后，分析了钢铁产业政策失效的原因和家电产业政策的有益借鉴。

第5章，高技术产业创新效率及产业政策绩效。价值链视角下，高技术产业创新过程可以分为技术研发和成果转化两个阶段。我们基于行业和区域两个层面，采用SFA方法测算了中国高技术产业研发效率和转化效率，总体上，高技术产业两阶段创新效率都不高。在此基础上，我们采用政府研发支出和知识产权保护来衡量产业政策，实证分析产业政策和市场化因素对两阶段创新效率的影响。

第6章，外商直接投资对企业技术创新的影响。本章采用2005～2013年中国高技术产业16个细分行业的面板数据实证分析FDI对内资企业技术研发能力和成果转化能力的技术溢出效应。结果发现：FDI对内资企业技术研发能力有显著的正向影响，说明FDI对内资企业的专利产出具有溢出效应；FDI对内资企业成果转化能力的影响不显著，说明FDI在创新成果转化方面不存在技术溢出效应。

第7章，中国制造业转型中产业政策的就业效应。本章基于政府财政支出的视角，研究中国制造业转型过程中产业政策的就业效应，就业稳定是产业政策的重要内容。这一章首先提出，中国制造业转型升级会对就业产生负面冲击；其次，从理论上分析了不同类型财政支出对就业的影响机制；最后，我们采用中国30个省（直辖市、自治区）2007～2013年的面板数据，运用系统广义矩估计方法实证考察了政府财政支出规模和结构对就业的影响，进而提出相应的政策建议。

第8章，中国传统产业政策的缺陷及转型分析。传统的选择性产业政策通过政府选择代替市场竞争，不利于企业的技术创新，并且产业政策的实施效果也无法保证。未来经济增长将由要素和投资驱动向技术和创新驱动转变，选择性产业政策显然不再满足经济增长方式转型和产业结构升级的要求。产业政策的制定和实施应该以市场为导向，由选择性产业政策向功能性产业政策转型。功能性产业政策的作用范围应该局限在市场失灵和社会服务领域，政策手段由直接干预向市场监管和间接引导转变。

第9章，结论和展望。本章对以上各章所得到的研究结论予以总结。第一，产业政策对制造业结构调整的效果并不理想；第二，钢铁产业政策对于产业组织优化和抑制产能过剩没有达到政策目标，而家电产业政策对家电产业的发展起到了良好的推动作用；第三，政府研发支出和专利保护对高技术产业两阶段创新效率都有正向影响，相对而言，市场化因素的效果更明显；第四，教育和社会保障支出在长期有利于促进就业，而经济建设支出的影响不显著；第五，选择性产业政策存在明显缺陷，产业政策应该以市场为导向，实施功能性产业政策。最后，对本书的研究不足与展望予以说明，本书对产业政策的量化存在一定的局限性；以财政支出对就业的影响为例分析产业政策的社会效应，产业政策在教育、医疗卫生、养老等领域的绩效是今后研究的重要方向。

## 1.2.3 研究方法

### 1. 历史分析与对比分析

本书重视产业政策的历史演进，由于产业政策的制定和实施具有动态性，经济发展的不同阶段产业政策的目标、范围和实施手段各不相同，这就决定了不同时期产业政策的实施效果存在差异。本书第4章分析产业组织政策的有效性，从纵向和横向两个维度，对比分析了20世纪90年代初期以来中国钢铁产业和家电产业的发展历程以及产业政策的特征，从实证的角度对比分析了两类产业政策的实施效果，最后探讨了钢铁产业政策失效的原因和家电产业政策的启示。第5章研究中国高技术产业创新效率及产业政策绩效，从行业和区域两个层面分别测算了高技术产业两阶段的创新效率，对比分析了不同行业和不同区域间的效率值，并分析了产业政策对创新效率的影响。

### 2. 理论分析与实证检验相结合

本书第3章研究产业政策对制造业结构调整的影响，将耗散结构理论引入到产业结构变迁中，从理论上分析了产业结构变迁机制，在理论分析基础上，采用要素投入倾斜来衡量产业政策偏向，实证检验了产业政策对制造业结构调整的影响。第7章研究财政支出规模和结构对就业的影响，本书把政府财政支出分为经济建设支出、教育支出、技术支出和社会保障支出，从理论上分析了不同类型财政支出影响就业的传导机制，并采用计量经济学方法实证检验了不同类型财政支出对就业的影响。

## 1.3 主要创新点

第一，本书将耗散结构理论引入产业结构变迁的理论分析，指出中国产业政策失效的原因，并实证检验产业政策对制造业结构调整的影响。根据耗散结构理论，产业结构演变是系统内各元素相互作用的结果，是在市场条件下自发实现的"自组织过程"。有效的产业政策应该为产业自组织的形成创造良好的外部条件，引导产业结构向着有序的方向演变，缩短产业结构调整的过程。然而，中国制定并实施的产业政策大多属于"选择性产业政策"，违背了市场条件下产业发展规律，产业政策的实施效果往往不理想。在理论分析的基础上，本书用政府要素投入倾斜来衡量产业政策偏向，以政府固定资产投资作为资本投入，以政府研发资金支出作为技术投入，实证检验了产业政策对制造业结构调整的影响。研究发现：实证结果很好地证明了上述理论分析，政府主导的产业政策具有较强的选择性，阻碍了市场竞争，对制造业结构调整的影响效果并不理想。

第二，本书将高技术产业的创新过程划分为技术研发和成果转化两个阶段。从行业和区域两个层面分别测算高技术产业的研发效率和转化效率，结果发现：行业层面的研发效率高于转化效率，这说明中国高技术产业快速增长的专利产出很难转化为商业价值；不同的是，区域层面的研发效率低于转化效率，说明大部分省份的高技术企业并不具备核心技术的研发能力，企业更倾向于从事技术含量较低的组装工作，依靠资源和劳动力的低成本来获取微薄利润。以政府研发支出和知识产权保护来表示产业政策，实证分析产业政策和市场化因素对高技术产业两阶段

11

创新效率的影响，结果发现：政府研发支出和知识产权保护对两阶段创新效率都有正向影响，分阶段来看，产业政策对研发效率的作用更明显；企业自主研发支出对创新效率的促进作用比政府研发支出更大，市场竞争对技术创新具有明显的正向促进作用。

第三，财政支出是政府实施产业政策的重要工具，本书第 7 章基于财政支出的视角分析了产业政策的就业效应。创新点主要是基于财政支出的增长效应和社会效应，把财政支出分为经济建设支出、教育支出、技术支出和社会保障支出四类，从理论上分析不同类型的财政支出对就业的影响机制；利用系统广义矩估计方法实证分析了财政支出规模和结构对就业的影响，重点考察了财政支出的滞后效应，为政府优化财政支出结构，实现稳定就业和经济发展方式转型的双重目标提供借鉴。

实证研究结果表明，财政支出对就业的影响存在滞后效应，当期财政支出规模对就业有负向影响，滞后一期财政支出规模对就业有正向影响，不同类型财政支出的就业效应存在较大差别。经济建设支出对就业的影响不显著，教育和社会保障支出对就业的长期正向影响显著。因此，实现充分就业，既要发挥财政支出的短期刺激作用，更要从根源入手，调整财政支出结构向技术、教育和社会保障等领域倾斜，解决劳动力市场上固有的结构性矛盾，实现集约式经济增长。

# 第 2 章 文献综述和概念界定

## 2.1 文 献 综 述

### 2.1.1 产业政策的含义和类型

产业政策（industry policy）的概念被正式使用是在 1970 年日本通产省代表在经济合作与发展组织大会上所做的题为《日本的产业政策》的演讲中①。产业政策在战后日本实施经济赶超战略过程中发挥了巨大作用，成为产业政策制定和实施较为成功的国家。下河边淳和管家茂在其著作《现代日本经济事典》中指出，产业政策是对供给方面的政策，政府通过对全产业的保护、扶持和调整，参与产业或企业的生产经营以及交易活动，直接或间接干预要素、商品、服务和金融等市场运行机制的政策之和，从而实现某种经济和社会目的②。日本学者小宫隆太郎（1988）认为，产业政策是政府为改变产业间的资源配置和产业内企业的某种经营活动而采取的政策③；威廉姆斯（Williams，1993）认为，产业政策是为了克服市场缺陷而采取的一系列政策措施的总称，政府实

---

① 赵晶晶．区域产业政策的制度基础、实施路径与效果测度研究 [D]．天津：南开大学，2012：11．

② 下河边淳，管家茂．现代日本经济事典 [M]．北京：中国社会科学出版社，1982：192．

③ 小宫隆太郎，奥野正宽，铃村兴太郎．日本的产业政策 [M]．北京：国际文化出版公司，1988：3．

施产业政策的目的是协调经济发展[1]；美国学者查默斯·约翰逊在其著作《通产省与日本奇迹——产业政策的成长（1925–1975）》中指出，产业政策是指政府鼓励和限制某些产业生产经营活动的概括，旨在提高本国产业的国际竞争力，产业政策是财政政策和货币政策的有效补充，构成政府经济政策三角形的第三边[2]，产业政策侧重于中观层面的政府干预。世界银行在《东亚奇迹》（1994）中把产业政策定义为各国政府为了实现其全局和长远利益而主动干预产业活动的各种政策的总和，是发展中国家实现经济高速增长的重要干预手段，这里的干预应该包含引导、调整、保护、扶持、限制等诸多方面。佩波尔、理查兹和诺曼（Pepall，Richards and Norman，2008）认为，产业政策是由政府制定和实施的指向产业的一切政策的总和，其目的是在市场调节发生障碍时弥补市场缺陷，或者改变本国经济落后现状，实现赶超[3]。可以看出，国外学者对产业政策的界定不尽相同，但政策目标是一致的，都是为了提高国内产业的竞争力，强调产业政策是在市场机制的基础上发挥作用。

从国内研究看，《经济大辞典》（1992）对产业政策的解释是：规划产业发展方向和发展目标、调整资源在产业间流动等政策措施。周叔莲（1990）认为，产业政策是当国内产业发展比其他国家落后时，政府为了加强本国产业发展所采取的各种政策[4]。周振华（1990）认为，产业政策是一系列对产业发展有重大影响的政策措施和制度安排，是实现国家经济发展战略的具体措施[5]。史忠良（2005）把产业政策界定为国家通过对全产业的保护、扶植、调整和完善，直接或间接干预资源、商品和服务等政策的总称[6]，这与下河边淳的定义基本一致。吕明元（2007）则从另一个视角把产业政策定义为政府提供的公共物品，产业政策的实施以市场经济为基本制度前提，通过间接引导企业的市场行

① Williams S L. Japanese industrial policy：What is it, and has it worked? ［J］. Canada - United States Law Journal, 1993（19）：79 – 92.

② 查默斯·约翰逊. 通产省与日本奇迹——产业政策的成长（1925 – 1975）［M］. 长春：吉林出版集团有限责任公司, 2010：16 – 34.

③ Lynne Pepall, Dan Richards and George Norman, Industrial Organization：Contemporary Theory and Empirical Applications［M］. Malden, MA：Blackwell Publishing Company, 2008：32 – 33.

④ 周叔莲等. 中国产业政策研究［M］. 北京：经济管理出版社, 1990：5.

⑤ 周振华. 产业政策分析的基本框架［J］. 当代经济科学, 1990（6）：26 – 32.

⑥ 史忠良. 产业经济学［M］. 北京：经济管理出版社, 2005：381 – 384.

为，弥补市场机制在某些领域存在的缺陷①。综上所述，虽然学者们对产业政策的表述千差万别，本质上都是指政府为了实现某种经济和社会目标，对产业发展进行主动干预的所有政策的总和。

根据作用对象和职能不同，产业政策可以分为不同的类型。青木昌彦（1998）指出，产业政策的职能在于促进民间部门的协调功能②。拉尔（Lall，2003）根据亚洲高增长国家推行产业政策的成功经验，把产业政策划分为水平型、选择型和功能型三类，其中，功能型产业政策是核心内容③。1994 年国务院颁布的《90 年代国家产业政策纲要》将产业政策划分为产业结构政策、产业组织政策、产业技术政策和产业布局政策。产业政策虽然是应用较多的经济手段，但学术界对于产业政策的内涵却没有形成统一的认识。根据范围和内容不同，产业政策主要有广义和狭义之分：广义的产业政策是指各种政策构成的一个体系，主要包括产业结构政策、产业组织政策、产业技术政策和产业布局政策及其他与产业发展有关的政策；狭义的产业政策仅仅是指产业结构政策④。一般认为，结构政策、组织政策和技术政策是产业政策的核心范畴⑤。周振华（1990）认为，产业政策可以概括为两种调节方式：计划调节和市场调节⑥。其中，产业政策的计划调节是通过制定产业规划来促进产业结构有序发展的直接调节方式；产业政策的市场调节是通过改善企业的经营环境，维护公平竞争的市场环境，健全社会基础设施来推进产业发展的间接调节方式。蒋宁等（2010）认为，产业政策应该从内部核心资源、创新能力培育和外部市场建设三方面构建全面系统的政策体系⑦。

---

① 吕明元. 产业政策、制度创新与具有国际竞争力的产业成长 [J]. 经济社会体制比较，2007（1）：134 – 137.

② 青木昌彦. 政府在东亚经济发展中的作用：比较制度分析 [M]. 北京：中国经济出版社，1998：170 – 172.

③ Sanjaya Lall. Reinventing Industrial Strategy：The Role of Government Policy in Building Industrial Competitiveness [C]. The G24 Intergovernmental Group on Monetary Affairs and Development. Queen Elizabeth House，University of Oxford，Working Paper Number 111，2003：1 – 35.

④ 李皓，章冬梅. 现代产业体系下产业政策解析——基于分工的超边际分析框架 [J]. 产经评论，2010（5）：5 – 13.

⑤ 赵嘉辉. 产业政策的理论分析和效应评价 [M]. 北京：中国经济出版社，2013：4.

⑥ 周振华. 论产业政策的两种调节方式 [J]. 天津社会科学，1990（6）：31 – 35.

⑦ 蒋宁，张维，倪玉婷. 动态环境下我国产业政策体系建设研究 [J]. 科技与经济，2010（5）：12 – 16.

## 2.1.2 产业政策实施的理论依据

产业政策按其形成的理论基础可以分为两派，即市场不足论和经济发展论①。经济不足论者认为，产业政策实施的主要目的是弥补市场失灵，主张政府干预可以更好地发挥市场的作用；经济发展论者把产业政策形成的理论依据放在经济赶超发展的需要上，主张政府干预可以发挥后发优势，加快国内经济发展的速度。因此，"市场机制存在缺陷"和"后起国家实现赶超发展"被认为是各国政府推行产业政策的两点主要理论依据②。

### 1. 市场失灵与产业政策

亚当·斯密在《国富论》中提出了"看不见的手"的理论，指出价格机制可以自发实现资源的优化配置，政府不应该干预经济。然而，由于现实中存在公共物品、信息不对称、外部性等现象，依靠价格机制实现资源最优配置的条件不能完全得到满足，从而出现市场失灵的现象，这就需要政府进行必要的干预。政府和市场在资源配置上往往不是相互独立的，福利经济学认为政府干预是对市场失灵的弥补，凯恩斯主义认为国家干预是出于宏观经济稳定的需要，青木昌彦提出了政府干预的"市场增进论"，产业政策是一种协调手段③。美国经济学家奥尔森把政府视作影响经济发展和国家兴衰的制度因素，政府更好地发挥作用是保障市场体制更加完善的基础，提出"市场强化型政府"是促进和维持经济繁荣的可靠保证④。罗德里克（Rodrik，1996）认为，发展中国家的市场体制尚不完善，外部性和信息不对称等市场失灵现象普遍存

---

① 周振华. 产业政策的经济理论系统分析 [M]. 北京：中国人民大学出版社，1991：12.

② 江小涓. 经济转轨时期的产业政策——对中国经验的实证分析与前景展望 [M]. 上海：格致出版社，2014：1.

③ 晏宗新. 政府和市场转型与产业政策的新取向 [J]. 上海经济研究，2007（8）：11 - 15.

④ 顾昕. 政府积极干预主义的是是非非——林毅夫"新结构经济学"评论之二 [J]. 读书，2013（11）：36 - 45.

在，政府适当的产业政策可以有效弥补市场的不足，推进产业结构合理化[1]。卡布拉尔（Cabral，1995）[2] 和克莱珀（Klepper，1996）[3] 认为，在新兴产业发展初期，企业会面临融资约束，发展规模受到限制。技术进步由于具有准公共物品的性质，技术研发存在较强的正外部性，会产生溢出效应，需要政府加强知识产权保护力度；技术研发固有的高投入和高风险特征会导致企业研发投入不足，需要政府补贴和政策引导[4]。

虽然公共选择理论认为政府并非全局利益的代表，布坎南（Buchanan，1972）认为政府也是追求自身利益最大化的"经济人"，政府干预不仅没用，反而会导致价格机制的扭曲，降低市场的配置效率[5]，但可以通过合理界定市场与政府的职能范围来规范政府行为，市场机制可以实现的要由市场来决定，市场失灵的领域通过制定相关法律由政府来弥补，避免出现政府失效，提高政府的决策水平。因此，政府在弥补市场失灵方面具有重要作用。

### 2. 赶超战略与产业政策

德国经济学家李斯特（1841）在其著作《政治经济学的国民体系》中阐述了"国家干预"的思想，工业落后国家要发展新型工业化，并快速提高产业竞争力，政府干预显得尤为重要；他提出了"新建产业论"，认为工业落后的国家要制定产业政策和贸易保护政策扶持幼小产业才能促进本国工业的发展[6]。斯蒂格利茨等（1988）指出，在面对国外寡头企业的竞争时，"幼稚产业保护论"是成立的，通过实施贸易保护政策比自由贸易能够带来更多福利[7]。比森和韦恩斯坦（Beason &

17

---

① Rodrik Dani. Coordination Failures and Government Policy: A Model with Application to East Asia and Eastern Europe [J]. Journal of International Economics, 1996 (40): 1 – 21.

② Cabral L. Sunk Costs, Firm Size and Firm Growth [J]. Journal of Industrial Economics, 1995, 43 (2): 161 – 172.

③ Klepper S. Entry, Exit, Growth, and Innovation over the Product Life Cycle [J]. The American Economic Review, 1996, 86 (3): 562 – 582.

④ 邱兆林. 高技术产业两阶段的创新效率 [J]. 财经科学, 2014 (12): 107 – 116.

⑤ 詹姆斯·布坎南. 自由、市场和国家 [M]. 北京: 北京经济学院出版社, 1989: 13.

⑥ 弗里德里希·李斯特. 政治经济学的国民体系 [M]. 北京: 商务印书馆, 1983: 261.

⑦ Dasgupta, Partha, Joseph Stiglitz. Learning-by-Doing, Market Structure and Industrial and Trade Policies [J]. Oxford Economic Papers, 1988, 40 (2): 246 – 268.

Weinstein，1996）① 认为，依靠产业政策可以改变本国的比较优势，实现产业结构的合理化和高级化。后发国家具备更好更快模仿和应用先进技术的潜力，这有助于其不断缩小与发达国家的差距，实现经济和技术的赶超目标②。

　　发达国家的经济发展实践表明，随着经济发展水平不断提高，产业结构不断由低级向高级演进。"配第—克拉克定理""霍夫曼定理"和"库兹涅茨增长理论"揭示了经济发展和产业结构变迁的一般规律，为政府制定产业政策提供了依据。经济结构转换实际上是资源再分配的过程，政府可以引导资源流向重点发展的产业，从而加快产业结构调整③。中国经济转轨时期还存在明显的二元经济结构和非均衡增长，为了促进经济增长、提高产业竞争力，政府通过制定产业政策有针对性地培育优势产业，优化产业结构，发挥后发优势（韩小威，2006）④。发达国家的产业结构调整过程为发展中国家提供了很好的借鉴，林毅夫（2007，2010）认为，发达国家已经处在世界产业链的前沿，对产业升级方向的判断是不可知的，发展中国家则可以借鉴发达国家的产业发展规律，对有前景的产业形成共识，但这会产生投资的"潮涌现象"⑤。政府可以利用这种信息优势，适时发布投资、信贷和需求方面的信息，制定适当的环保能耗标准，完善企业退出机制等，而非政府代替市场直接干预微观主体⑥。余永定（2013）认为，不同经济发展阶段的产业结构是有规律可循的，发展中国家可以借鉴发达国家经济发展的经验，制定产业政策为有发展前景的产业创造条件，指明不同产业的发展方向⑦。

① Richard Beason，David E Weinstein. Growth，Economies of Sale，and Targeting in Japan（1955 – 1990）［J］. The Review of Economics and Statistics，1996，78（2）：286 – 295.

② Brezis E. S.，Krugman P. R. and Tsiddon D. Leapfrogging in International Competition – A Theory of Cycles in National Technological Leadership ［J］. American Economic Review，1993（83）：1211 – 1219.

③ 张泽一. 产业政策有效性问题的研究 ［D］. 北京：北京交通大学，2010.

④ 韩小威. 经济全球化背景下中国产业政策有效性问题研究 ［D］. 长春：吉林大学，2006.

⑤ 林毅夫. 潮涌现象与发展中国家宏观经济理论的重新构建 ［J］. 经济研究，2007（1）：126 – 131.

⑥ 林毅夫，巫和懋，邢亦青. "潮涌现象"与产能过剩的形成机制 ［J］. 经济研究，2010（10）：4 – 19.

⑦ 余永定. 发展经济学的重构——评林毅夫《新结构经济学》 ［J］. 经济学（季刊），2013（3）：1075 – 1078.

## 2.1.3　产业政策的绩效评价

　　由于市场本身存在的信息不对称和协调失灵制约了经济发展，政府通过产业政策克服市场失灵引致的效率损失，推动产业升级和技术进步具有一定合理性①。但在现实中，产业政策的实施效果经常背离政府制定政策的初衷，导致资源配置扭曲、产能过剩等现象，引发广泛争议。对于产业政策的有效性的研究，理论界存在两种截然不同的观点，这种争论主要源于对政府与市场的关系的不同认识。市场主义者认为市场可以自发地实现资源的最优配置，从而达到促进产业结构优化和经济发展的结果，政府干预只会导致市场机制的扭曲。佩尔兹曼（Peltzman，1976）② 和布坎南（Buchanan，1972）③ 认为，政府也是追求自身利益最大化的"经济人"，政府的干预不仅没用，反而会导致价格机制的扭曲，降低市场的配置效率。现实中，产业政策的实施效果往往与政策目标相背离，导致资源配置扭曲④。马丁（Martin，2009）⑤、拉索等（Russo et al.，2011）⑥ 在宏观和产业层面研究了产业政策的效应，结论是政府补贴往往缺乏效率，并不能带来企业竞争力的提升。布罗尼根和威尔索（Blonigen and Wilso，2010）⑦ 研究发现，产业政策对上游产业的保护却增加了下游产业的成本。政府主义者则认为市场不是万能的，政府干预可以弥补"市场失灵"，而且，后发国家基于经济赶超的

---

　　① 孙早，席建成．中国式产业政策的实施效果：产业升级还是短期经济增长［J］．中国工业经济，2015（7）：52 –67．

　　② Peltzman S. Toward a more general theory of regulation［J］. Journal of Law and Economics，1976，19（2）：211 –240.

　　③ ［美］詹姆斯·布坎南．自由、市场和国家［M］．北京：北京经济学院出版社，1989：13．

　　④ Krueger A O，Tuncer B. An Empirical Test of the Infant Industry Argument［J］. American Economic Review，1982，72（5）：1142 –1152.

　　⑤ Martin F. Rethinking the Role of Fiscal Policy［J］. The American Economic Review，2009，99（2）：556 –559.

　　⑥ Russo C，Goodhue R E，Sexton R J. Agricultural Support Policies in Imperfectly Competitive Markets：Why Market Power Matters in Policy Design［J］. American Journal of Agricultural Economics，2011，93（5）：1328 –1340.

　　⑦ Blonigen B A，Wilso W. Foreign Subsidization and Excess Capacity［J］. Journal of International Economics，2010（80）：200 –211.

需要，政府需要在产业结构调整和规模经济等方面发挥作用，即所谓的"市场不足论"和"经济发展论"。李斯特关于国家干预的思想得到了当时欧洲一些主要国家的认同，法国、德国、意大利、俄罗斯等国家在工业化早期阶段都对本国制造业尤其是军工产业的发展实施过高度的保护政策。斯蒂格利茨（Stiglitz，1996）[1] 也认为，如果产业政策得以正确实施，会弥补市场不足，有利于推动经济发展。努恩和特里弗勒（Nunn and Trefler，2010）研究发现，以保护特定行业技术发展为目标的关税保护政策对长期经济增长的促进作用取决于特定国家的制度，制度越完善，则政策效果越显著[2]；阿格因等（Aghion et al.，2012）将产业政策效果与部门特征相联系，构建了一个关于产业政策与企业发展关系的理论分析框架[3]。应该说，不同制度环境下同一产业政策的实施效果存在很大差别，这就需要根据本国制度环境和经济发展状况进行具体分析。

对于中国产业政策有效性的研究大多持否定观点。其中，有代表性的研究是江小涓（1993）[4]，她对中国转型期产业政策的绩效进行了研究，认为政府在推行产业政策的过程中存在着公共选择问题，实践表明，产业政策制定和实施过程中始终伴随着中央政府和地方各级政府之间的博弈，地方政府和政策制定相关部门并不完全是"全局利益"的代表，而是作为独立的利益主体出现。江小涓（1993）指出，市场存在缺陷并不是将问题交给政府去处理的充分理由，政府失效可能比市场失灵对经济发展造成的危害更严重，那种认为产业结构存在问题的领域就需要政府干预的观点可能对产业政策的期望过高。中国的产业政策延续了计划经济时期政府行政干预的色彩，江飞涛（2010）[5] 认为，中国特色的产业政策缺乏相应的理论依据，静态且过于简单地理解市场机制

---

① Joseph E. Stiglitz. Some Lessons From the East Asian Miracle [J]. The Word Bank Research Observer, 1996, 11 (2): 151 – 177.

② Nunn N., Trefler D. The Structure of Tariffs and Long-term Growth [J]. American Economic Journal: Macroeconomics, 2010, 2 (4): 158 – 194.

③ Aghion P, Dewatripont M, Du L, Harrison A, Legros P. Industrial Policy and Competition [R]. NBER Working Paper, No. 18048, 2012.

④ 江小娟. 中国推行产业政策中的公共选择问题 [J]. 经济研究, 1993 (6): 3 – 18.

⑤ 江飞涛，李晓萍. 直接干预市场与限制竞争：中国产业政策的取向与根本缺陷 [J]. 中国工业经济, 2010 (9): 26 – 36.

导致了政府在制定和实施产业政策中行为边界和行为方式上的错乱。即使产业政策的制定过程是客观合理的，产业政策的有效性依然难以保证，因为中国的政策执行并非由中央政府全权负责，而是由中央和地方两级政府共同承担（Thun，2004）[1]，产业政策的执行过程中存在中央政府与地方政府、各级地方政府之间以及地方政府与企业之间的博弈。科尔奈（Kornai，1992）指出，社会主义国家的低效率是由官僚体制引起的。经济转型过程中，政府成为市场中的利益主体，导致政府行为市场化，地方政府直接参与企业经营，完全扭曲了政府的职能定位，形成了公共权力部门化、政府部门利益化和部门利益合法化的现象[2]。张许颖（2004）从产业结构调整中不同利益主体的行为出发，分析了中央政府与地方政府之间、地方政府与地方政府之间的博弈过程，他认为在缺乏利益协调机制的前提下，地区利益博弈是产业政策失效的根本原因[3]。何大安（2010）也认为，政府是具有理性偏好的，政府的理性偏好与政府对自身能力的认知有关，政府的认知由信息和环境两大因素决定，由于政府受到有限理性和认知局限性的约束，在制定产业政策时必然无法完全适应产业发展规律及发展趋势，造成产业政策失效[4]。万学军、何维达（2010）认为政策制定过程中存在的信息不对称、利益集团控制和对市场机制挤出效应等问题降低了政策制定的合理性，政策实施环节存在的激励不相容、政策落实成本过高和政策手段单一等问题也降低了产业政策的有效性[5]。张纯、潘亮（2012）也认为，产业政策执行过程中伴随着中央政府、地方政府与企业之间的博弈，造成产业政策的效果大打折扣[6]。

　　从政策类型上看，不同产业政策的实施效果差别较大，产业政策的

① Thun E. Keeping Up with the Jones：Decentralization，Policy Imitation，and Industrial Development in China [J]. World Development，2004，32（8）：1289-1308.

② Kornai，Janos. The Socialist System：The Political Economy of Communism [M]. Princeton University Press，1992.

③ 张许颖. 产业政策失效原因的博弈分析 [J]. 经济经纬，2004（1）：71-74.

④ 何大安. 政府产业规制的理性偏好 [J]. 中国工业经济，2010（6）：46-54.

⑤ 万学军，何维达. 中国钢铁产业政策有效的影响因素分析 [J]. 经济问题探索，2010（8）：18-24.

⑥ 张纯，潘亮. 转轨经济中产业政策的有效性研究——基于我国各级政府利益博弈的视角 [J]. 财经研究，2012（12）：85-94.

作用存在阶段性特征。韩小威（2006）[1] 指出，经济发展初期产业政策的效果较为明显，当经济步入成熟阶段以后，产业政策的影响力逐渐减弱。也就是说，随着发展中国家产业结构和技术与发达国家的差距逐渐减小，后发优势就越弱，产业政策发挥作用的余地就越小（余永定，2013）[2]。考虑到学术界关于产业政策实施效果的研究非常广泛，研究重点各不相同，而且不同类型产业政策的实施效果存在较大差异，下面将梳理不同类型产业政策实施效果的相关研究。

第一，关于产业结构政策实施效果的研究。江小涓（1991）将产业结构调整政策分为行政性政策和市场性政策两类，这两类政策又分别包含扶持性政策和抑制性政策，她认为行政性产业支持政策发挥了比较明显的作用，市场性产业支持政策效果较弱，行政性抑制政策和市场性抑制政策总体效果不明显[3]。政府对新兴产业和幼稚产业实施的保护性产业政策效果较明显（江小涓，2014）[4]。1993 年世界银行在《东亚奇迹：经济增长与公共政策》的报告中指出，以促进特定产业发展为目标的产业政策一般不会成功（顾昕，2013）[5]。中国三次产业发展趋势符合产业结构变迁的一般规律，但产业政策在产业结构变迁过程中的作用却有限（马晓河、赵淑芳，2008）[6]。周叔莲、吕铁、贺俊（2008）认为，中国高增长行业中"规划型"产业政策的效果并不理想，必须实行企业动态能力导向型产业政策，政府通过与企业的信息交流和互动来克服产业发展的障碍，最终形成产业与环境的动态匹配[7]。产业发展及产业结构调整是在市场机制下自发实现的，产业发展从价值链低端向高

---

① 韩小威. 经济全球化背景下中国产业政策有效性问题研究 [D]. 长春：吉林大学，2006.

② 余永定. 发展经济学的重构——评林毅夫《新结构经济学》[J]. 经济学（季刊），2013（3）：1075 - 1078.

③ 江小涓. 论我国产业结构政策的实效和调整机制的转变 [J]. 经济研究，1991（3）：9 - 15.

④ 江小涓. 经济转轨时期的产业政策：对中国经验的实证分析与前景展望 [M]. 上海：格致出版社，2014：42 - 44.

⑤ 顾昕. 产业政策的是是非非——林毅夫"新结构经济学"评论之三 [J]. 读书，2013（12）：27 - 36.

⑥ 马晓河. 赵淑芳. 中国改革开放 30 年来产业结构转换、政策演进及其评价 [J]. 改革，2008（6）：5 - 22.

⑦ 周叔莲，吕铁，贺俊. 新时期我国高增长行业的产业政策分析 [J]. 中国工业经济，2008（9）：46 - 57.

端不断延伸是企业和产业成长的"自然过程"（晏宗新，2007）①。中国产业结构调整的方向和路径选择是以高新技术产业发展为驱动力，以现代服务业和先进制造业发展作为车轮，带动产业结构整体升级和经济长期增长（何德旭、姚战琪，2008）②，产业政策致力于推动企业技术创新，创新驱动产业结构调整和制造业转型升级。

第二，关于产业组织政策实施效果的研究。由于政府对微观企业的过度干预，学术界普遍认为产业组织政策会干扰市场过程，从而导致不良后果。赵坚（2008）③ 基于企业能力理论的视角，对比了中国通信设备制造业和汽车工业的发展，认为传统的选择性产业政策通过事前选择企业，阻断了企业能力的进化过程，扼杀了具有潜在优势企业出现的可能性，企业的发展是一个动态的过程，被挑选出的企业有可能在政府政策的保护下停止不前，未被选中的企业有可能会发展加快，产业政策使具有竞争优势的企业受到排斥，导致产业政策的实施效果大打折扣。依照新自由主义理念，"赢家"不可能靠政府挑选出来，而是在激烈的市场竞争中锤炼出来的。近年来，中国出现的钢铁、水泥、电解铝等传统行业重复建设和产能过剩等问题都与过度竞争和无序竞争有关（辛仁周，2011）④。徐康宁、韩剑（2006）实证研究发现，钢铁行业集中度不高，限制了该行业的效率提高，钢铁行业的区位布局不甚合理，地区重复建设严重。两位学者对 2005 年出台的《钢铁产业发展政策》做了详细分析和评论，认为合理的生产规模总是和市场紧密相关的，政府部门难以准确地预测市场需求，政府直接规定企业产量和过度干预市场竞争的政策措施不妥当⑤。江飞涛（2009）探讨了旨在防治钢铁业"产能过剩"投资规制政策的缺陷，认为产业政策不能从根本上治理产能过剩，相关部门无法进行准确预测和制定合意的投资规划，体制扭曲下地

---

① 晏宗新. 政府和市场转型与产业政策的新取向［J］. 上海经济研究，2007（8）：11 - 15.

② 何德旭，姚战琪. 中国产业结构调整的效应、优化升级目标和政策措施［J］. 中国工业经济，2008（5）：46 - 56.

③ 赵坚. 我国自主研发的比较优势与产业政策——基于企业能力理论的分析［J］. 中国工业经济，2008（8）：76 - 86.

④ 辛仁周. 实现产业政策与竞争政策的紧密结合［N］. 人民日报，2011 - 1 - 25（7）.

⑤ 徐康宁，韩剑. 中国钢铁产业的集中度、布局与结构优化研究——兼评 2005 年钢铁产业发展政策［J］. 中国工业经济，2006（2）：37 - 44.

方政府的干预行为通过成本外部化、投资补贴和风险外部化扭曲了企业的投资行为，造成产能过剩和重复建设①。何记东、史忠良（2012）认为，产能过剩条件下，企业仍然继续扩张的原因在于，市场需求的持续增加激励企业不断扩大规模，产业政策对企业生产规模的限定起了反向激励作用②。

第三，关于产业技术政策实施效果的研究。史蒂芬（Stephen，2001）③、罗纳德（Ronald，2002）④认为，产业政策有利于高技术企业增加研发投资。政府实施研发补贴和税收减免的政策可以引导企业研发方向，降低企业的研发风险（David et al.，2010）⑤。朱平芳、徐伟民（2003）研究了政府科技激励政策对大中型企业研究与开发（R&D）投入和专利产出的影响⑥。朱有为、徐康宁（2006）实证检验了市场规模、市场结构以及产权结构对高技术产业创新效率的影响，认为企业规模和市场竞争对创新效率有正向影响，国有产权比重增加对创新效率产生抑制作用；另外，FDI 知识溢出推动了内资企业创新能力的提高，科研经费来源对企业研发产出的影响也存在较大差异⑦。武鹏、余泳泽等（2010）采用省级面板数据测算了高技术产业的研发效率，并分析了市场化和政府介入对高技术产业研发效率的影响⑧。江静（2011）研究了公共政策对企业创新的绩效，提出政府在实施鼓励企业自主创新的政策时，应该实行统一公平的税收优惠政策，强化企业间公平竞争机制，避

① 江飞涛，曹建海. 市场失灵还是体制扭曲——重复建设形成机理研究中的争论、缺陷与新进展 [J]. 中国工业经济，2009（1）：53–64.

② 何记东，史忠良. 产能过剩条件下的企业扩张行为分析——以我国钢铁产业为例 [J]. 江西社会科学，2012（3）：182–185.

③ Stephen Martin. Competition Policy for High Technology Industries [J]. Journal of Industry, Competition and Trade，2001，1（4）：441–465.

④ Ronald W. Mcquaid. Entrepreneurship and ICT Industries：Support from Regional and Local Policies [J]. Regional Studies，2002，36（8）：909–919.

⑤ David P，Hall H，Toole A. Is Public R&D a Complement or Substitute for Private R&D? – A Review of Economic Evidence [J]. Research Policy，2000，29（04）：497–529.

⑥ 朱平芳，徐伟民. 政府的科技激励政策对大中型工业企业 R&D 投入及其专利产出的影响——上海市的实证研究 [J]. 经济研究，2003（6）：45–53.

⑦ 朱有为，徐康宁. 中国高技术产业研发效率的实证研究 [J]. 中国工业经济，2006（11）：38–45.

⑧ 武鹏，余泳泽，季凯文. 市场化、政府介入与中国高技术产业 R&D 全要素生产率增长 [J]. 产业经济研究，2010（3）：62–69.

免对特定企业进行直接补贴①。

第四，关于战略性新兴产业政策实施效果的研究。战略性新兴产业以其高技术含量和高附加值逐渐成为新的经济增长点，各国政府都加大了对战略性新兴产业的政策扶持力度。2010 年 9 月，国务院审议通过了《国务院关于加快培育和发展战略性新兴产业的决定》，从中央到地方都把加快发展战略性新兴产业作为新时期产业结构调整的方向。中国产业发展面临着双重任务：一是要推动传统产业结构升级；二是要培育战略性新兴产业，抢占国际经济技术的制高点（孙军、高彦彦，2012）②。针对战略性新兴产业的政策研究不断涌现。黄庆华（2011）系统分析了中国战略性新兴产业的政策背景及政府在支持战略性新兴产业上的行为，提出了制定产业政策的建议③；顾海峰（2011）基于生命周期理论分析了战略性新兴产业的业态演进，战略性新兴产业的升级过程需要政府建立完善的金融支持配套体系④；刘澄、顾强和董瑞青（2011）认为，培育战略性新兴产业必须注重市场主导和政府推动相结合，在发挥市场配置资源的基础性作用的同时，还需制定相应的产业政策来消除制约产业发展的体制性障碍⑤。也就是说，产业政策的实施要以充分发挥市场的决定性作用为前提。但是，中国传统产业政策具有政府选择代替市场竞争的特性，以政府补贴为主要工具的产业政策反映的是政府与企业之间的政治联系，对企业而言，政治联系（政治资本）是一种重要的无形资本，也是推动企业获取资源实现快速发展的关键因素（Fisman，2001⑥；Faccio，2006⑦）。由于企业寻求政治资本，政府

25

---

① 江静. 公共政策对企业创新支持的绩效——基于直接补贴与税收优惠的比较分析 [J]. 科研管理，2011（4）：1 – 8.

② 孙军，高彦彦. 产业结构演变的逻辑及其比较优势——基于传统产业升级与战略性新兴产业互动的视角 [J]. 经济学动态，2012（7）：70 – 76.

③ 黄庆华. 战略性新兴产业的背景、政策演进与个案例证 [J]. 改革，2011（9）：39 – 47.

④ 顾海峰. 战略性新兴产业培育、升级与金融支持 [J]. 改革，2011（2）：29 – 34.

⑤ 刘澄，顾强，董瑞青. 产业政策在战略性新兴产业发展中的作用 [J]. 经济社会体制比较，2011（1）：196 – 203.

⑥ Fisman R. Estimating the Value of Political Connections [J]. The American Economic Review，2001，91（4）：1095 – 1102.

⑦ Faccio M. Politically Connected Firms [J]. The American Economic Review，2006，96（1）：369 – 386.

热衷于干预经济，这种双向需求造成政府对经济的过度干预。余东华、吕逸楠（2015）研究表明，光伏产业不仅存在结构性产能过剩，还存在体制性产能过剩，政府不当干预造成了战略性新兴产业的产能过剩，而且政府干预程度越深的环节，产能过剩就越严重①。地方政府补贴行为具有较强的所有制类型偏好，补贴行为倾向于本地国有企业②。产业发展的起步阶段，政府补助可以带来产业盈利优势；但企业规模扩张之后，政府扶持就难以激励企业研发创新，反向激励效应造成企业过度投资和产能过剩③。

通过梳理相关研究发现，各国政府通过制定和推行合理的产业政策来促进产业结构合理化和高级化，但不同国家产业政策的实施效果存在较大差异。国外推行产业政策的经验和中国产业政策的实践表明：一方面，产业政策对本国经济发展具有积极的影响，如：弥补市场缺陷，解决市场机制无法解决的外部性问题；保护国内幼稚产业和新兴产业免遭国外激烈竞争的伤害，提高产业的国际竞争力；借鉴发达国家的产业发展规律，快速实现产业结构合理化和高级化。另一方面，产业政策本身也存在缺陷，政府在制定产业政策时会受到有限理性的约束，不可能对某个产业及其上下游产业的发展状况了如指掌，导致产业政策不符合产业发展的自身规律；制定产业政策时，各部门往往会谋求对本部门有利的政策措施；产业政策也会造成寻租、腐败等现象。因此，即便是在产业政策体系较为完善的日本，产业政策的有效性也经常受到学者们的质疑。

## 2.1.4 产业政策实施的国际经验

产业政策是各国普遍推行的经济政策，但在不同历史阶段、不同经济制度下，产业政策的实施范围、手段和效果具有显著的不同④。日本

---

① 余东华，吕逸楠. 政府干预不当与战略性新兴产业产能过剩——以中国光伏产业为例 [J]. 中国工业经济，2015（10）：53 - 68.

② 韩超. 战略性新兴产业政策依赖性探析——来自地方政府补贴视角的实证检验 [J]. 经济理论与经济管理，2014（11）：57 - 71.

③ 周亚虹，蒲余路，陈诗一，方芳. 政府扶持与新型产业发展——以新能源为例 [J]. 经济研究，2015（6）：147 - 161.

④ 赵嘉辉. 产业政策的理论分析和效应评价 [M]. 北京：中国经济出版社，2013：2 - 3.

和美国是产业政策实施较为典型的两个国家，但二者产业政策实施的范围和特征却截然不同。

　　日本是实施产业政策的典型国家，二战后的日本政府对国内产业发展实施了一系列致力于调整产业结构和提高产业竞争力的保护和扶植政策，产业结构调整和经济增长取得了较快发展，产业政策的效果令世界瞩目。但对日本产业政策的有效性问题也一直存在争议，伊藤（Ito，1992）认为，日本经济的快速增长在很大程度上得益于产业政策有效提升了各部门的生产效率①。而且，日本的产业政策往往与贸易政策是紧密联系在一起的，政府始终把提高本国企业的国际竞争力作为推行产业政策的出发点。比森和韦恩斯坦（Beason & Weinstein，1996）②却认为，日本政府通过税收和信贷等手段实施的引导政策并没有使资源流向那些更有发展潜力的新兴产业。迈克尔·波特（Michael Porter，2000）分析了日本主要行业的产业政策与其国际竞争力的关系，认为日本具有较强竞争力的产业受产业政策的影响都比较小，产业政策干预较多的行业，其国际竞争力反而较弱③；竹内高宏（2002）④也得到了大致相同的结论，他认为日本成功的产业大多没有得到政府的扶持，而失败的产业恰恰是产业政策过多干预的部门。也有学者认为，日本的产业政策主要采取间接干预的方式，政府试图直接干预市场运行的政策受到企业界的抵制或难以在国会通过（小宫隆太郎，1988）⑤。日本的产业政策不同于其他工业化国家关注特定产业的发展，它是一个旨在促进工业发展的政策体系（杨思正，1988）⑥。健全的市场竞争机制、企业自主发展和企业家的创新精神是促进经济发展的主要因素。产业政策作为日本政府对经济进行调控的重要政策之一，对战后日本经济恢复发挥了重要作用，但产业政策的实施应该是短期的和动态的，随着经济发展阶段和市

27

　　① Ito T. The Japanese Economy. Cambridge，Mas：MIT Press，1992.
　　② Richard Beason，David E. Weinstein. Growth，Economies of Scale，and Targeting in Japan（1955－1990）［J］. Review of Economics and Statistics，1996，78（2）：286－295.
　　③ Michael E. Porter，Hirotaka Takeuchi，Mariko Sakakibara. Can Japan Compete［J］. New York：Basic Books，2000：2－3.
　　④ 竹内高宏. 产业政策的误解［M］. 东京：东京经济新报社，2002.
　　⑤ 小宫隆太郎，奥野正宽，铃村兴太郎. 日本的产业政策［M］. 北京：国际文化出版公司，1988：18－24.
　　⑥ 杨思正. 产业政策的国际比较——日本、西欧、美国的产业政策［J］. 上海社会科学院学术季刊，1988（4）：31－40.

场环境的改变做出相应调整（秦嗣毅，2003；陈江华和丁国锋，2011）[1][2]。随着市场化和信息化的进展，应形成促进有效竞争和弥补市场失灵的新型产业政策（陈建安，2007）。日本的产业政策并非传统意义上带有行政色彩的选择性产业政策，具有动态性，不能以静止的标准来衡量。

美国是市场经济高度发达的国家，美国政府极力推崇自由竞争的市场环境，反对政府对微观经济活动进行直接干预，主张通过自由竞争来提高企业竞争力，促进经济增长。因此美国较少推行明确的产业政策，但这并不是说美国就没有实施产业政策，一些主要类型的产业政策在美国经济发展的不同时期都不同程度地实践过（江小涓，1996）[3]。20世纪70年代，美国经济发展进入"滞胀"时期，新自由主义取代凯恩斯主义成为美国主流经济思想，新自由主义倡导"去政府"的政策主张。但受到日本和欧洲经济兴起的影响，美国政府实施了一系列并不凸显政府作用的产业政策，包括科学技术政策、中小企业保护政策和贸易政策等[4]。20世纪90年代以来，美国政府加大了对经济的干预力度，实行了一系列比较隐蔽而卓有成效的产业政策（陆昂，2004）[5]。金乐琴（2009）认为，美国致力于推行加快技术进步的产业政策，通过解决技术研发过程中存在瓶颈的环节，提高企业的研发创新能力[6]。宾雪花（2011，2013）指出，美国是崇尚自由市场的国家，反对政府对经济尤其是微观市场的直接干预，但这并意味着美国就没有产业政策，美国的产业政策是事实上的产业政策，被称为"播撒了产业政策的种子"，聚

① 秦嗣毅. 日本产业政策的演变及特点 [J]. 东北亚论坛，2003（2）：68－71.
② 陈江华，丁国锋. 经验与借鉴：日本的产业政策与竞争政策 [J]. 郑州大学学报（哲学社会科学版），2011（4）：45－48.
③ 江小涓. 产业政策实践效果的初步评价 [J]. 社会科学辑刊，1996（1）：53－57.
④ Christian H. M. Ketels. Industry Policy in the United States [J]. Journal of Industry Competition & Trade，2007，7（3）：147－167.
⑤ 陆昂. 20世纪90年代以来美国和日本产业政策调整评析 [J]. 经济问题探索，2004（2）：41－45.
⑥ 金乐琴. 美国的新式产业政策：诠释与启示 [J]. 经济理论与经济管理，2009（5）：75－79.

焦于科技政策[①]，重视技术转让、推广和技术成果的商业化等[②]。美国的产业政策制定具有其鲜明的本土色彩，美国政府不是从对微观经济的直接干预入手来制定产业政策，而是在贸易政策和技术政策上大做文章。20 世纪 80 年代以来，面对国内经济颓势，美国政府虽然表面上仍然奉行自由贸易的原则，但贸易保护色彩不断加重，以此减轻国内产业的竞争压力。布兰斯科姆（Branscomb，1992）研究了"什么样的产业政策是有效的"，他在《美国需要技术政策吗?》一文中提出了"鼓励技术创新、帮助企业提高技术研发能力和吸收能力的产业政策更有效"的观点[③]。迪克森（Dickson，1996）认为，美国关于能源开发利用方面的产业政策在减少碳排放和提高能源利用率方面具有较好的效果[④]。美国推行的产业政策侧重于水平型和功能型产业政策，主张市场发挥结构调整的自我实现功能，以补救性产业政策为主，政府主要在国际贸易、技术创新、环境保护以及社会保障等市场存在缺陷的领域发挥作用。

## 2.2　相关概念界定

### 2.2.1　中国制造业转型升级的战略选择

制造业是工业经济的主体，是服务业更好发展的支撑，也是构建现代化产业体系和国民经济发展的基础。2012 年 4 月，《经济学人》发布了"第三次工业革命：制造业与创新"的报道，系统阐述了世界范围内制造业领域正在发生的技术革命。新工业革命推动下工业化与信息化

---

[①]　宾雪花. 美国产业政策立法与反托拉斯法关系探析 [J]. 经济法论丛，2011 (2)：321 - 336.

[②]　宾雪花，何强. 美国产业政策立法及对中国的三启示 [J]. 法学杂志，2013 (8)：98 - 107.

[③]　Lewis M. Branscomb. Does America Need a Technology Policy? [J]. Harvard Business Review, March - April 1992, pp：24 - 31.

[④]　Dickson P R, Czinkota M R. How the United States Can Be Number One Again：Resurrecting the Industrial Policy Debate [J]. The Columbia Journal of World Business, 1996, 31 (3)：76 - 87.

的深度融合为制造业转型升级提供了重要机遇，发达国家先后提出了加快发展制造业的战略规划，这既能够创造更多的就业岗位，又能遏制先进生产技术外流。美国政府为了实现制造业再回归，先后提出了"再工业化战略""制造业复兴计划""重整美国制造业框架"等战略规划；德国推出了"工业4.0"发展规划；日本实施了"制造业再兴战略"和"制造业竞争力战略"；新兴经济体国家也先后出台了加快制造业发展和转型的战略规划，通过要素低成本优势争夺全球制造业中低端市场（余东华等，2015）①。

受资源和环境约束不断增强、要素成本不断上升的制约，市场倒逼机制迫使中国制造业加快转型升级和产业结构调整，以实现经济发展方式的转型。2015年《政府工作报告》提出了"中国制造2025"战略，以实现中国制造业的转型发展，围绕创新驱动、智能转型、强化基础、绿色发展，加快从制造大国向制造强国迈进。中国制造业转型的动力和战略选择将源于科学技术的发展、需求结构的升级、产业组织结构的改革等（张志元、李兆友，2015）②。具体如下：

### 1. 科学技术创新

技术创新是推动经济发展提质增效和制造业转型升级的重要支撑。在中国制造业发展遭遇全球竞争挑战和要素优势逐渐丧失的双重压力下，创新驱动是制造业转型升级的必然选择（孙泗泉、叶琪，2015）③。可以说，制造业转型升级的过程就是创新发展的过程，不断在技术、产品、模式、业态、组织等方面进行创新，产业发展向产业链前后两端延伸，由加工组装环节向高附加值的研发创新和销售服务环节扩展，提高产品的技术含量和附加值。大数据技术的发展和应用能够更深入地挖掘和分析价值链上各环节的数据和信息，为企业提供审视价值链的全新视角。

中国制造业最大的软肋是缺乏自主创新、低水平同质化竞争严重、

---

① 余东华，胡亚男，吕逸楠. 新工业革命背景下"中国制造2015"的技术创新路径和产业选择研究 [J]. 天津社会科学，2015（4）：98 – 107.

② 张志元，李兆友. 新常态下我国制造业转型升级的动力机制及战略趋向 [J]. 经济问题探索，2015（6）：144 – 149.

③ 孙泗泉，叶琪. 创新驱动制造业转型的作用机理与战略选择 [J]. 产业与科技论坛，2015（2）：15 – 18.

关键技术瓶颈难以突破，制造业转型升级中技术创新的扩散效应不足，知识产权保护力度不强。因此，政府在政策方面必须做好服务型保障工作，逐步形成以企业为主体、市场为导向、产学研用相结合的制造业创新体系，建立支持企业进行技术创新的长效机制，强化激励约束机制，加强知识产权保护的立法和执法工作，为制造业企业技术创新提供制度保障。

## 2. 产业结构调整

追求产业结构的平衡和合理是绝大多数经济体期望实现的，制造业转型的重要内容在于产业结构调整，《中国制造2025》把"深入推进制造业结构调整"作为九大任务之一。中国的制造业结构集中于传统劳动密集型、资本密集型、资源密集型产业，而高技术产业、新兴产业等技术密集型产业规模较小。传统制造业集中于加工组装环节，在国际分工中长期处于受压榨的价值链低端，长期粗放式发展容易造成环境污染和资源浪费。

制造业结构调整的目标就是推动传统低端制造业向中高端迈进，提高高技术产业发展质量和技术溢出效应，推进生产型制造业向服务型制造业转型，经济发展更多依靠现代服务业、高技术产业和新兴产业带动。当然，制造业结构的调整要遵循市场规律，政府产业政策的性质要从倾向于给予优惠待遇转向创造公平的市场秩序和政策环境，将着力点放在完善市场机制上，依靠企业公平竞争的市场行为提高企业的技术水平，逐步趋近产业结构调整的目标，避免以选择赢家的行政干预方式代替市场公平竞争的选择机制（金碚，2015）[1]。

## 3. 产业组织优化

传统制造业企业的发展模式倾向于追求企业规模，通过兼并重组提高市场集中度。在第三次工业革命日渐兴起、信息化与新型工业化交汇之际，制造业组织结构及企业发展模式都在发生深刻变化，技术进步促使传统意义上企业的边界和规模不断发生转变，企业间协作发展和利润共享越发重要。以新通信技术与新能源体系有效融合为本质的第三次工

31

---

① 金碚. 中国制造2025［M］. 北京：中信出版社，2015：283－285.

业革命将改变"边际收益递减"的前提，极大地提高企业的生产效率，实现创新与生产的分离①。产业组织模式出现规模经济效应弱化、产业集中度降低、市场进入壁垒下降、中小企业优势明显、可竞争市场形成等新特征（戚聿东、刘健，2014）②。制造业生产方式向大规模个性化定制转变，产业组织模式采取扁平化和竞争合作化结构，通过现代通信技术把遍布世界的大型跨国企业以及众多专业化中小企业"网罗"在一起，共同发挥作用③。精细化、个性化生产越来越受到消费者的青睐，企业生产模式将由规模化、同质化向科技化、差异化方向发展，专业型中小微企业的发展将受到各国普遍重视。适应于现代化产业组织结构的需要，产业组织政策应把提升企业和产品的国际竞争力作为重点战略目标，强化企业的市场主体地位，保护中小型企业公平参与市场竞争和资源获取的机会，促进大中小企业协调发展。激发中小企业创新活力，专注于分散化、精细化生产的中小企业，引导大企业与中小企业通过专业分工和订单生产的方式，建立协同创新和合作共赢的协作关系。

## 2.2.2 中国产业政策的内容和目标

产业政策的合理性主要取决于其所在的制度环境（吕明元，2007）。研究中国产业政策的制定和实施过程，首先要明确中国的政治体制和经济体制，正确理解中国式产业政策产生的制度背景——分权治理模式。经济改革初期，为调动地方政府发展经济的积极性，中央政府赋予地方许多经济自主权，地方政府在"晋升锦标赛"制度的激励下④，会对中央政府制定的产业政策选择性执行。

中国产业政策制定和实施的组织结构属于典型的分级职能模式，产业政策由中央政府负责制定，地方政府执行并制定相应的配套政策（见

① Schilling M. A. Toward a General Modular Systems Theory and Its Application to Inter-firm Product Modularity [J]. The Academy of Management Review, 2000, 25 (2): 312–334.

② 戚聿东，刘健. 第三次工业革命趋势下产业组织转型 [J]. 财经问题研究，2014 (1): 27–33.

③ 杰里米·里夫金. 第三次工业革命——新经济模式如何改变世界 [M]. 张体伟，孙豫宁译，北京：中信出版社，2012: 118–128.

④ Li Hongbin, and Zhou Lian. Political Turnover and Economic Performance: The Incentive Role of Personnel Control in China [J]. Journal of Public Economic, 2005 (89): 1743–1762.

图2-1）。产业政策的决策主体主要是中央政府，《国务院关于当前产业政策要点的决定》规定，产业政策的制定权在国务院。中央政府设有专门制定产业政策的机构（如国家发展和改革委员会），中央政府统筹全局，制定相关产业政策，地方政府根据本地区的经济基础和资源禀赋等决定如何执行产业政策。国务院是制定政策的总指挥部，国家发展和改革委员会是产业政策制定和实施的核心部门，其他国家部委，如财政部、工信部、税务总局、中国人民银行等机构配合政策落实，通过财政税收手段确保产业政策有效实施。现实中，中央政府与地方政府的关系更复杂，中央政府赋予地方政府发展经济的双重任务：一是要求地方政府加快发展地区经济，不断提高经济总体发展水平，即总量要求；二是要求地方政府不断转变经济发展方式，提高经济发展质量，即质量要求（孙早、席建成，2015）[①]。1994年分税制改革之后，地方政府具有了相对独立的自主决策权，作为独立的市场主体参与地方经济发展，中央政府以GDP增长为标尺的官员晋升激励机制极大地激发了地方政府发展地区经济的动力。当中央政府的产业政策有利于推动地方经济增长时，地方政府就有动力去执行；当中央政府的政策不利于地方经济增长时，地方政府就会缺乏执行的动力。

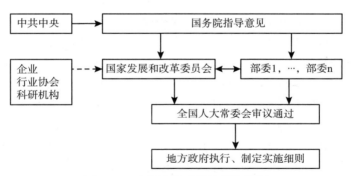

**图2-1 中国产业政策的制定流程**

　　中国产业政策的制定程序相对简单，主要环节集中于组织架构的上游，政府部门成为产业政策制定和实施的主角。政策制定部门对产业发

---

　　① 孙早，席建成. 中国式产业政策的实施效果：产业升级还是短期经济增长 [J]. 中国工业经济，2015（7）：52-67.

展的认知不如企业掌握得更准确，但企业尤其是民营企业等市场主体往往难以参与政策制定，缺少科研机构等对政策的合理性和有效性进行论证和模拟预测，政策制定过于随意，产业政策往往会阻碍市场机制发挥作用。相对而言，日本产业政策的制定和实施程序更加完善，政策制定部门主要包括通产省和经济企划厅，通产省负责产业政策的制定和具体实施，经济企划厅负责政策整体的运作。其他政府部门如大藏省、外务省、农林水产省、运输省、建设省等相互协作与配合，保证产业政策可以顺利实施。另外，日本的产业政策格外注重不同市场主体之间形成"官产学研"的联合，行业协会和协调性组织专门为政府部门提供决策参考，企业、大学和科研机构等非官方组织共同参与政策制定、执行和监督，真正实现了共同决策，如此，产业政策更能满足市场主体的需求，更符合产业发展规律（赵晶晶，2012）[①]。

中国的产业政策很大程度上延续了计划经济的传统，计划经济可以看作极端的产业政策。新中国成立之后，政府部门制定了优先发展重工业的经济发展战略，第三产业发展严重落后，制造业内部结构失衡，轻工业发展长期受到抑制，产业结构失衡问题十分严重。改革开放之后，农业、轻工业有了较大发展，产业失衡问题得到了较好的解决。从20世纪90年代开始，中国确立了社会主义市场经济体制，开始步入市场化改革之路，经济迅猛发展，由于市场经济尚在探索阶段，从计划经济向市场经济的转轨面临巨大挑战。为了加快产业结构调整和资源优化配置，政府制定了一系列旨在调整产业结构的政策（陈瑾玫，2007）[②]。1994年，国务院颁布的《90年代国家产业政策纲要》，指明了产业结构调整方向，加强交通运输、通信、能源等基础工业，积极振兴机械设备、电子、石化等国民经济的支柱产业。1997年颁布的《当前国家重点鼓励发展的产业、产品和技术目录》要求加快高新技术产业发展，并用高新技术改造传统产业。进入21世纪，国家强化了单项性产业政策的实施，产业政策几乎涵盖了所有行业，产业政策的内容和目标更加细化。表2-1列出了部分代表性产业政策的目标和政策工具，可以看出，这些单项性产业政策在政策目标设计方面非常细化，有些产业政策已经

---

① 赵晶晶. 区域产业政策的制度基础、实施路径与效果测度研究 [D]. 天津：南开大学，2012.

② 陈瑾玫. 中国产业政策效应研究 [D]. 沈阳：辽宁大学，2007.

对产业的发展规模及产量做了明确规定；政策内容也在产业结构调整、技术进步、产业组织、投资融资、贸易、安全等方面都做出了详细的规定和说明；产业政策的实施手段无外乎市场准入限制、批准审核、强制性清理等行政管理手段，以及与此相挂钩的银行信贷、税收优惠、财政直接补贴等手段。

表 2 - 1　　　　　　　部分代表性产业政策的特征

| 政策名称 | 政策目标和政策工具 |
|---|---|
| 汽车产业发展政策（2004 年） | 政策目标：规范汽车生产企业的市场行为；2010 年前成为世界主要汽车制造国；形成若干驰名汽车品牌；提高产业集中度，扩大规模收益<br>政策工具：准入管理机制，税收政策支持，备案制和核准制 |
| 钢铁产业发展政策（2005 年） | 政策目标：使我国成为世界钢铁生产大国和竞争力强国；提高产业集中度；形成比较合理的产业布局；降低能耗和污染排放。围绕产业结构调整和淘汰落后产能，在产业地区布局、产业技术升级、企业组织结构、投资管理、原材料利用等方面做出规定<br>政策工具：批准—审核制；税收、贴息、科研经费等政策支持；社会保障政策支持 |
| 水泥工业产业发展政策（2006 年） | 政策目标：提高企业的生产集中度和竞争能力；淘汰落后工艺；加快技术改进，提升技术水平。重点支持 4000 吨及以上规模新型干法水泥项目；调整水泥工业结构和产业升级<br>政策工具：市场准入机制，信贷机制，重大科研项目予以科研资金支持 |
| 船舶工业中长期发展规划（2006） | 政策目标：2010 年造船能力达到 2300 万载重吨；2015 年达 2800 万载重吨；重点规划建设三个大型造船基地，同时防止投资过热和低水平重复建设。详细规定了技术发展、产品发展、生产组织、投资管理的原则及标准，以及 2006～2015 年间各地区重点发展的重大项目<br>政策工具：设定准入门槛；政府扶持；资金贷款支持 |
| 煤炭产业政策（2007 年） | 政策目标：区域发展相协调的产业布局，形成大型煤炭产业基地；提高产业集中度；完善技术创新体系；统一煤炭生产、运输、需求市场的衔接。严格限制市场准入，关闭不符合规定的煤矿，鼓励兼并发展大型煤炭集团；发展地球物理勘探、高精度三维地震勘探技术<br>政策工具：市场准入限制，资格审查机制，安全生产、贸易运输和环境保护等规定 |

| 政策名称 | 政策目标和政策工具 |
|---|---|
| 乳制品工业产业政策（2008年，2009年） | 政策目标：控制盲目投资和重复建设，提高利用率；形成以市场为导向的合理的企业规模；优化全国奶业布局；规范投资行为和市场秩序，建立公平竞争环境；规定各地区重点发展的产品和项目；设定准入条件和标准，规范新建项目<br>政策工具：行业准入条件，银行贷款信用评级，金融机构授信支持，许可证制度 |
| 轮胎产业政策（2010年） | 政策目标：推进轮胎产业结构调整，实现由大变强；促进企业向集团化发展，提高产业集中度；提高产品技术水平，提高企业核心竞争力，提高行业服务水平。鼓励发展高性能子午线轮胎，严格限制斜交轮胎发展；推动自主创新技术产业化；完善配套设施；完善行业准入机制；投资管理、进出口管理、废旧轮胎回收等<br>政策工具：准入条件规定，部门备案—核准制，强制性认证制度，关税税率优惠 |
| 国务院关于促进光伏产业健康发展的若干意见（2013年） | 政策目标：2013~2015年，每年新增光伏发电装机容量1000万千瓦左右，到2015年总装机容量达到3500万千瓦，并培育一批具有较强技术研发能力和市场竞争力的龙头企业。积极开拓光伏应用市场；调整产业结构和技术进步，淘汰一批落后产能，抑制盲目扩张；推进标准化体系和检测认证体系建设；加强市场监管和行业管理；完善政策扶持<br>政策工具：财政补贴政策，税收优惠政策，金融信贷支持政策，土地支持政策 |

中国改革开放之后经济高速增长的根源在于经济发展战略的转变。林毅夫（Lin，2003）根据是否遵循比较优势，将发展战略分为遵循比较优势的发展战略和违背比较优势的发展战略[①]。在不同的发展战略下，产业政策起到了不同的作用（潘士远、金戈，2008）[②]。关于产业政策是否应该遵循比较优势也存在很大争论，争论的焦点主要是产业政策的实施范围和手段。在遵循比较优势的条件下，政府致力于建立和完善市场机制，在遵循产业发展规律的基础上调整产业结构，政策手段采

---

① Lin，Justin Yifu. Development Strategy，Viability and Economic Convergence [J]. Economic Development and Cultural Change，2003，51（2）：277 – 308.

② 潘士远，金戈. 发展战略、产业政策与产业结构变迁——中国的经验 [J]. 世界经济文汇，2008（1）：64 – 76.

用间接引导的方式；在违背比较优势的条件下，政府制定选择性产业政策直接保护、扶植或抑制某个产业发展，行政性干预手段较明显。

从经济增长的视角看，产业政策主要包括产业结构政策、产业组织政策、产业技术政策，产业政策的目标主要集中在产业结构调整、产业组织优化和产业技术进步三个方面；从社会发展的视角看，产业政策的内容还包含政府在教育、医疗、卫生、就业等社会领域的政策（见图2-2）。产业结构政策的主要目标是实现产业结构的合理化和高级化，政府根据产业结构演变的规律制定适合本国的发展战略，选择主导产业和支柱产业加以扶持，通过调整产业结构来推动经济增长[①]；产业组织政策是对某一产业内部的市场结构和生产效率等进行调整，主要包括反垄断控制、中小企业竞争、规模经济等；产业技术政策是通过制定技术创新规划提高国家的技术水平，突出技术进步对经济增长的贡献率；产业社会政策的目标是创造安定的社会环境、提高居民的社会保障水平、稳定就业等，其中，就业一直是各国政府普遍关心的社会问题，应该成为产业政策的重要组成部分。

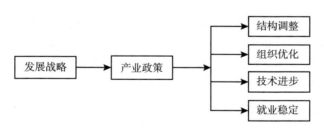

图 2-2 产业政策的内容和目标

产业政策的四个目标是相互依存的，归根结底是为了促进经济社会更好地发展。经济发展的不同阶段具有相应的产业结构，产业结构又决定经济增长方式[②]。结构主义理论认为结构效应是经济增长的一个重要源泉，而不仅仅局限于新古典经济增长理论认为的经济增长是资本和劳动积累以及技术变化长期作用的结果。经济增长是与产业结构升级密切

---

① 雷珐，雷娜. 产业政策、产业结构与经济增长的实证研究 [J]. 经济问题，2012 (4)：45-48.

② 刘伟，李绍荣. 产业结构与经济增长 [J]. 中国工业经济，2002 (5)：14-21.

相关的，技术选择又直接影响到产业结构升级，因此，通过技术选择和合理的资本深化能够促进产业结构升级，提升劳动生产率，实现经济快速增长（黄茂兴、李军军，2009）①。经济增长是实现就业稳定的重要基础，就业稳定又为结构调整、技术进步和经济增长提供了更大的发展空间。

### 2.2.3　中国产业政策的实施手段

根据政府干预经济的方向和深度，产业政策的实施手段主要包括经济手段、法律手段和行政手段。《国务院关于当前产业政策要点的决定》规定：产业政策的实施要综合运用经济的、行政的、法律的手段。同时，财政、金融、税务、物价、工商等部门协作，各项调节手段和措施要相互配套。

#### 1. 法律手段

政府通过制定法律、法规的形式保证产业政策贯彻执行，通过经济立法来调节产业中的经济关系，维护市场秩序，保障和促进各产业协调发展②。法律手段最大的优点是公平性较高，因此，市场经济发达国家倾向运用法律手段创造公平竞争的市场环境，提高企业的竞争力，进而推动产业发展。

#### 2. 行政手段

政府利用其特有的行政权力对某些产业的发展强行干预，行政手段的特点是强制性，如配额限制、许可证制度、强制性清理等。不可否认，行政手段在中国经济转型期的实施效果更明显，但随着经济全球化和市场化进程的不断深入，其阻碍竞争、激励创新不足、维系行政垄断等弊端逐渐凸显，各国政府对于行政手段的使用逐渐减少。

① 黄茂兴，李军军. 技术选择、产业结构升级与经济增长［J］. 经济研究，2009（7）：143–151.

② 张泽一. 产业政策有效性问题的研究［D］. 北京：北京交通大学，2010.

### 3. 经济手段

市场经济体制下，运用法律手段和经济手段推行产业政策不可或缺而且行之有效，法律手段创造公平竞争的环境，经济手段激励企业提高生产效率和技术水平。经济手段按功能性质可以分为刺激性手段、诱导性手段和援助手段（赵晶晶，2012）[①]。刺激性手段指政府通过财政、税收、金融、汇率等工具干预企业的经营行为；诱导性手段是指政府以发布信息的形式引导产业发展；直接援助是指政府对微观经济主体直接拨款。在经济手段中，税务和银行部门起到了重要作用。税收部门通过对税种和税率的调控，对扶持的产业进行减免税。银行根据产业政策的要求对需要扶持的产业增加贷款、延长贷款期限、提供利率优惠等。

一般市场经济国家的宏观调控，政府主要凭借法律手段，以市场化的方式，通过制定并实施法律、法规来调节经济活动；对于市场机制还不完善的中国来说，在法律和市场手段之外，还需辅以一定的行政手段（陈剩勇，2013）[②]。虽然伴随着经济体制改革的不断深化，产业政策的实施手段也更加多样，由原来的行政命令直接干预的方式向引导性方式转变，但从政策实施手段来看，目录指导、市场准入、项目审批与核准、供地审批、贷款的行政核准、强制清理（淘汰落后产能）等行政性直接干预措施进一步被强化，深化市场体制改革、促进市场机制更好地发挥资源配置功能的具体政策措施相对较少（江飞涛、李晓萍，2010）[③]。中国的产业政策具有较强的政府直接干预、政府选择代替市场竞争的特征，出于扶植或限制某些特定产业发展，达到非均衡快速增长的目的，政府不惜制定一系列扭曲市场机制的政策。刘志彪（2015）指出，中国传统产业政策是挑选输家和赢家的政策，而非培育企业发展潜力和竞争力的政策；地方政府在更大程度上主导了产业政策的落实；产业政策为特定产业或企业搭建免于竞争的温床，而不是创造公平竞争的市场环境；与命令型体制相适应，产业政策是纵向控制型而非横向协

[①] 赵晶晶. 区域产业政策的制度基础、实施路径与效果测度研究［D］. 天津：南开大学，2012：11.

[②] 陈剩勇. 中国政府的宏观调控为什么失灵——以 1996 年以来中国钢铁产业的宏观调控为例［J］. 学术界，2013（4）：5 - 24.

[③] 江飞涛，李晓萍. 直接干预市场与限制竞争：中国产业政策的取向与根本缺陷［J］. 中国工业经济，2010（9）：26 - 36.

调型①。虽然随着经济体制改革的不断深化，政府开始强调市场机制配置资源的基础性和决定性作用，政府职能开始向市场失灵等领域转移，注重"功能性产业政策"的运用，但实施手段仍然以行政性直接干预为主，本质上依然是"选择性产业政策"②。市场经济体制下，产业政策延续了计划经济时期政府直接干预的做法，对微观经济活动的行政干预在"宏观调控"的名义下明显加强，"宏观调控要以行政调控为主"成为正式的指导方针③。

---

① 刘志彪. 经济发展新常态下产业政策功能的转型 [J]. 南京社会科学, 2015 (3)：33 –41.

② 江飞涛, 李晓萍. 直接干预市场与限制竞争：中国产业政策的取向与根本缺陷 [J]. 中国工业经济, 2010 (9)：26 –36.

③ 吴敬琏. "国进民退"：中国改革的风险 [J]. 中国民营科技与经济, 2012 (Z3)：100 –103.

# 第3章 中国制造业结构调整政策的绩效分析

中国在改革开放之前的产业结构极不合理，农业和服务业发展落后，制造业主要以资源型重化工业为主，这与计划经济时期政府对经济的过度干预分不开。改革开放之后，政府试图通过制定产业政策来调整产业结构，自1986年首次提出产业政策这一概念以来，政府部门制定并实施了一系列旨在优化产业结构的政策文件，重点是调整以重工业为主的制造业结构。1994年颁布的《90年代国家产业政策纲要》提出了制造业结构调整的思路，应切实加强基础设施和基础工业，积极振兴支柱产业，促进产业技术水平提高和优化产业合理布局。制造业结构政策的主要任务是按照产业发展特征、发展阶段及所需的发展条件确定不同产业的发展顺序、发展规模以及发展速度，政府综合运用各种手段措施对不同产业给予政策支持。那么，产业政策在中国制造业结构调整过程中的作用如何呢？本章我们将用理论和实证相结合的方法分析制造业结构调整政策的绩效。

## 3.1 中国制造业结构调整的发展历程

### 3.1.1 中国制造业结构调整的阶段性特征

一个国家和地区的经济发展不仅表现为经济总量的增长，同时还伴随着产业结构优化和技术进步，高技术产业迅速发展，与传统产业相互融合，经济增长向创新驱动逐渐转变。从中国产业结构调整的发展历程来看，改革开放之前，产业结构严重失衡，优先发展重化工业的发展战略造成农业和服务业发展滞后；改革开放之后，政府调整发展战略，推进市场化改革和对外开放，通过制定产业政策加大对农业和服务业发展的扶持力度，提高制造业的发展质量和技术水平，鼓励轻工业和高技术产业更好地发展。

改革开放以来，中国经济发展取得了举世瞩目的成就，国内生产总值长期处在中高速增长阶段，伴随经济总量的持续增长，产业结构逐渐趋向合理化和高级化。从中国产业结构的变化趋势来看（见表 3 - 1），三次产业之间的比例关系更加合理。具体而言，第一产业增加值占 GDP 的比重持续下降，2014 年降到 10% 以下，仅占 9.2%；第二产业增加值在 GDP 中的比重长期维持在 40% 至 50% 之间，但近年来，随着全球经济下滑和经济发展方式不断转型，第二产业比重呈现下降趋势；第三产业增加值占 GDP 的比重持续上升，2013 年首次超过第二产业，达到 46.1%，2014 年占比增加到 48.2%，超过第二产业 5.6 个百分点，2015 年第三产业增加值占 GDP 比重超过 50%，比第二产业高出 10 个百分点。从三次产业内部结构来看，第一产业中的种植业比重下降，林业相对稳定，牧业和渔业比重上升；传统加工制造业相对稳定，以电力、煤炭、石油等为主的能源产业明显加强，以计算机、电子和通信设备制造为主的技术密集型产业迅速增长，制造业结构从劳动密集型向资本和技术密集型转换；第三产业中的住宿、餐饮、交通运输等传统行业以及金融、保险、旅游、信息、房地产、文化等新兴产业随着对外开放和市场化进程的推进得到较快发展。

一个国家在工业化进程中的不同阶段，各个产业在增长率上的差别以及供求关系的变化导致产业结构将不断进行调整和优化，中国的工业化进程也是如此，不同产业部门增长率的变化将导致国民经济的产业结构发生变化，产业结构水平尤其是制造业发展高度决定了中国工业化进程所处的阶段（刘伟、蔡志洲，2015）。中国 1978～2015 年产业结构的变化趋势表明中国的经济发展和产业结构调整带有明显的阶段性特征。

表 3 - 1　　　　　　　中国三次产业增加值占 GDP 的比重　　　单位：%

| 年份 | 第一产业 | 第二产业 | 第三产业 | 年份 | 第一产业 | 第二产业 | 第三产业 |
|---|---|---|---|---|---|---|---|
| 1978 | 28.19 | 47.88 | 23.94 | 1997 | 18.29 | 47.54 | 34.17 |
| 1979 | 31.27 | 47.10 | 21.63 | 1998 | 17.56 | 46.21 | 36.23 |
| 1980 | 30.17 | 48.22 | 21.60 | 1999 | 16.47 | 45.76 | 37.77 |
| 1981 | 31.88 | 46.11 | 22.01 | 2000 | 15.06 | 45.92 | 39.02 |
| 1982 | 33.39 | 44.77 | 21.85 | 2001 | 14.39 | 45.15 | 40.46 |
| 1983 | 33.18 | 44.38 | 22.44 | 2002 | 13.74 | 44.79 | 41.47 |
| 1984 | 32.13 | 43.09 | 24.78 | 2003 | 12.80 | 45.97 | 41.23 |
| 1985 | 28.44 | 42.89 | 28.67 | 2004 | 13.39 | 46.23 | 40.38 |
| 1986 | 27.14 | 43.72 | 29.14 | 2005 | 12.12 | 47.37 | 40.51 |
| 1987 | 26.81 | 43.55 | 29.64 | 2006 | 11.11 | 47.95 | 40.94 |
| 1988 | 25.70 | 43.79 | 30.51 | 2007 | 10.77 | 47.34 | 41.89 |
| 1989 | 25.11 | 42.83 | 32.06 | 2008 | 10.73 | 47.45 | 41.82 |
| 1990 | 27.12 | 41.34 | 31.54 | 2009 | 10.33 | 46.24 | 43.43 |
| 1991 | 24.53 | 41.79 | 33.69 | 2010 | 10.10 | 46.67 | 43.24 |
| 1992 | 21.79 | 43.45 | 34.76 | 2011 | 10.04 | 46.59 | 43.37 |
| 1993 | 19.71 | 46.57 | 33.72 | 2012 | 10.09 | 45.32 | 44.59 |
| 1994 | 19.86 | 46.57 | 33.57 | 2013 | 10.0 | 43.90 | 46.10 |
| 1995 | 19.96 | 47.18 | 32.86 | 2014 | 9.2 | 42.60 | 48.20 |
| 1996 | 19.69 | 47.54 | 32.77 | 2015 | 9.0 | 40.50 | 50.50 |

资料来源：中国经济信息网统计数据库，历年《中国统计年鉴》。

第一阶段：1978～1992 年。改革开放初期，中国仍然延续了计划经济时期的优先发展重工业的产业政策，产业结构变动的显著特点是：第一产业规模较大，增加值在 GDP 中的比重一直在 20% 以上；第二产业是国民经济的支柱产业，所占比重维持在 40% 以上；第三产业发展缓慢，增加值在 GDP 中的比重仅有 30% 多，但开始出现上升的趋势。

第二阶段：1993～2000 年。社会主义市场经济体制确立之后，中国对内实行经济体制改革，不断提高市场化水平，对外则扩大对外开放，发展外向型经济。这一时期产业结构变动的特点是：第一产业增加值占 GDP 的比重明显降低;第二产业先升后降,最高的 1996 年达到 47.54%,1997 年亚洲金融危机后开始下降;第三产业发展迅速,2001 年第三产业增加值占 GDP 比重达到 40.46%。

第三阶段:2001～2010 年。第一产业增加值占 GDP 的比重持续下降,到 2010 年已经降到 10.1%;第二产业发展稳定,仍然主导中国经济的发展方向;第三产业飞速发展,在 GDP 中的比重已经超过 40%。进入 21 世纪之后,随着经济发展水平的提高,为使经济均衡平稳增长,国家对第三产业的发展给予更多关注,政府的产业政策由重点关注第二产业向第一、第二、第三产业并重转变。

第四阶段:2010 年之后。第三产业替代第二产业成为经济增长的主导产业,主要表现为第二产业仍在发展,但第三产业增加值在 GDP 中所占比重迅速提升,并超过第二产业,由此带动产业结构升级。2013 年第三产业增加值占 GDP 的比重首次超过第二产业,2015 年达到 50.5%,超过第二产业 10 个百分点。

可以发现,从 2010 年开始,中国逐渐由发展中国家向新兴工业化国家过渡,第二产业正在经历转型调整,第三产业发展迅速,2015 年第三产业增加值占 GDP 的比重已经超过 50%。同发达国家相比,中国的制造业结构及产业的技术水平等还存在一定差距。发达国家在工业化进程中也经历了产业结构的不断调整。美国经济发展和产业结构演进经历了三个阶段:1776～1884 年的工业化前期阶段;19 世纪末到 20 世纪初第二次产业革命的工业化早期阶段;20 世纪 50 年代开始向工业化后期阶段发展(袁奇、刘崇义,2007)。尤其是 20 世纪 80 年代以后,美国第一产业和第二产业比重逐步下降,第三产业比重不断提高。到 2010 年,三次结构分别为 1.1%、18.6%、80.3%(见表 3 - 2)。

表 3 - 2  中国与美国 2010 年产业结构比较

| 行业 | 增加值(万亿美元) | | 构成(%) | |
|---|---|---|---|---|
| | 中国 | 美国 | 中国 | 美国 |
| 国内生产总值 | 5.9 | 14.6 | 100 | 100 |
| 第一产业 | 0.6 | 0.2 | 10.1 | 1.1 |
| 第二产业 | 2.7 | 2.7 | 46.7 | 18.6 |

续表

| 行业 | 增加值（万亿美元） | | 构成（%） | |
|---|---|---|---|---|
| | 中国 | 美国 | 中国 | 美国 |
| 工业 | 2.4 | 2.2 | 40.0 | 15.1 |
| 　采矿业 | 0.3 | 0.2 | 5.2 | 1.6 |
| 　制造业 | 1.9 | 1.7 | 32.5 | 11.7 |
| 　电力、燃气及水的生产和供应业 | 0.1 | 0.3 | 2.4 | 1.8 |
| 建筑业 | 0.4 | 0.5 | 6.6 | 3.5 |
| 第三产业 | 2.5 | 11.7 | 43.2 | 80.3 |
| 　交通运输、仓储和邮政业 | 0.3 | 0.4 | 4.8 | 2.8 |
| 　信息传输、计算机服务和软件业 | 0.1 | 0.6 | 2.2 | 4.3 |
| 　批发、零售、住宿和餐饮业 | 0.6 | 2.1 | 10.9 | 14.4 |
| 　金融和房地产 | 0.6 | 3.0 | 10.9 | 20.7 |
| 以上部门小计* | 1.7 | 6.2 | 28.8 | 42.2 |

注：因四舍五入，小计中的数字可能与各项之和略有出入。
资料来源：刘伟、蔡志洲．我国工业化进程中产业结构升级与新常态下的经济增长．北京大学学报（哲学社会科学版），2015（3）.

　　从规模上看，2010 年按汇率计算的中国 GDP 总额为 5.9 万亿美元[①]，美国 GDP 总额为 14.6 万亿美元，中国经济总量相当于美国的 40.4%；2013 年美国 GDP 达到 16.8 万亿美元，中国为 9.2 万亿美元，相当于美国的 54.8%，比 2010 年提高了 14.4 个百分点。从产业结构上看，2010 年中国第二产业增加值与美国持平，为 2.7 万亿美元；制造业增加值 1.9 万亿美元，比美国多 0.2 万亿美元，但制造业增加值占 GDP 的比重超过美国 20.8 个百分点。中国第三产业增加值只有 2.5 万亿美元，第三产业增加值占 GDP 的比重只有 43.2%，美国则达到了 80.3%。

## 3.1.2　中国制造业固定资产投资结构分析

　　中国是制造业大国，但不是制造业强国。改革开放之后，依靠成本

---

　　① 世界银行进行国际比较时使用的三年平均汇率。

优势发展外向型经济的发展战略促使制造业成为推动中国经济高速增长的主力，政府给予更多财政和税收方面的优惠政策，中国逐渐发展成为全球制造业中心。

产业政策通过各种手段在不同部门间进行资源再配置，引起部门间资本存量与流量的变化，固定资产投资作为直接干预型财政投资手段，是产业政策的支持手段（江小涓，1996）[①]，中国经济高速增长过程中始终伴随着固定资产投资的快速扩张（宋丽智，2011）[②]。具体而言，中国城镇固定资产投资资金来源主要包括国家预算内资金、国内贷款、利用外资、社会自筹和企事业单位自有资金，国家预算内资金代表政府主导的固定资产投资，国家预算内投资构成能够体现国家的产业政策，而各行业实际投资额反映了社会投资主体的投资方向。陈瑾玫（2007）对中国20世纪八九十年代国有单位固定资产投资与预算内投资的行业结构进行了分析，国家重点投资的领域，如能源（电力、煤炭、石油、水利）、交通运输、农业、原材料工业以及教育文化等，大部分行业国家预算内投资的行业比重高于实际固定资产投资的行业比重，反映出产业政策对资金的引导作用并不理想。

选择性产业政策发挥作用的基础是政府主导生产要素的配置方向，计划经济时期，国家是唯一的投资主体，其投资方向对产业结构的形成起着决定性作用，政府通过投资改变产业结构的效果较为明显。市场化改革的推进使得政府掌握的资源逐渐减少，中央政府控制的投资能力和投资方向对全社会投资总量和格局的影响明显减弱（江小涓，1991）[③]。国家统计局公布的数据显示，2014年全国城镇固定资产投资实际到位53.27万亿元，国家预算资金为2.67万亿元[④]，所占比重仅为5.02%，说明政府主导投资结构的能力正在减弱，市场机制成为引导社会投资和选择产业发展的决定力量。表3-3列出了2005~2014年部分年份分行业城镇固定资产实际投资额与国家预算内资金的结构比较。

① 江小涓. 经济转轨时期的产业政策——对中国经验的实证分析与前景展望 [M]. 上海：上海三联出版社，1996：89.
② 宋丽智. 我国固定资产投资与经济增长关系再检验：1980-2010年 [J]. 宏观经济研究，2011（11）：17-46.
③ 江小涓. 论我国产业结构政策的实效和调整机制的转变 [J]. 经济研究，1991（3）：9-15.
④ 数据来源：《中国统计年鉴》（2015）.

表3-3　　　　　　城镇固定资产实际到位和预算内投资结构　　　单位：%

| 行业 | 2005年 | | 2010年 | | 2012年 | | 2014年 | |
|---|---|---|---|---|---|---|---|---|
| | 实际投资 | 预算内 | 实际投资 | 预算内 | 实际投资 | 预算内 | 实际投资 | 预算内 |
| 合计 | 100 | 100 | 100 | 100 | 100 | 100 | 100 | 100 |
| 农业 | 1.04 | 4.90 | 1.47 | 4.45 | 2.24 | 4.64 | 2.75 | 4.69 |
| 采矿业 | 4.21 | 0.62 | 3.62 | 0.66 | 3.40 | 0.57 | 2.67 | 0.52 |
| 制造业 | 25.9 | 3.58 | 28.7 | 3.62 | 32.70 | 3.04 | 32.04 | 2.27 |
| 电力燃气 | 8.93 | 8.82 | 5.49 | 6.90 | 4.30 | 5.89 | 4.32 | 6.64 |
| 建筑业 | 0.83 | 1.30 | 0.86 | 2.93 | 0.96 | 3.22 | 0.78 | 1.80 |
| 交通运输 | 10.4 | 29.4 | 9.94 | 26.0 | 7.61 | 20.79 | 7.95 | 23.68 |
| 信息传输 | 1.93 | 0.49 | 0.91 | 0.77 | 0.68 | 0.53 | 0.80 | 0.45 |
| 批发零售 | 1.94 | 0.14 | 2.10 | 0.34 | 2.57 | 0.56 | 2.98 | 0.38 |
| 住宿餐饮 | 0.85 | 0.16 | 1.18 | 0.18 | 1.34 | 0.26 | 1.20 | 0.21 |
| 金融业 | 0.13 | 0.10 | 0.18 | 0.06 | 0.24 | 0.21 | 0.28 | 0.09 |
| 房地产业 | 27.9 | 1.23 | 30.4 | 5.91 | 29.62 | 11.06 | 28.29 | 9.28 |
| 租赁服务 | 0.63 | 0.21 | 0.96 | 1.10 | 1.29 | 0.78 | 1.54 | 0.54 |
| 科学研究 | 0.52 | 2.39 | 0.49 | 1.26 | 0.65 | 1.09 | 0.81 | 0.86 |
| 水利环境 | 7.47 | 21.3 | 8.42 | 25.0 | 7.43 | 28.46 | 8.64 | 30.73 |
| 居民服务 | 0.18 | 0.45 | 0.30 | 0.18 | 0.44 | 0.74 | 0.42 | 0.44 |
| 教育 | 2.49 | 5.05 | 1.40 | 6.05 | 1.17 | 6.06 | 1.27 | 6.30 |
| 卫生 | 0.73 | 1.93 | 0.76 | 3.14 | 0.70 | 2.38 | 0.77 | 2.29 |
| 文化体育 | 0.88 | 2.18 | 1.00 | 2.49 | 1.13 | 2.39 | 1.20 | 1.97 |
| 公共管理 | 2.97 | 15.8 | 1.84 | 8.99 | 1.53 | 7.36 | 1.30 | 6.84 |

资料来源：根据各年度《中国统计年鉴》数据整理得到。

从固定资产投资结构来看，国家预算资金对重点行业的支持与实际投资存在较大差距。首先，农业、建筑业、交通运输业、科学研究、水利环境、教育以及医疗卫生等行业的实际投资所占比重明显低于政府预算内投资比重。具体来看，国家预算资金中水利环境与公共设施管理业、交通运输业的占比分别为30.73%和23.68%，但实际到位资金分别仅占8.64%和7.95%，说明这些行业的投资主要来源于政府部门，而社会资本很少或者说难以进入。其次，国家预算资金中制造业占比仅为2.27%，实际到位资金占比高达32.04%；国家预算资金中房地产行业占比为9.28%，实际到位资金占比达到28.29%。最后，国家预算内投资在石油、电力、金融、信息传输等行业的投资结构与实际投资结构较为一致，表现为产业政策对资本的引导效果较好，原因是这些行业属于垄断性行业，存在较高的行政性进入壁垒，社会资本难以进入，由于缺少市场竞争，这些行业的生产效率一直饱受争议。

改革开放初期，政府在推动产业结构合理调整的过程中发挥了重要作用，这主要得益于"后发优势"，借鉴发达国家产业发展的规律，政府主动选择主导产业和支柱产业加以扶持，加快这些产业的发展速度，从而缩短产业结构演变的过程，这种产业政策是符合市场发展规律的。但随着我国经济的持续发展，"后发优势"逐渐消失，未来产业结构的调整方向将变得不再那么明确，扶持特定产业的结构政策存在较大风险。而且，产业结构调整很大程度上要依靠先进的技术来支撑，而技术创新本身具有不确定性，难以通过政策规划来实现，这就需要依靠市场来选择合适的技术和产业，从而实现产业结构的合理变迁。

## 3.2 中国制造业产业政策的量化分析

中国工业化进程中伴随着经济体制转轨，政府在产业结构调整和经济增长中扮演者极为重要的角色，政府通过制定产业政策来扶持或者限制某些产业的发展，从而达到调整产业结构、推动经济增长的目的。那么，产业政策的效果如何呢？本节将从理论上分析产业结构变迁的规律，并对产业政策进行量化。

### 3.2.1 产业结构变迁的理论分析

产业结构是指一个国家或地区各产业在国民经济中所占比重及相互关系，产业结构演变一般符合配第—克拉克定理、库兹涅茨定律以及钱纳里的标准产业结构和工业化阶段理论描述。产业结构变迁是市场经济自发形成的客观规律，政府虽然不能改变，但如果顺应这一规律，就可以选择性地运用产业政策来干预产业结构变迁的进程和速度（金戈，2010）①。产业结构变迁的形式有两种：诱致性变迁和强制性变迁。前者指产业结构变迁是在市场机制作用下由市场主体自发倡导、组织和进行的，政府不直接干预产业发展；后者是指政府有意识地通过计划、政策、法律和行政命令等手段改变产业发展的方向和速度（张冰、金戈，2007）②。

　　根据耗散结构理论，一个国家或地区的经济体系是一个开放系统，经济运行的各个环节相互联系、相互依存，经济系统中的各子系统相互作用促进整个经济的发展。在经济和社会系统的发展进程中，时刻伴随着产业结构的变化，产业结构变动经历了一个从无到有、从简单到复杂、从低级到高级的系统过程。在这个过程中，一些产业兴盛繁荣，另一些产业衰退萎缩，各个产业随时都在发生"涨落"变化。耗散结构理论对产业结构的发展规律给出了系统的理论分析，将耗散结构理论应用到产业结构研究中，从系统论的角度来分析经济发展过程，阐述开放系统如何从无序走向有序的过程。耗散结构理论指出，一个远离平衡态的开放系统通过不断地与外界交互物质和能量，当达到一定阈值时，系统从原来的无序状态转变成有序状态。产业结构变迁的运行过程如图3－1所示。

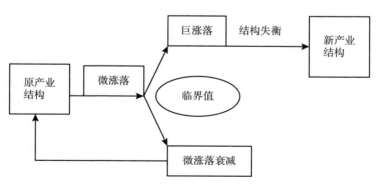

**图 3－1　产业结构变迁的理论分析**

　　①　金戈 . 产业结构变迁与产业政策选择——以东亚经济体为例［J］. 经济地理，2010（9）：1517－1523.

　　②　张冰，金戈 . 港台产业结构变迁：模型与比较［J］. 台湾研究，2007（2）：44－49.

产业结构是指生产要素或产出在产业间的分布情况或比例关系，当这种比例关系不随时间改变时，产业结构达到一种稳定平衡态。产业结构变迁就是从一种稳定平衡状态转变为另一种稳定平衡状态。这种转变是通过"涨落"机制实现的，也就是说，产业系统中的各要素时刻都在发生"涨落"变化，当微涨落超过临界值时，便会引致巨涨落，原产业结构失衡，产业达到更高层次或者出现新的产业，形成新的稳定的产业结构；当微涨落没有达到临界值时，微涨落自动衰减，维持原来的产业结构。那么，产业结构变迁的临界值是什么？如果确定这个临界点，政府就可以制定出有效的产业政策，加快产业从"微涨落"向"巨涨落"的过渡，提高产业政策的有效性。周振华（1989）认为，当前对产业结构政策的选择基准，如收入弹性基准、生产率上升基准，主要是参照日本经济学家的一些观点，这种选择基准并不完全符合中国的实际情况，具有严重的局限性。

由于缺乏统一的衡量标准，且政府在制定产业政策时受到有限理性和认知局限性的约束，无法准确判断产业的发展情况；传统的产业政策带有明确的选择性，事先挑选"赢家"，政策目标具体到了企业的规模及产量，完全违背了市场规律。根据耗散结构理论，产业结构系统中元素的"微涨落"具有动态性和不确定性，只有当"微涨落"达到临界值时才会引起"巨涨落"。也就是说，在市场竞争中，产业的发展规模和技术水平等特征变量也具有动态性和不确定性，产业发展到一定程度时才能引致产业结构的变动。然而，从"微涨落"转变为"巨涨落"的临界值是什么，由哪些因素决定，这都是政策制定者无法准确获取的。因此，产业政策从制定之初就注定其实施效果会大打折扣。江小涓（1991）指出，市场性产业扶持政策和抑制政策发挥作用的基础是存在与产业结构目标同方向的利益引导机制，使投资者为了自身利益进入和退出某些行业[①]。中国的产业政策大多属于"选择性产业政策"，政府倾向于挑选规模较大且国有资本比重较高的特定行业进行扶持，这种行政性行为违背了市场规律，产业政策的效果往往不理想。

---

① 江小涓. 论我国产业结构政策的实效和调整机制的转变 [J]. 经济研究，1991（3）：9 – 15.

## 3.2.2　要素投入视角下产业政策偏向衡量

产业政策是政府为保护和扶持特定产业发展而制定的选择性产业政策，政府通过行政命令方式在不同行业间进行生产要素分配，因此，要素投入倾斜是产业政策的实施手段。陈瑾玫（2007）使用要素投入倾斜度指标来衡量产业政策偏向，他所选用的要素包括资本和劳动。然而，资本固然可以作为政府干预产业发展的重要工具，但劳动投入却难以反映政府的政策意图，因为劳动力市场化程度的不断提高，加速了劳动力的自由流动，政府对劳动力市场的干预程度在降低。黄茂兴、李军军（2009）构建了技术选择、产业结构升级和经济增长之间的模型，结果表明产业结构升级可以通过选择合理的资本深化和技术来实现。借鉴以上学者的研究方法，我们认为，政府主要从固定资产投资和技术进步两个方面来调整产业结构。因此，本书采用政府固定资产投资作为资本投入，国家研发资金投入作为技术投入，以这两种投入要素的倾斜度来衡量产业政策偏向，计算公式为：

$$S_i^k = \frac{k_i}{\bar{K}} \ (i = 1,\ 2,\ \cdots,\ n) \tag{3.1}$$

其中，$S_i^k$ 表示要素投入倾斜度，$k_i$ 为产业 i 的要素投入中政府投入所占比重，$\bar{K}$ 为所有 34 个工业行业政府投资占总投资比重的平均值。因此，$S_i^k > 1$ 表示政府要素投入所占比重大于工业的平均值，反之，则小于工业的平均值，$S_i^k$ 越大表示要素投入越向该行业倾斜，即产业政策重点扶持的行业。

表 3 - 4 是 2004～2014 年中国制造业产业政策偏向和产业发展状况，我们用产业规模、产出增长率和全要素生产率来表示制造业产业结构。可以看出，固定资产投资倾斜度排名前五位的行业分别是电力、热力的生产和供应业，水的生产和供应业，燃气生产和供应业，石油加工、炼焦及核燃料加工业，化学纤维制造业。这些行业大多属于垄断性行业，政府投资较多，但产出增长率较低，固定资产投资倾斜度与产出增长率相背。研发资金倾斜度排名前五位的行业分别是水的生产和供应业、交通运输设备制造业、仪器仪表及文化办公用品制造业、专用设备制造业、医药制造业。这些行业大多属于技术密集型行业，但行业的全

51

要素生产率并未体现出较高水平。

表 3 - 4　　　　　　　制造业产业结构与产业政策偏向对比

| 行业 | 产业规模（%） | 产出增长率（%） | 全要素生产率 | 固定资产投资倾斜度 | 研发资金倾斜度 |
|---|---|---|---|---|---|
| 煤炭开采和洗选业 | 2.93 | 17.06 | 0.987 | 0.890 | 0.592 |
| 石油和天然气开采业 | 1.88 | 2.96 | 0.984 | 0.973 | 1.126 |
| 黑色金属矿采选业 | 0.74 | 28.01 | 0.985 | 0.458 | 0.840 |
| 有色金属矿采选业 | 0.57 | 14.24 | 0.958 | 0.461 | 1.122 |
| 非金属矿采选业 | 0.42 | 17.71 | 1.051 | 0.399 | 1.349 |
| 农副食品加工业 | 5.08 | 16.17 | 0.982 | 0.553 | 0.896 |
| 食品制造业 | 1.67 | 15.66 | 1.01 | 0.546 | 1.019 |
| 饮料制造业 | 1.40 | 16.84 | 1.041 | 0.467 | 0.587 |
| 烟草制品业 | 0.97 | 11.88 | 1.083 | 0.383 | 0.238 |
| 纺织业 | 4.43 | 11.50 | 1.036 | 0.587 | 0.526 |
| 纺织服装、鞋、帽制造业 | 1.90 | 13.64 | 0.976 | 0.411 | 0.419 |
| 皮革、毛皮、羽毛及其制品业 | 1.26 | 12.44 | 0.964 | 0.377 | 0.265 |
| 木材加工及木竹藤棕草制品业 | 1.00 | 20.76 | 1.035 | 0.426 | 0.737 |
| 家具制造业 | 0.63 | 17.42 | 0.985 | 0.384 | 0.266 |
| 造纸及纸制品业 | 1.56 | 14.30 | 1.041 | 0.961 | 0.407 |
| 印刷业和记录媒介的复制业 | 0.55 | 14.70 | 1.043 | 0.440 | 0.313 |
| 文教、体育和娱乐用品制造业 | 0.61 | 18.80 | 0.952 | 0.373 | 0.763 |
| 石油加工、炼焦及核燃料加工业 | 4.55 | 8.68 | 1.049 | 1.116 | 0.812 |
| 化学原料及化学制品制造业 | 7.17 | 17.19 | 1.009 | 0.992 | 0.752 |
| 医药制造业 | 1.80 | 16.72 | 1.029 | 0.598 | 1.410 |
| 化学纤维制造业 | 0.89 | 14.21 | 1.06 | 1.057 | 0.454 |
| 非金属矿物制品业 | 4.54 | 19.01 | 1.04 | 0.599 | 0.832 |
| 黑色金属冶炼及压延加工业 | 8.19 | 16.79 | 1.057 | 0.777 | 0.209 |
| 有色金属冶炼及压延加工业 | 4.13 | 18.24 | 1.006 | 0.938 | 0.772 |
| 金属制品业 | 2.95 | 17.63 | 0.978 | 0.473 | 1.084 |

续表

| 行业 | 产业规模（%） | 产出增长率（%） | 全要素生产率 | 固定资产投资倾斜度 | 研发资金倾斜度 |
|---|---|---|---|---|---|
| 通用设备制造业 | 4.77 | 17.73 | 1.023 | 0.524 | 1.116 |
| 专用设备制造业 | 2.99 | 19.07 | 1.012 | 0.573 | 1.450 |
| 交通运输设备制造业 | 7.34 | 18.58 | 1.034 | 0.629 | 2.274 |
| 电气机械及器材制造业 | 6.17 | 17.41 | 1 | 0.569 | 0.619 |
| 通信计算机其他电子设备制造 | 9.12 | 16.53 | 1.025 | 0.892 | 0.916 |
| 仪器仪表制造业 | 1.00 | 14.74 | 1.025 | 0.484 | 1.477 |
| 电力、热力的生产和供应业 | 6.29 | 13.74 | 1.092 | 2.788 | 0.352 |
| 燃气生产和供应业 | 0.32 | 20.42 | 1.126 | 1.119 | 1.147 |
| 水的生产和供应业 | 0.19 | 6.45 | 1.046 | 1.949 | 3.238 |

注：a. 产业规模用各行业产值与工业总产值的比来表示。b. 产出增长率用各行业产值的增长率表示，且各行业产值都以 2003 年为基准按照工业品出厂价格指数进行了平减。c. 全要素生产率用 DEA - Malmquist 指数法计算得到，其中投入指标包括固定资产净值和就业人数，产出指标包括行业实际总产值。表中列出的是各指标 2004～2014 年的几何平均值。

资料来源：根据《中国统计年鉴》数据计算得到。

为了更清晰地观察要素投入倾斜度与产业发展之间的关系，我们绘制了固定资产投资倾斜度（invest）和研发资金倾斜度（rd）分别与产业规模（ys）、产出增长率（yr）、全要素生产率（tfp）的散点图，并画出相应的拟合值曲线（fitted values）（见图 3 - 2）。政府固定资产投资倾斜度与产业规模存在正向关系，与产出增长率存在负向关系，与全要素生产率存在正向关系；研发资金倾斜度与产业规模、产出增长率、全要素生产率之间都不存在明显的联系。中国的产业政策具有较强的选择性，政府投资倾向于规模较大且国有资本比重较高的行业，通过对国有企业的干预来实现产业政策，而国有企业效率普遍较低，因此，产业政策较多干预的产业产出增长率较低。有趣的是，固定资产投资倾斜度与全要素生产率之间存在明显的正向关系，研发资金倾斜度与全要素生产率不存在明显的正向关系。产生这种结果的原因可能与固定资产投资的用途以及政府研发资金的效率有关。下面，我们将建立回归模型实证分析两种产业政策工具对产业结构的影响。

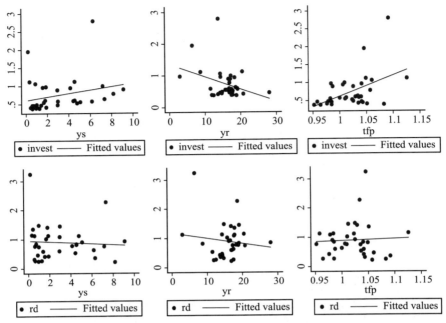

图 3 - 2　两种要素投入倾斜度与产业规模、产出增长率和
全要素生产率的关系散点图

## 3.3　产业政策对制造业结构调整的影响

### 3.3.1　模型设定

对产业政策的实施效果做出全面评价是一件非常困难的事。在经济发展的不同阶段，产业政策的目标取向存在较大差别。而且，政府在制定产业政策时，往往要考虑到各方利益的权衡，存在多维的产业政策目标，既要促进产业增长，又要提高产业的生产效率和技术水平等。因此，我们这里研究的产业政策在调整产业结构方面的实施效果仅限于产出和技术进步两个方面，具体模型设定如下。

$$Y_{it} = \alpha_0 + \alpha_1 Invest_{it} + \alpha_2 R\&D_{it} + \alpha_3 market_{it} + \alpha_4 fdi_{it} + \alpha_5 zcfj_{it} + \varepsilon_{it}$$

$$(3.2)$$

$$TFP_{it} = \alpha_0 + \alpha_1 Invest_{it} + \alpha_2 R\&D_{it} + \alpha_3 market_{it} + \alpha_4 fdi_{it} + \alpha_5 zcfj_{it} + \varepsilon_{it}$$

$$(3.3)$$

其中，i 表示行业，t 表示时间；Y 为行业实际总产值，TFP 为全要素生产率；Invest 表示固定资产投资倾斜，R&D 表示研发资金倾斜；market 表示市场化程度，fdi 表示对外开放程度，zcfj 表示资产负债率。

### 3.3.2　变量选取与数据来源

**1. 被解释变量**

产出指标用各行业实际总产值表示；技术进步用全要素生产率（TFP）及其分解指标表示，以固定资产净值和就业人数作为投入指标，行业实际总产值作为产出指标，采用 DEA – Malmquist 指数法计算得到。

**2. 主要解释变量**

固定资产投资倾斜用工业各行业城镇固定资产投资中"国家预算资金"与"国内贷款"之和所占比重表示；研发资金倾斜用各行业规模以上工业企业研发经费内部支出中"政府资金"所占比重表示[1]。

**3. 控制变量**

市场化程度用各行业企业个数表示；对外开放程度用各行业城镇固定资产投资中利用外资所占比重表示；资产负债率来源于统计年鉴数据。

本书选取了 2004～2014 年中国工业 34 个细分行业为样本（表3-4中所列行业），其他采矿业、其他制造业、废弃资源综合利用业、金属制品机械及设备修理业、橡胶和塑料制品业、开采辅助活动 6 个行业的数据连续性较差，予以剔除。另外，从 2012 年开始，汽车制造业从交通运输设备制造业中分离出来，为保证前后统计口径一致，我们将汽车制造业仍然归于交通运输设备制造业。实证分析所需数据全部来源于历

55

---

[1]　这里解释变量采用的是两种生产要素中政府投入所占比重，我们称之为要素投入倾斜，不同于公式（3.1）计算得到的要素倾斜度。

年《中国统计年鉴》《中国工业经济统计年鉴》和《中国科技统计年鉴》。其中，行业总产值和固定资产投资分别按工业品出厂价格指数和固定资产投资价格指数以 2003 年为基期进行了平减。

### 3.3.3 实证结果分析

对面板数据进行回归分析之前，需要通过 Hausman 检验选择固定效应模型还是随机效应，Hausman 值表明模型（3.2）应该选固定效应模型。考虑到固定资产投资与产出之间可能存在相互影响，这会产生内生性问题，导致 OLS 回归的估计值是有偏的，因此，我们采用工具变量法对模型进行回归分析，用各行业固定资产投资所占比重的滞后一期作为工具变量。另外，模型（3.3）中被解释变量的数值全部介于 0~2 之间，采用 Tobit 模型进行回归分析。

#### 1. 产业政策对制造业产出的影响

为避免出现异方差问题，模型（3.2）中所有变量取对数[①]。表 3-5 是产业政策影响制造业产出的回归结果，回归结果（1）和（2）中没有加入控制变量，固定资产投资倾斜与行业产出之间存在负向关系，固定资产投资中政府投资所占比重提高 1%，行业总产出反而降低了 0.3%，这说明产业政策偏向与产出增长率背离。观察政府投资比重较大的行业可以发现，政府投资主要倾向于国有资本比重较大的垄断行业，其资产规模较大，但其产出增长率较低，较少得到政府投资的竞争性行业发展更快。投资体制扭曲造成资金利用效率较低，阻碍了产业结构的调整，国有商业银行主导的信贷供应模式主要服务对象是国有大型企业，中小企业融资困难，阻碍资源在行业间的合理配置和自由流动；研发资金倾斜对产出增长率的影响不显著，而且符号为负，由于政府对研发支出的过度干预，导致了我国研发资本的利用效率较低，而且技术进步对经济增长的贡献较小，政府研发支出没有表现出通过促进技术进步进而推动经济增长的效果。回归结果（3）和（4）显示，加入其他控制变量之后，固定资产投资倾斜和研发资金倾斜对产出的影响不显

---

① 回归系数 β 表示：当自变量变化 1% 时，因变量变化 β%，即产出增长率。

著，符号仍然为负，表明产业政策对行业产出的影响弱于市场因素。

表 3 – 5　　　　　产业政策对制造业产出的影响回归结果

| | （1） | （2） | （3） | （4） |
|---|---|---|---|---|
| Invest | – 0. 312 *** | – 0. 314 *** | – 0. 0592 | – 0. 0799 |
| | （ – 2. 66） | （ – 2. 67） | （ – 0. 58） | （ – 0. 62） |
| R&D | | – 0. 0158 | – 0. 0231 | – 0. 0192 |
| | | （ – 0. 79） | （ – 1. 41） | （ – 1. 14） |
| market | | | 0. 423 *** | 0. 398 *** |
| | | | （9. 44） | （8. 09） |
| fdi | | | | 0. 0023 |
| | | | | （0. 11） |
| zcfj | | | | – 0. 603 *** |
| | | | | （ – 3. 22） |
| _cons | 7. 374 *** | 7. 310 *** | 4. 249 *** | 6. 837 *** |
| | （27. 56） | （26. 35） | （11. 06） | （8. 05） |
| 时间趋势 | 0. 144 *** | 0. 144 *** | 0. 139 *** | 0. 137 *** |
| | （39. 63） | （39. 38） | （45. 79） | （23. 62） |
| 样本数 | 340 | 340 | 340 | 335 |
| R2_a | 0. 867 | 0. 867 | 0. 911 | 0. 914 |
| F | 380. 99 | 379. 32 | 291. 10 | 253. 15 |

注：＊、＊＊、＊＊＊分别表示在10%、5%和1%的显著水平下显著，括号内为 t 值。

57

从控制变量来看，市场竞争对行业产出具有显著的正向影响，市场竞争程度提高1%，行业总产值提高0.4%；对外开放程度对产出的影响没有通过显著性检验，但符号为正，表明对外开放对产出也有正向影响。这些变量与产业政策是相对的，市场化程度高、对外开放度高的行业大多是竞争性行业，国有资本所占比重较低，政府干预较少，这些行业的增长率反而更高。因此，可以认为相对于产业政策而言，市场竞争更能促进产业发展和结构调整，产业政策反而弱化了市场的选择功能，这在一定程度上阻碍了产业结构的"自我调整"。产业政策产生这种结果可能存在两方面的原因：其一，政府在制定产业政策时有更多的考虑，如保证就业率，或重点发展关系国家命脉的行业等，目标的多元化导致政策实施过程中受到更多约束；其二，政府在制定产业政策时受自身认知的局限，不能准确掌握产业发展状况并预测其发展趋势，导致了产业政策的效果大打折扣。

### 2. 产业政策对制造业全要素生产率的影响

全要素生产率（TFP）可以分解为技术改进（TECH）和技术效率（EFFCH），为了更加全面地分析产业政策对技术进步的影响，我们对三个指标分别进行回归分析，回归结果如表3－6所示。固定资产投资倾斜对全要素生产率和技术改进具有显著的正向影响，对技术效率的影响不显著，且符号为负。这是因为中国全要素生产率的提高主要得益于技术改进，而技术改进主要体现为先进机器设备的引进，这主要通过固定资产投资来完成。研发资金倾斜对技术进步的三个指标的影响都不显著，但符号为正，再次证明了政府研发支出的利用效率较低，政府主导的研发活动很难实现真正的技术创新。正如迈克尔·波特所言，从事产业竞争的是企业，而非政府，一个成功的政府政策应该是创造企业能从中获得竞争优势的环境，而不是直接介入竞争过程，政府应该做的是成为放松或扩大钻石体系的力量。通过合作研发计划带动产业发展最新的技术，或利用奖励方式强调质量的重要性，并以鼓励竞争或激励研发的做法使产业创新和发展的步调加快。

表3－6　　　　　产业政策对制造业全要素生产率的影响回归结果

| | TFP | | TECH | | EFFCH | |
|---|---|---|---|---|---|---|
| | （1） | （2） | （3） | （4） | （5） | （6） |
| Invest | 0.233 ** | 0.196 * | 0.261 *** | 0.224 ** | －0.0409 | －0.0460 |
| | (2.14) | (1.60) | (3.36) | (2.56) | (－0.43) | (－0.41) |
| R&D | 0.216 | 0.246 | 0.123 | 0.126 | 0.0788 | 0.102 |
| | (0.75) | (0.87) | (0.60) | (0.63) | (0.31) | (0.40) |
| market | | －0.0181 ** | | －0.0199 *** | | 0.0008 |
| | | (－1.98) | | (－3.06) | | (0.10) |

| | TFP | | TECH | | EFFCH | |
|---|---|---|---|---|---|---|
| | (1) | (2) | (3) | (4) | (5) | (6) |
| fdi | | 0.0298 *** | | 0.0192 *** | | 0.0103 |
| | | (4.01) | | (3.64) | | (1.54) |
| zcfj | | 0.0674 | | 0.0287 | | 0.0441 |
| | | (0.89) | | (0.53) | | (0.64) |
| _cons | 0.998 *** | 0.858 *** | 1.013 *** | 1.055 *** | 0.990 *** | 0.796 *** |
| | (58.12) | (3.30) | (82.81) | (5.71) | (65.46) | (3.39) |
| N | 374 | 368 | 374 | 368 | 374 | 368 |
| Wald | 5.68 | 26.5 | 12.5 | 35.9 | 0.25 | 4.34 |
| Log | 138.7 | 144.1 | 265.4 | 270.3 | 186.0 | 182.1 |

注：*、**、***分别表示在10%、5%和1%的显著水平下显著，括号内为 t 值。

从控制变量来看，市场化程度对技术进步的影响与固定资产投资的影响完全相反。具体来看，市场化程度对全要素生产率和技术改进具有显著的负向影响，对技术效率的影响为正，但不显著。对比上述固定资产投资倾斜度的原因分析，市场化程度较高的行业对先进机器设备的引进较少，而是致力于提高企业内部的管理效率和要素利用率，但由于中国的市场化改革还不完善，因此其对技术效率的影响效果还不明显；对外开放程度对全要素生产率和技术改进都有显著的正向影响，但对技术效率的影响不显著。对外开放程度较高的行业可以通过引进外资、与跨国公司合作等形式引进国外先进生产技术，从而提高国内企业的技术水平，但管理方式和效率同本国的制度环境、文化传承等因素有很大关系，较难复制。

# 3.4　本 章 小 结

一个国家的工业化进程中，大量先进技术应用于生产领域，导致劳动生产率和行业生产效率迅速提升，由于不同产业在增长率上的差别以及供求关系的变化，产业结构将发生不断的变化和升级。改革开放之后，中国市场化改革不断推进，产业结构逐渐趋向合理化和高级化，第三产业迅速发展。但相比于世界经济发展模式，中国第二产业的发展质量和技术创新能力仍然较低，第三产业的生产效率较低。不可否认，经济赶超发展初期，政府在产业结构调整和经济发展方式转型过程中发挥了重要的引导作用，产业政策对于快速扭转结构失衡的局面具有良好的效果，这主要得益于"后发优势"；经过多年的高速增长，中国在产业结构和技术水平等方面与发达国家的差距逐渐缩小，产业政策推动经济增长的边际效应正在减弱，产业结构调整和技术水平提高开始进入瓶颈期，政府致力于推动产业结构升级的产业政策实施效果并不理想，政府干预反而造成了很多行业出现产能过剩的状态。"发展型国家理论"所推崇的政府干预主义和选择性产业政策在特定发展阶段是有效的，在经济全球化背景下将面临极大的限制。

根据耗散结构理论，产业发展及产业结构调整是自发实现的，企业从产业链低端向高端延伸的过程是企业和产业成长的"自然过程"。产业政策有效发挥作用的基础是产业政策的作用方向与产业发展规律一致。如果产业政策符合产业自身发展规律，产业政策的作用方向与产业自身发展的趋势一致，就能加速产业的发展；如果产业政策不符合产业发展的自身规律，产业政策的作用方向与产业自身发展趋势背离，则会阻碍其正常发展。中国传统的产业政策大多属于"选择性产业政策"，政府倾向于挑选规模较大且国有资本比重较高的特定行业进行扶持，这种行政性行为违背了市场规律和产业发展规律，产业政策的效果往往不理想。在理论分析基础上，我们采用要素投入倾斜来衡量产业政策偏向，实证分析产业政策对制造业结构调整的影响。结果发现：在产出方面，固定资产投资倾斜与产出增长率之间存在负向关系，政府投资主要倾向于国有资本比重较大的垄断行业，这些行业的资产规模较大，但它们的产出增长率较低；研发资金倾斜对产出增长率的影响不显著，且符号为负，说明政府研发支出并未通过促进技术进步来推动经济增长。在技术进步方面，固定资产投资倾斜对全要素生产率和技术改进具有显著的正向影响，对技术效率的影响不显著，且符号为负，中国制造业的技术进步主要体现为先进机器设备的引进，这主要通过固定资产投资来完成，而对核心技术的研发、技术效率的改进和管理效率的提高的关注较少；研发资金倾斜对技术进步的影响都不显著，但符号为正，说明政府研发支出的利用效率较低，政府主导的研发活动缺乏创新活力，非市场导向型创新成果的市场转化价值较低。

　　总体而言，产业政策对产出增长的影响效果不理想，产业结构政策带有明确的选择性，政府受有限理性和认知局限性的约束，无法预知产业发展规律，产业政策不但没有发挥促进作用，反而抑制了企业自身的发展。产业政策只有在市场机制正常运转和政府权力受到合理制约的制度条件下，才能发挥积极作用，要想更好地发挥产业政策作用，首先必须定位好政府的职能范围及政府与市场的关系。市场经济体制下，政府的作用应该是为市场自发过程创造一个良好的外部环境，扮演好"守夜人"的角色。政府只需在出现"市场失灵"的领域发挥作用。因此，产业政策的出发点应该从选择性产业政策向功能性产业政策转变，维护市场竞争秩序，遵循产业自身的发展规律，如此才能有效地发挥产业政策的作用。

# 第4章 中国制造业组织优化政策的绩效分析

## ——以钢铁和家电产业为例

20世纪90年代中后期，许多制造业部门出现产能过剩，政府制定产业政策并采取行政手段抑制过度投资，但产业政策的实施效果并不理想，一些传统制造业陷入大而不强的困境。制造业组织政策的主要目标是提高市场集中度，实现规模经济，鼓励企业兼并重组、促进企业联合。钢铁行业属于典型的资源和资本密集型产业，规模经济在钢铁产业发展中具有重要地位。中国的钢铁产业是政府出台产业政策较多的行业，钢铁产业政策的调控目标主要包括提高市场集中度、促进规模经济、提高生产效率和技术创新能力等方面，经过20多年的宏观调控，产业政策的效果并不理想，因此本章选择钢铁产业作为研究对象，深入分析钢铁产业政策的特征和绩效，以及产业政策失效的原因。相对来说，家电产业是中国最早进入市场竞争的行业，经过几轮市场竞争，市场结构日趋合理，成为中国制造业领域中组织结构调整较为成功的范例，这与产业政策的较好实施存在很大关系。因此，比较分析钢铁和家电产业政策的特征及产业政策的实施效果，可以为政府部门制定合理的产业政策提供借鉴，对实现制造业组织优化具有重要的现实指导意义。

## 4.1 中国钢铁产业发展历程及产业政策特征

钢铁产业在经济发展过程中具有重要的战略地位，各国政府通过政策支持甚至补贴的办法来促进钢铁业快速发展，使其在国际竞争中处于优势地位（Tansey，2005）。1996年以来，中国一直是世界最大的钢铁生产国和消费国。钢铁工业的快速发展为推动经济平稳增长发挥了重要作用。国家统计局数据显示，2013 年全国粗钢、生铁、钢材产量分别达 7.79 亿吨、7.09 亿吨、10.68 亿吨，同比分别增长了 7.5%、6.2%、11.4%。同时，我国钢铁产业存在布局不合理、市场集中度低、产品结构矛盾突出以及产能过剩等问题。政府部门推出了一系列旨在淘汰落后产能、提高市场集中度、优化产品结构的政策措施进行调控，但从实际情况来看，这些产业政策的实施效果并不理想，产能过剩问题未能得到根本解决，产业发展出现较大幅度的波动，这说明我国的钢铁产业政策存在缺陷。

市场化改革之后，中国经济进入高速增长时期，地方政府开始把钢铁产业作为拉动本地区经济增长的支柱产业，1994 年开始的分税制改革极大地刺激了地方政府的投资行为。在需求和政府推动的双重作用下，钢铁行业投资规模不断扩大，1993 年钢铁行业固定资产投资比上年增长了 50.3%（见图 4－1）。为了应对投资失控和金融混乱的局面，从 1994 年开始，中央政府不断制定产业政策来引导钢铁行业健康发展。陈剩勇（2013）对钢铁行业的宏观调控过程做了详细分析①，这为本书的分析提供了有益的借鉴。我们对 1994 年以来钢铁行业的发展情况及产业政策进行了系统梳理。

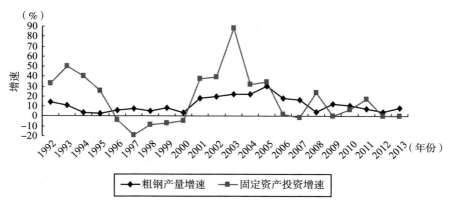

**图 4－1 1992～2013 年中国粗钢产量和固定资产投资增长率**

资料来源：根据历年《中国钢铁工业年鉴》《中国统计年鉴》数据整理得到。

---

① 陈剩勇. 中国政府的宏观调控为什么失灵——以 1996 年以来中国钢铁产业的宏观调控为例 [J]. 学术界，2013（4）：5－24.

## 4.1.1　第一阶段：1994～2000 年

经济的高速增长带动了钢铁行业的过度膨胀，政府试图通过产业政策来抑制钢铁行业的过度投资。1994 年，国务院下发《关于继续加强固定资产投资宏观调控的通知》，要求加强项目审批工作，防止盲目投资和重复建设。在政府的调控下，钢铁行业的投资增速开始下降，但钢铁总产量仍居高不下，1996 年中国的钢产量突破 1 亿吨，超过日本和美国跃居世界第 1 位，占世界钢产量的 13.5%，成为世界钢铁大国。政府要求各地区严格控制新开工项目，并规定 2 亿元以上的投资项目须报国务院批准。1997 年席卷亚洲的经济危机致使需求下滑，钢铁行业出现严重产能过剩，钢铁行业固定资产投资增速达到最低，为 - 18.9%（见图 4 - 1）。在政策调控和经济危机的双重作用下，钢铁行业的过度投资得到控制。1999 年，国家经贸委颁布了《关于做好钢铁工业总量控制工作的通知》，要求压缩钢铁产量，且三年内不再批准新建项目；2000 年，国家经贸委又相继颁布了《关于做好 2000 年总量控制工作的通知》《关于清理整顿小钢铁厂的意见》《关于下达 2000 年钢铁生产总量控制目标的通知》等强制性政策，严格控制产品生产和新增固定资产。总体来看，政府为了预防和治理钢铁工业"重复建设"和"产能过剩"的问题，对钢铁行业的固定资产投资进行严格规制。政府利用行政权力对钢铁产能的总量控制是有效的，1996～2000 年钢铁行业固定资产投资一直处于负增长状态。

从钢铁产业政策的目标和实施手段来看，这一阶段产业政策的最大特点是政府行政权力对行业发展的强势干预，政府选择代替了市场机制（江飞涛，2010）。通过对新开工项目的审批来控制产能，调控手段的单一延续了计划经济时期政府直接干预微观经济的套路。从图 4 - 1 中可以看出，1994 年之后，钢铁行业的投资规模已经逐年下降，1996 年开始处于负增长，这说明过度投资已经得到有效控制。然而，从 1996 年我国粗钢产量超过 1 亿吨开始，政府认为钢铁行业存在产能过剩的问题，随后出台了一系列产业政策进行调控，这直接导致了我国加入 WTO 之后，市场需求引发的"报复性"投资，这是政策制定部门对工业化进程和钢铁业市场前景的集体误判，也反映出带有计划经济色彩的选择性产业政策的局限性[①]。

## 4.1.2　第二阶段：2001～2008 年

中国加入 WTO 之后，出口和内需的扩大带动了钢材、水泥等产品市场价格持续上涨，刺激了钢铁产业的投资扩张；同时，相关部门也放松了对钢铁工业固定资产投资的限制，中央政府与地方政府以及各地方政府之间的多方博弈，刺激了地方政府干预经济的行为，地方政府与企业联手推动了新一轮投资热潮（陈剩勇，2013）[②]。2002 年全国钢铁行业投资总额达到 710 亿元，比上年增长 45.9%，2003 年投资增速加速飙升，投资额达到 1329 亿元，比上年增长了 88.7%。为了制止再次出现投资过热的趋势，2003 年国务院转发《关于制止钢铁、电解铝、水泥等行业盲目投资若干规定的通知》，要求各地政府抑制钢铁行业出现的过度投资和低水平扩张局面。不过，中央政府试图通过财政、货币、税收等手段来调控行业发展的政策未能控制住各地区的投资势头，投资规模不断扩大。2004 年第一季度，钢铁行业的固定资产投资增长率达到 107%。中央政府果断利用行政手段强行干预，2004 年 4 月发生的"铁本事件"对各地区钢铁行业的过度投资起到了有效的震慑作用。随后国务院办公厅相继颁布了《关于调整部分行业固定资产投资项目资本金比例的通知》《关于清理固定资产投资项目的通知》《关于投资体制改革的决定》等控制过度投资的政策文件，规定"适当提高钢铁、电解铝、水泥、房地产开发固定资产投资项目资本金比例"[③]，严格控制新建、在建产能，提高投资贷款门槛，钢铁行业的固定资产投资增速从 2003 年的 88.7% 降到 2004 年的 32.2%。

2005 年 7 月，国家发改委出台了《钢铁产业发展政策》，把提高行业集中度和优化生产力布局作为产业政策调整的核心，鼓励企业兼并重组形成大型钢铁企业集团。2006 年 3 月通过的《国民经济和社会发展

---

①② 陈剩勇. 中国政府的宏观调控为什么失灵——以 1996 年以来中国钢铁产业的宏观调控为例 [J]. 学术界，2013（4）：5–24.

③《国务院关于调整部分行业固定资产投资项目资本金比例的通知》规定，钢铁行业的资本金比例由 25% 及以上提高到 40% 及以上，水泥、电解铝、房地产开发行业的资本金比例均由 20% 及以上提高到 35% 及以上。

第十一个五年规划纲要》和《国务院关于加快推进产能过剩行业结构调整的通知》都要求控制新增钢铁生产能力，关闭落后产能，提高钢铁产品质量，鼓励企业跨地区集团化重组。2006 年 6 月，国务院办公厅转发改委等部门《关于加强固定资产投资调控从严控制新开工项目意见的通知》《关于钢铁工业控制总量、淘汰落后、加快结构调整的通知》，强化对钢铁工业固定资产投资的规制，要求"十一五"期间淘汰 1 亿吨落后炼铁能力，规定 2005～2006 年开始贯彻执行淘汰落后产能和产业结构调整的政策，并提高节能环保等门槛。在政府的强烈控制下，2006 年的固定资产投资仅为 2642 亿元，比上年增长了 2.3%，盲目投资、重复建设与产能过剩的浪潮得到有效控制，到 2007 年左右，钢铁行业固定资产投资降为负增长，粗钢产量增速开始下降。

这一时期的产业政策的调控方式转向政府干预与市场调控相结合，行政手段与经济手段并用。产业政策开始重视市场在资源配置中的作用，鼓励企业间进行兼并重组，转变粗放型产业发展模式，节能减排和低碳经济成为宏观调控的指导思想，资源消耗和环境保护成为市场准入的重要门槛。由于市场的自发调解具有滞后性，难以在短时间内解决钢铁行业过度投资和产能过剩的局面，政府部门更倾向于采取更直接有效的行政管制手段，如项目审批、贷款核准、强制性关闭等，这难以从根本上解决行业内在的结构性问题，而且导致投资出现大幅波动。

### 4.1.3　第三阶段：2009 年至今

2008 年，国际金融危机使得原本就存在产能过剩的钢铁行业受到严重冲击，产品需求下滑、价格下跌、企业亏损严重。为刺激国内经济，避免出现"硬着陆"的危险，国务院于 2008 年底推出了 4 万亿元投资以及大量相关配套投资和银行信贷，以应对全球性的经济危机。为了实现 2009 年经济增长"保八"的目标，国务院又陆续出台了汽车、钢铁、装备制造等十大产业调整和振兴规划，钢铁需求量迅速扩大，产业发展迎来新气象。《钢铁产业调整和振兴规划》规定，2009 年、2010年的粗钢产量分别控制在 4.6 亿吨和 5 亿吨，前五位钢铁企业的产能占全国的比重达到45%以上，沿海沿江钢铁企业的产能占比达到40%以上，力争到2011年形成宝钢集团、鞍本集团、武钢集团等产能在5000万吨以上的特大型钢铁企业，政府通过税收补贴等方式刺激企业出口[①]。在产业政策的刺激下，钢铁产量和投资规模迅速膨胀，2009年和2010年的实际粗钢产量远远超过《钢铁产业调整和振兴规划》中规定的产量，分别达到5.8亿吨和6.4亿吨，2010年钢铁行业的固定资产投资额也达到了4556亿元，增速达到10.88%。政府意识到对钢铁产业投资抑制的放松可能会加剧行业的产能过剩，2010年2月颁布的《关于进一步加强淘汰落后产能工作的通知》，要求2011年底前淘汰400立方米及以下炼铁高炉和30吨及以下炼钢转炉、电炉；新修订的《产业结构调整指导目录（2011年本）》列出了钢铁行业限制类产品10项，淘汰落后生产工艺装备44项，落后产品3项。在全球经济下行和国内抑制性产业政策的双重打压下，中国钢铁行业步入低谷，企业陷入全面亏损的境地。

这一时期的产业政策反映了政府对经济进行宏观调控的随意性。为应对金融危机对国内经济的影响，政府放松了抑制性政策，4万亿元投资直接推动钢铁行业过度膨胀；2010年，政府调转方向，采用严格的行政手段控制钢铁行业的投资和产量。这种事后补救的产业政策非但不能引导钢铁产业健康发展，反而会造成行业发展出现剧烈波动，对整个国民经济产生不利影响。

## 4.2 中国钢铁产业政策的绩效分析

总结1994年以来的钢铁产业发展状况及产业政策特征，发现产业政策对促进钢铁行业健康发展有积极的方面，尤其是2006年提出"节能减排"和"发展低碳经济"的理念，对于促进钢铁产业转型有积极的意义。然而，旨在治理产能过剩的政策反而催生了投资和产能的大量扩张，以行政干预为主的总量控制措施没有从根本上抑制住钢铁行业的重复建设和过度投资，行业集中度不高，产品的技术水平较低，钢铁产

---

① 2009年6月，财政部、国家税务总局将税则号7208、7209等项下的24种钢材的出口退税提高到9%，税则号7311、7315项下的3种钢材出口退税提高到13%。

业发展并没有达到产业政策的预期目标。本章分析中国制造业组织优化政策的绩效，绩效评价标准的落脚点为钢铁产业政策文件中指出的市场结构和生产效率两方面。

## 4.2.1　中国钢铁行业的市场结构

市场集中度是最常用的衡量市场结构的指标，表示行业内前 N 家企业的市场份额在整个行业中的比重，提高市场集中度是中国钢铁产业政策的重要目标之一。表 4－1 列出了 2001～2012 年中国钢铁产业的市场集中度，可以看出，钢铁行业的生产集中度总体不高，$CR_4$ 和 $CR_{10}$ 两个指标呈现 U 型变化，2001～2004 年持续下降，并在 2004 年达到最低点。这主要是因为中国的钢铁企业布局分散，几乎每个省份都建立了自己的钢铁企业，产品供过于求，地区性行政垄断又阻碍了区域间要素和产品的自由流动，各个企业在全国的市场份额都较低，难以实现规模经济。2004 年前 4 家企业的产量之和比上年增长了 8.3%，全国总产量却增长了 23.7%。

表 4－1　　　　　　　　中国粗钢产品的市场集中度　　　　　　单位：%

| 年份 | 2001 | 2002 | 2003 | 2004 | 2005 | 2006 | 2007 | 2008 | 2009 | 2010 | 2011 | 2012 |
|------|------|------|------|------|------|------|------|------|------|------|------|------|
| $CR_4$ | 28.5 | 24.8 | 21.0 | 18.5 | 17.9 | 18.7 | 20.0 | 24.0 | 24.4 | 27.8 | 29.0 | 27.0 |
| $CR_{10}$ | 45.6 | 42.1 | 36.7 | 34.7 | 34.7 | 34.7 | 37.3 | 42.6 | 43.5 | 48.6 | 49.2 | 45.9 |

资料来源：根据历年《中国钢铁工业年鉴》整理得到。

2005 年国务院出台的《钢铁产业发展政策》把提高产业集中度和优化生产力布局作为产业政策调整的核心，促进了钢铁企业的合并重组[①]，市场集中度有所提高，到 2011 年前 4 家和前 10 家粗钢企业的市场集中度已经达到 29% 和 49.2%，但仍然低于 30% 和 50%，且 2012 年钢铁行业的集中度出现下滑，$CR_4$ 和 $CR_{10}$ 分别降为 27% 和 45.9%，分别比 2011 年降低了 2 个和 3.3 个百分点。多数大型钢铁企业受市

---

① 2005 年，鞍本钢铁集团成立，2008 年，河北钢铁集团成立。

场低迷影响采取了减产措施，一些中小型钢铁企业却借助低成本优势增产。

对于钢铁行业来说，"寡占型"的市场结构具有更高的效率。按照贝恩（Bain，1959）对市场结构类型的划分标准，中国的粗钢市场 $CR_4$ 还不到30%，属于竞争型的市场结构，远低于理想的"寡占型"市场结构。从国际钢铁行业市场结构变化趋势来看，集中度有序提高并处在合理水平是基本发展方向，2010年美国、日本、俄罗斯、印度、韩国和德国的粗钢市场的 $CR_4$ 均在50%以上[1]，钢铁产业市场结构都表现为"强寡占型"，中国钢铁行业的市场集中度明显偏低，尽管在产业政策的推动下，市场集中度有所提高，但仍处在不到30%（$CR_4$）的较低水平。

表4-2是2012年中国六大区域[2]钢铁产量、固定资产投资和GDP在全国所占比重，可以看出，钢铁产业布局相对比较分散。华北地区是中国钢铁生产的主要基地，钢产量占全国的比重达到35.2%，但其国内生产总值仅占14.8%，这说明该区域的钢铁需求不足；华东和中南地区比较发达，钢铁需求量较大，但生产相对不足，供需矛盾突出；东北、西南和西北地区的钢铁生产与消费大体平衡，但三个区域的钢铁规模较小，发展相对缓慢。低集中度降低了企业的生产效率，不利于形成规模经济；钢铁企业在国际原材料市场上的谈判力较弱，铁矿石进口价格连年上涨，钢铁企业利润空间不断缩小。中国钢铁产业的发展过程中并没有形成区域性集聚态势，钢铁产业空间分布更加离散，各地区都把钢铁产业作为发展经济和维持就业的支柱产业加以扶持，纷纷建立起一定规模的钢铁生产基地[3]，地区性行政垄断阻碍了钢铁行业的跨区域发展和资源整合。

69

---

[1]　2010年，其他各国钢铁行业集中度（$CR_4$）：美国54.7%，日本79.4%，俄罗斯86.2%，印度73.6%，韩国82.6%，德国61.2%。

[2]　华北包括北京、天津、河北、山西、内蒙古；东北包括辽宁、吉林、黑龙江；华东包括上海、江苏、浙江、安徽、福建、江西、山东；中南包括河南、湖北、湖南、广东、广西、海南；西南包括重庆、四川、贵州、云南、西藏；西北包括陕西、甘肃、青海、宁夏、新疆。

[3]　中国钢铁行业形成了九大钢铁生产基地：鞍本钢铁基地、京津唐钢铁基地、上海钢铁基地、武汉钢铁基地、攀钢基地、包头钢铁基地、太原钢铁基地、马鞍山钢铁基地以及重庆钢铁基地。

表 4 – 2　　　2012 年中国六大区域钢铁产量和投资所占比重　　　单位：%

| 区域 | 钢铁产量占比 | 固定资产投资占比 | 国内生产总值占比 |
|---|---|---|---|
| 华北 | 35.2 | 22.3 | 14.8 |
| 东北 | 9.4 | 9.6 | 8.8 |
| 华东 | 31.5 | 27.7 | 36.2 |
| 中南 | 13.6 | 18.8 | 25.0 |
| 西南 | 6.1 | 13.6 | 9.1 |
| 西北 | 4.2 | 8.0 | 5.5 |

注：钢铁产量包括粗钢、生铁和钢材产量的总和。
资料来源：根据《中国钢铁工业年鉴》和《中国工业经济统计年鉴》数据整理得到。

### 4.2.2　中国钢铁行业的生产效率

#### 1. 模型设定

目前广泛使用的测量技术效率的方法主要有两类：非参数法和参数法。非参数法以数据包络分析（DEA）为代表，参数法以随机前沿分析（SFA）为代表，相对来说，SFA 采用计量方法对前沿生产函数进行估计，依赖于对数据的随机性假设，有更为坚实的理论基础。为了解释影响技术效率的因素，在测度技术效率的同时考虑其影响因素成为一个重要的研究方向，我们借鉴巴特斯和科利（Battese and Coelli，1995）设定的随机前沿模型测算钢铁产业的生产效率，SFA 模型设定为：

$$\ln y_{it} = \ln f(x_{it}, t) + v_{it} - u_{it} \tag{4.1}$$

其中，$y_{it}$ 表示行业 i 在时期 t 的产出，f(·) 表示生产可能性边界上的前沿产出，$x_{it}$ 为要素投入向量，误差项 $v_{it} - u_{it}$ 为复合结构，$v_{it}$ 表示随机扰动项，且服从正态分布，$u_{it}$ 为技术非效率项，表示个体冲击的影响。

技术效率 TE 定义为实际产出期望与前沿面产出期望的比值，即：

$$TE_{it} = \exp(-u_{it}) \tag{4.2}$$

随机前沿函数的优势在于对技术无效率项的考虑，如果模型不存在无效率项，那么采用一般函数更为有效。因此需要检验随机前沿函数的有效性，具体采用指标 $\gamma = \sigma^{2u}/(\sigma^{2u} + \sigma^{2v})$ 来衡量，该指标越接近 1，说明存在明显的无效率项，采用随机前沿函数模型是合适的。

### 2. 指标选取与数据来源

现有研究大多选取钢铁企业或上市公司作为样本来测算钢铁产业效率（见表 4－3），主要采用 DEA 方法测算钢铁行业的技术效率，投入产出指标的选取也相去甚远。这种方法虽然可以得到钢铁企业的生产效率，但难以反映各地区钢铁行业的发展情况。并且，在产业政策的推动下，从 2005 年以来钢铁企业进行了一系列兼并重组，而且有些是跨地区重组，但很多大型钢铁企业集团是在地方政府推动的区域内形式上合并，例如，鞍钢和本钢、济钢和莱钢是地方政府主导的形式上的并购，并没有生产经营上的实质性整合；虽然武钢集团持有柳钢 51% 的股权，但并未参与其生产经营。因此，以大型钢铁企业集团或上市公司作为样本测算钢铁企业效率存在一定误差。

表 4－3　　　　　　　　中国钢铁行业效率的相关研究

| 相关文献 | 样本选择 | 产出指标 | 投入指标 |
| --- | --- | --- | --- |
| 刘秉镰（2010） | 45 家钢铁企业 | 粗钢、生铁和钢材产量 | 资产总额、职工人数 |
| 韩晶（2008） | 28 家钢铁上市公司 | 主营业务收入 | 年末总资产、劳动人数 |
| 焦国华（2007） | 57 家重点钢铁企业 | 工业增加值、利税总额 | 资本总额、工资总额、能源消耗 |
| 杨家兵（2006） | 23 家钢铁上市公司 | 主营业务收入、净利润 | 固定资产、员工数量、主营业务成本 |
| 徐二明（2004） | 38 家大型钢铁企业 | 年营业利润 | 技术开发投入、管理活动投入、营销活动投入 |

本书采用 2006～2012 年全国 29 个省（自治区、直辖市）的面板数据来测算不同区域钢铁行业生产效率。投入指标包括资本投入和劳动投入，即投入指标选用包括固定资产和流动资产在内的资产总额和行业从业人数，产出指标选用行业总产值表示。数据来源于历年《中国钢铁工业年鉴》和《中国工业经济统计年鉴》。

### 3. 生产效率测算结果

利用 Stata 11 软件，使用极大似然估计对模型进行回归分析，回归结果如表 4 - 4 所示，前沿生产函数的 γ 值为 0.895，显著不等于 0，说明采用随机前沿生产函数模型是合适的。η 值等于 - 0.017，说明钢铁行业的生产效率逐年降低。

表 4 - 4　　　　　　　　　　前沿生产函数回归结果

| 变量名 | 系数 | T 检验值 |
|---|---|---|
| 常数项 | 2.4 *** | 7.47 |
| 研发资本 | 0.597 *** | 11.82 |
| 研发人员 | 0.324 *** | 5.55 |
| μ | 0.49 *** | 2.81 |
| η | - 0.017 | - 1.13 |
| γ | 0.895 | |
| Log 值 | 104 | |

注：*、**、*** 分别表示在 10%、5% 和 1% 的显著水平下显著。

资本和劳动两个生产要素的产出弹性分别为 0.597 和 0.324，表明资本投入是促进钢铁产业发展的关键因素；二者弹性之和小于 1，说明钢铁行业还未形成规模经济，传统意义上认为钢铁行业应该具有的规模效应在中国钢铁产业中没有出现。这里需要说明的是，钢铁行业没有表现出规模经济并不是因为企业的规模不够大，中国的钢铁企业本身规模已经非常庞大[1]。原因在于，当产量超过一定值时，随着产量的继续扩大，规模弹性逐渐降低，这时候规模效应导致的成本节约已经不再明显了。另外，中国的大部分钢铁企业主要通过兼并形成巨大的规模，但生产技术和管理水平并没有实质性的提高（陈甫军，2009）[2]。

表 4 - 5 列出了中国六大区域 2006 ~ 2012 年钢铁行业的生产效率。

---

[1]　2008 年，仅宝钢集团一家公司的钢铁产量就超过了意大利全国的钢铁产量。

[2]　陈甫军，周末. 市场势力与规模效应的直接测度——运用新产业组织实证方法对中国钢铁产业的研究［J］. 中国工业经济，2009（11）：45 - 55.

总体来看，中国钢铁行业的生产效率不高，且呈现逐年下降趋势，2006年全国的平均值为 0.617，2012 年下降到 0.586。一方面，地方政府为了促进本地经济发展和就业稳定，不惜保护落后产能，粗放式发展严重；另一方面，以"扶大限小"为特征的产业政策产生负面作用，大企业免于市场竞争所带来的压力，缺乏技术研发和提高生产率的动力，政策反向激励企业扩大规模以求自保，忽略了对技术和生产效率的关注，弱化了市场竞争的"优胜劣汰"机制，不利于高效率企业的快速成长。

表 4 - 5　　　　　　　　各地区钢铁行业生产效率

| 地区 | 2006 年 | 2007 年 | 2008 年 | 2009 年 | 2010 年 | 2011 年 | 2012 年 |
|------|---------|---------|---------|---------|---------|---------|---------|
| 华北 | 0.608 | 0.603 | 0.598 | 0.593 | 0.588 | 0.582 | 0.577 |
| 东北 | 0.501 | 0.495 | 0.489 | 0.483 | 0.477 | 0.471 | 0.465 |
| 华东 | 0.763 | 0.760 | 0.756 | 0.752 | 0.749 | 0.745 | 0.741 |
| 中南 | 0.714 | 0.710 | 0.706 | 0.702 | 0.698 | 0.693 | 0.689 |
| 西南 | 0.569 | 0.564 | 0.558 | 0.553 | 0.547 | 0.541 | 0.536 |
| 西北 | 0.484 | 0.478 | 0.472 | 0.466 | 0.460 | 0.454 | 0.448 |
| 平均值 | 0.617 | 0.612 | 0.607 | 0.601 | 0.596 | 0.591 | 0.586 |

各地区钢铁产业生产效率发展不平衡。华东地区生产效率最高，2012 年为 0.741，远超过全国的平均值；东北和西北地区效率值最低，还不到 0.5。改革开放之前，钢铁产业布局主要采用资源依托型，钢铁厂基本选择靠近有铁矿石和煤炭资源的地区，如辽宁的鞍钢和本钢、贵州的攀钢、北京的首钢、河北的唐钢；改革开放之后，市场开始发挥配置资源的作用，沿海地区工业水平的提高使得市场上对钢铁产品的需求急剧膨胀，刺激了钢铁行业的快速发展。资源依托型钢铁企业发展缓慢，其弊端正在凸显，市场需求型和临海港口型空间布局有利于生产效率的提高，这也是我国钢铁产业发展的合理方向（徐康宁，2006）[①]。

---

① 徐康宁，韩剑. 中国钢铁产业的集中度、布局与结构优化研究——兼评 2005 年钢铁产业发展政策 [J]. 中国工业经济，2006（2）：37 - 44.

## 4.3 中国家电产业发展历程及产业政策特征

自20世纪80年代以来，中国家电产业迅猛发展，逐渐形成了强大的生产规模和创新能力，从一个企业规模小、技术落后的行业逐步发展成为市场集中度较高、技术优势明显的行业，很快就形成了庞大的生产制造能力。随着市场体制的不断完善，家电产业市场集中度不断提高，技术含量和出口能力显著增强。在家电产业发展过程中，市场竞争机制的不断完善对行业组织结构的优化起着决定性作用，同时，产业政策的有效实施进一步推动了企业更快发展。总体来看，中国家电产业大致经历了起步、扩张、调整和转型四个阶段（吴剑奴、敖文，2012）[①]，见图4-2。在不同发展阶段，产业政策的目标、政策手段及实施效果存在较大差异，政府与市场的关系随着产业发展状况及市场结构不断做出调整。

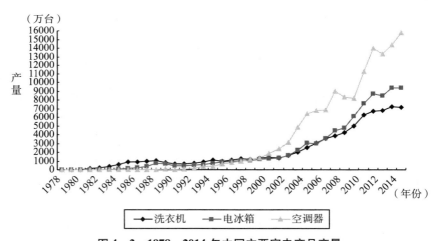

**图4-2  1978~2014年中国主要家电产品产量**

资料来源：根据《家电科技》期刊公布中怡康（CMM）调查数据整理得到。

---

① 吴剑奴，敖文.论产业政策与产业竞争力的关系——基于家电产业的案例分析 [J].生产力研究，2012（2）：171-173.

### 4.3.1　政府扶植阶段：1979 ~ 1981 年

改革开放之后，经济快速增长和居民收入水平大幅提高促使家电等耐用消费品的需求量迅速增加，然而当时的中国家电产业发展严重滞后，1978 年全国洗衣机、电冰箱和空调器的产量分别仅 0.04 万台、2.8 万台、0.02 万台，产品供给主要依靠进口。为了缓解市场供不应求的局面，政府采取了重点扶持的产业政策。政策措施主要表现在三个方面：第一，采取物资重点倾斜的方式优先支持家电产业发展，扩大投资规模，调整部分重工业资源配置到轻工业生产中，增加家电企业信贷额度。第二，鼓励和支持家电企业引进国外先进生产技术、设备和全套生产线（付宗宝，2008）[①]。第三，鼓励生产军用产品和机电产品的企业转向生产消费类机电产品，如四川长虹就是从军工企业转变而来。在产业政策的推动下，家电企业快速成长，企业规模和产品产量不断增大。1981 年，全国电冰箱产量达到 5.56 万台，洗衣机产量达到 128 万台（付宗宝，2008）。

总体来看，适度的保护政策推动了家电产业跨越式发展，国家采取高关税和家电产品进口许可制度，为家电企业的迅速发展提供了相对封闭的环境，政府在产业发展初期的保护和扶持政策顺应了不断扩张的市场需求，帮助企业快速度过发展瓶颈期，有效地推动了家电产业实现跨越式发展。

### 4.3.2　快速扩张阶段：1982 ~ 1988 年

从 1982 年开始，中国家电产业进入快速扩展阶段。1982 年，洗衣机、电冰箱和空调器的产量分别达到 253.3 万台、9.99 万台和 2.44 万台，分别比 1981 年增长了 97.7%、79.7% 和 74.3%。市场的巨大需求引发各地区重复建设严重，呈现产能过剩的局面，在此背景下，产业政策由鼓励家电企业发展向控制过度投资转变，政策的具体措施包括：（1）实行定点生产方式。早在 1980 年，轻工业部选定北京、广州、苏

---

[①]　付保宗. 家电产业发展与产业政策绩效分析（上）[J]. 家电科技，2008（12）：51 - 53.

州、天津、上海建立 5 个电冰箱定点生产厂，形成年产 200 万台的生产能力，1984 年全国电冰箱产量达到 53.7 万台，比 1980 年增加近 10 倍，产品仍然供不应求。1985 年，轻工业部进行第二次整体规划，计划选择 20 家优势企业实现规模化发展，迫于各方压力，最终按照"一个省市、一个部门至少有一个电冰箱生产厂"的原则，确定了 44 家电冰箱生产企业。（2）行政命令型政策工具。1982 年出台的《关于严格控制固定资产投资规模的补充决定》指出控制家电过度投资的手段包括项目审批、定点生产等。1985 年出台的《关于采取紧急措施严格控制盲目引进电冰箱生产线的通知》《关于加强电冰箱行业管理、控制盲目引进的报告》要求将现有的 116 个生产厂减少到 41 个，引进规模从 1350 万台减少到 822 万台，两年内不再上新点。同时，实行项目审批机制，500 万美元限额以上的项目，由国家计委审批；限额以下项目，由轻工业部会同企业主管部门或地方政府部门审批。1985 年 7 月，《关于控制重复引进制止多头对外的报告》限制进口和引进洗衣机、电冰箱产品和生产线，政府采用严格的行政手段控制家电行业的过度扩张。

但由于产业政策缺乏有效的执行手段，各地区仍然有大量企业进入家电行业，受到地方政府的庇荫，中央政府制定的产业抑制政策的作用相当有限。到 1988 年，全国电冰箱生产厂家又多达 100 多家，51 家电冰箱生产企业从国外引进 60 多条生产线，年电冰箱生产能力达到 1500 万台，当年全国电冰箱产量达到 757.63 万台，是 1982 年产量（9.99 万台）的 76 倍，年平均增长率达到 105.7%；洗衣机产量达到 1047 万台，是 1982 年产量（253.3 万台）的 4.1 倍。到 1990 年，家用电冰箱、洗衣机、电视机和空调器的产能利用率分别只有 40.1%、40.9%、45.3% 和 24.5%，重复建设、重复引进致使家电行业形成了企业数量过多、利润率下降、过度竞争的局面[①]。

## 4.3.3 充分竞争阶段：1989~2001 年

20 世纪 90 年代初期，家电行业已经形成了产能过剩和过度竞争的局面，产业政策仍然以严格控制产能过剩为目标。1989 年《国务院关

---

① 余东华. 中国家电行业的市场集中：从过度竞争到有效竞争 [J]. 石油大学学报（社会科学版），2005 (4)：20-24.

于当前产业政策要点的决定》把家电产业列为严格控制投资建设的行业，制定相应信贷政策，限劣扶优，引导资金外流；1990 年 7 月出台的《关于贯彻国家产业政策对若干产品生产能力的建设和改造加强管理的通知》把家用电冰箱及冰柜压缩机、家用空调器及压缩机、电视机及配件等家电产品列入控制建设和生产能力改造的目录中。产业政策的实施手段发生了较大转变，行政命令式政策工具逐渐被取消，市场机制的作用逐渐扩大。政府不再限制和干预家电行业的过度进入和分散竞争，而是充分发挥市场竞争机制的优胜劣汰作用。产业政策致力于完善企业公平竞争的市场规则，引导和鼓励企业进行市场化兼并重组，提高市场集中度。1994 年颁布实施的《90 年代国家产业政策纲要》通过税收、信贷等方式鼓励优势企业实现规模经济和产业组织结构优化。政府积极采取措施加快建立和完善市场经济体制，打破区域性行政垄断和市场分割，降低企业退出壁垒，为资源的自由流动创造良好的制度环境。在竞争中涌现出一批实力雄厚的大企业，优势企业规模不断扩大。通过市场化兼并重组，企业数量逐渐减少，市场集中度不断提高，家电行业开始从过度竞争走向充分竞争。国际市场上，为了保护国内企业，政府对国外产品和资本进入也进行限制，采取了配额和关税壁垒的政策。

77

在放松管制、市场充分竞争的条件下，中国家电产业逐渐实现了生产和市场的集中，行业的生产能力和技术水平进一步提高，产业政策取得了一定成效。产业组织结构得到优化，产品国际竞争力得到提升，到 1996 年，国内品牌的家电产品在国内市场的占有率分别为：电冰箱 93%、冰柜 88.7%、洗衣机 83.15%、空调器 57%[①]。2001 年我国电冰箱产量 1349 万台，空调器 2313 万台，微波炉 1818 万台，洗衣机 1334 万台，分别占全球总产量的 21%、60%、51% 和 25%。

## 4.3.4　产业转型阶段：2002 年之后

加入 WTO 之后，国内家电企业面临着来自国外企业的竞争，中国家电产业是适应需求快速膨胀的国内市场而发展起来的，以规模化、低成本为主的发展模式已经无法适应经济全球化的市场。生存压力迫使部

---

① 杜传忠. 我国汽车行业与家电行业市场集中过程的比较与启示 [J]. 当代财经，2003 (2)：99 – 101.

分家电企业越来越重视新产品开发和技术创新能力，技术创新优势取代价格竞争是国内家电企业优胜劣汰的必然趋势（胡刚，2000）。政府相应调整产业政策，政府的主导地位已经让位于市场，政策主调是创造有序的市场环境，完善市场准入机制，弥补市场机制的不足。一方面，逐步放开国内市场，下调家电产品的进口关税，鼓励国内企业参与国际竞争；另一方面，制定有效的产业政策，促进国内企业更好地发展。

受 2008 年全球金融危机的影响，长期依靠出口和投资拉动的经济增长模式面临巨大的考验，经济发展急需转型，扩大内需成为新的经济增长点。政府相继出台了"家电下乡"和"以旧换新"政策激发农村市场的消费需求。"家电下乡"政策于 2007 年 12 月起在山东、河南、四川、青岛进行试点，农民购买家电产品可享受产品销售价格 13% 的财政资金直接补贴；从 2008 年 12 月 1 日起，政策覆盖面扩大到 14 个省（区、市），并从 2009 年 2 月 1 日在全国推广，于 2011 年 12 月结束。截至 2011 年末，"家电下乡"累计销售产品共 21907 万台，产品销售总额达到 5115 亿元（见表 4-6），国家财政补贴额度 592.2 亿元。"家电下乡"政策调动了农村居民的消费积极性，扩大了农村市场的产品需求，实现了财政资金支持由投资、出口向消费领域的拓展。

表 4-6                    "家电下乡"年度销售量和销售额

| 年份 | 2008 年 | 2009 年 | 2010 年 | 2011 年 | 累计 |
|---|---|---|---|---|---|
| 销售量（万台） | 316 | 3768 | 7729 | 10094 | 21907 |
| 销售额（亿元） | 45 | 693 | 1736 | 2641 | 5115 |

资料来源：彭博.家电下乡和以旧换新对我国家电制造业市场势力的影响［D］.成都：西南财经大学，2014.

国家六部委于 2009 年 6 月联合发布了《家电以旧换新实施办法》，从 2009 年 6 月 1 日至 2010 年 5 月 31 日，在北京、天津、上海等 9 省市实施了电视机、电冰箱、洗衣机、空调器、计算机 5 类家电产品以旧换新政策，采取财政直补的方式，补贴家电销售价格的 10%。2011 年 4 月推广至全国，2011 年 12 月 31 日，历时 2 年零 7 个月的家电以旧换新政策全面结束，全国以旧换新共销售新家电产品 9248 万台，总销售额 3420 亿元（见表 4-7）。

表 4 - 7　　　　　　　　以旧换新年度销售量和销售额

| 年份 | 2009 | 2010 | 2011 |
|---|---|---|---|
| 销售量（万台） | 360.2 | 3222.4 | 5665.4 |
| 销售额（亿元） | 140.9 | 1211.1 | 2068 |

资料来源：彭博. 家电下乡和以旧换新对我国家电制造业市场势力的影响 [D]. 成都：西南财经大学，2014.

　　产业政策的实施有效激活了国内消费市场，扭转了家电行业的困境，推动了家电产业转型升级。政府为企业提供了宽松的政策环境，从需求侧对企业的生产经营活动进行引导，企业根据市场需求由追求规模扩张向技术创新转型，企业间的竞争不仅仅是价格的厮杀，更加注重核心技术比拼、功能升级和个性化发展，家电产业进入了从"价格战"向"价值战"转型阶段。家电制造企业更多采取非价格竞争，如广告、售后服务、产品外观和功能、技术等方式实行差异化市场竞争战略，家电产业的规模经济和技术水平有了大幅度提高。

　　总体而言，家电产业政策遵循了产业发展的客观规律，针对产业发展的特点采取了扶植和诱导的政策，有效推动了家电产业较快发展。分阶段来看，在家电产业发展的起步期，政府通过各种扶持措施在短时间内实现了家电行业的跨越式发展，产业政策效果显著；在第二阶段的快速扩张期，政府面对市场需求潜力和企业投资热情，采取行政命令的方式抑制企业投资，产业政策违背了市场规律，没能有效发挥作用；在第三阶段的充分竞争期，政府逐步放松了对家电行业的行政管制，转而采取间接引导方式，有效控制了过度投资，产业政策的效果显著；在第四阶段的转型期，产业政策一方面降低关税，鼓励国内企业参与国际竞争，另一方面利用各种财政和税收优惠政策引导企业进行技术创新，释放过剩产能。经过 30 多年的发展，在市场竞争和产业政策的双重作用下，中国家电产业已经发展成为一个成熟、稳定、竞争有序的市场。

## 4.4　中国家电产业政策的绩效分析

　　中国家电产业从过度竞争到有序竞争，既得益于市场机制的不断完善，也受惠于产业政策的有效引导。一方面，政府为家电企业的有序竞争营造了良好的环境，家电产业进入成熟期后出现了重大技术创新，企业开发出换代产品，在功能和成本上都实现了重大变革；另一方面，开辟了农村市场的潜在消费需求，20 世纪 90 年代中期以后，随着农村居民收入水平的不断提高，农村市场的需求旺盛，"家电下乡"和"以旧换新"带动产业进入新一轮成长期。我们从产业规模、出口能力、市场集中度、市场势力、技术进步和生产效率等方面来分析家电产业的发展绩效。

## 4.4.1 中国家电行业的市场结构

### 1. 中国家电行业的生产规模和市场集中度

中国家电产业已经形成庞大的生产能力，产量逐年增加，主要家电产品产量占全世界的比重越来越大。2012 年，家电产业规模以上企业2491 家，从业人数 133.2 万人，家电工业总产值 11447 亿元。2014 年洗衣机、电冰箱、空调器和电视机的产量分别达到 7114 万台、9377 万台、15717 万台和 15542 万台，实现行业总产值 1.5 万亿元，利润总额达 931.6 亿元（见表 4 - 8）。家电产业成为"中国制造"最具代表性的行业之一。

表 4 - 8 中国家电行业产值及主要产品产量

| 年份 | 行业产值（亿元） | 利润总额（亿元） | 洗衣机（万台） | 电冰箱（万台） | 空调器（万台） | 电视机（万台） |
|------|------|------|------|------|------|------|
| 1980 | — | — | 24.5 | 4.90 | 1.32 | — |
| 1985 | 59.4 | — | 887 | 145 | 12.4 | — |
| 1990 | 250 | — | 663 | 463 | 24.1 | — |
| 1995 | 853 | — | 948 | 918 | 683 | — |
| 2000 | — | — | 1443 | 1279 | 1827 | 4312 |
| 2005 | 4051 | 106.0 | 3035 | 2987 | 6765 | 8778 |
| 2010 | 9642 | 581.5 | 6208 | 7546 | 11220 | 11938 |

续表

| 年份 | 行业产值<br>（亿元） | 利润总额<br>（亿元） | 洗衣机<br>（万台） | 电冰箱<br>（万台） | 空调器<br>（万台） | 电视机<br>（万台） |
|---|---|---|---|---|---|---|
| 2011 | 11425 | 603.5 | 6671 | 8699 | 13912 | 12436 |
| 2012 | 11447 | 669.3 | 6741 | 8442 | 13281 | 13971 |
| 2013 | 12564 | 784.0 | 7202 | 9340 | 14333 | 14027 |
| 2014 | 15000 | 931.6 | 7114 | 9337 | 15717 | 15542 |

资料来源：家电产品产量根据《家电科技》公布数据整理得到。2014 年家电行业产值数据来源于北京商报网，网址：http：//www.bbtnews.com.cn/2015/1112/127119.shtml。

中国家电企业国际竞争力不断提升，家电产品出口高速增长，实现了大幅贸易顺差。2014 年家电行业出口额为 581.3 亿美元，同比增长 5.1%；进口额 35.6 亿美元，同比增长 10.7%；实现贸易顺差 545.7 亿美元。从出口产品结构看，2014 年，全国洗衣机、电冰箱、空调器和电视机出口额分别达到 28.8 亿美元、55.9 亿美元、97.9 亿美元、135.5 亿美元（见表 4-9）。同时，家电企业加快国际化经营步伐，积极拓展海外市场，通过收购和对外直接投资等方式，主要家电龙头企业都在国外建立起生产基地和技术研发机构，充分利用国外的资源和人力资本实行"走出去"发展战略。这样可以有效避免出口摩擦的制约，而且有利于吸收国外先进的生产技术和管理方式，为国内家电企业更快发展提供支持。

表 4-9　　　　中国历年家电产品出口统计　　　单位：亿美元

| 年份 | 2000 | 2005 | 2010 | 2011 | 2012 | 2013 | 2014 |
|---|---|---|---|---|---|---|---|
| 洗衣机 | 0.96 | 10.4 | 22.6 | 26.8 | 30.6 | 27.5 | 28.8 |
| 电冰箱 | 2.78 | 15.0 | 38.0 | 43.6 | 47.7 | 50.4 | 55.9 |
| 空调器 | 8.03 | 43.3 | 77.1 | 96.1 | 97.1 | 101.1 | 97.9 |
| 电视机 | 11.2 | 82.5 | 148.3 | 136.7 | 121.1 | 110.5 | 135.5 |

资料来源：根据《家电科技》公布数据整理得到。

经过市场竞争的优胜劣汰，家电市场集中度不断提升。从 1995 年开始，中国家电产业经历了一轮兼并活动，一些地方品牌被实力较强的企业兼并，涌现出像海尔、小天鹅、TCL 等规模较大的企业。以电视机为例，在产业重组推动下，电视机生产厂商从 20 世纪 80 年代末的 120 多家减少到 1996 年的 95 家，前 4 位企业的市场占有率从 1990 年的 17.3% 提高到 1998 年的 57.8%（黄建军，2014）。2001 年又出现了新一轮兼并过程，本轮兼并的特点是在寡头竞争的基础上进行强强联合。2005 年洗衣机、电冰箱、空调器、电视机的市场集中度（CR4）分别达到 64.02%、58.58%、58.34%、58.42%（迟莹莹，2007）；"家电下乡"和"以旧换新"政策推动家电市场的集中度有了不同程度的提高，2012 年 12 月，中国洗衣机、电冰箱、空调器、电视机产品的品牌占有率（CR4）分别为 69.0%、62.5%、68.2%、54.5%[1]。

从 2014 年主要家电品牌市场占有率来看（见表 4-10），在电冰箱和洗衣机市场上海尔均占到 25% 以上；空调器市场上格力也以 30% 的份额占据第一，格力、美的、海尔占据市场份额的前三位；电视机市场竞争比较激烈，前 5 位厂商的市场份额都不到 20%。随着美的收购小天鹅、荣事达、华凌，海信收购科龙、容声，国内白色家电市场形成了海尔、美的、海信三足鼎立的局面。

表 4-10　　　　　　2014 年主要家电品牌市场占有情况　　　　　单位：%

| | | | | | | |
|---|---|---|---|---|---|---|
| 洗衣机 | 滚筒洗衣机 | 海尔 | 西门子 | 小天鹅 | 三洋 | LG |
| | | 22.12 | 20.27 | 14.29 | 7.92 | 6.79 |
| | 全自动洗衣机 | 海尔 | 小天鹅 | 三洋 | 松下 | 美的 |
| | | 29.9 | 19.5 | 8.35 | 8.12 | 6.95 |
| 冰箱 | 对开门冰箱 | 海尔 | 三星 | 西门子 | 美的 | 容声 |
| | | 26.27 | 13.59 | 12.16 | 11.54 | 9.03 |
| | 双门冰箱 | 海尔 | 容声 | 美菱 | 美的 | 伊莱克斯 |
| | | 26.06 | 11.65 | 8.9 | 8.71 | 5.81 |
| | 三门冰箱 | 海尔 | 容声 | 西门子 | 美的 | 美菱 |
| | | 23.74 | 12.95 | 11.54 | 11.48 | 8.61 |

[1] 彭博. 家电下乡和以旧换新对我国家电制造业市场势力的影响 [D]. 成都：西南财经大学，2014.

| 空调器 | 定频空调器 | 格力 | 美的 | 海尔 | 奥克斯 | 志高 |
|---|---|---|---|---|---|---|
| | | 25.32 | 20.39 | 10.22 | 7.97 | 4.74 |
| | 变频空调器 | 格力 | 美的 | 海尔 | 海信 | 奥克斯 |
| | | 29.4 | 29.3 | 11.3 | 7.17 | 3.68 |
| 电视机 | 液晶 | 海信 | 创维 | TCL | 康佳 | 长虹 |
| | | 17.13 | 14.56 | 13.83 | 11.47 | 10.97 |

资料来源：根据《家电科技》（2015 年第 3 期）公布数据整理得到。

　　总体来看，家电市场已经形成垄断竞争型市场结构，虽然市场上仍存在大量中小企业，但寡头企业凭借资金、人力资本、渠道和技术等优势占据了家电市场 60% 以上的份额。同时，家电行业的兼并重组仍在有序进行，市场集中度进一步提高，企业规模经济将更加显著，寡头市场结构逐渐形成。

**2. 中国家电企业市场势力测度**

　　用市场集中度来衡量家电产业的市场结构，不能反映企业的市场势力。陈甫军、周末（2009）指出，市场结构和企业绩效之间不存在直接联系，介于二者之间的"企业行为"却是一个复杂而且难以衡量的系统，结构与绩效这种间接关系以及行为的不确定性实际上削弱了市场集中度作为衡量市场势力的效果，因为具有较大市场份额的企业并非一定会运用市场势力。因此，有必要对家电行业的市场势力进行直接测度，新实证产业组织（NEIO）运用计量技术更加准确地测度了产业的市场势力。

　　（1）模型设定与估计方法。借鉴克莱特（Klette，1999）的测算方法，假定在企业层面存在全要素生产率，引入生产函数 $Q_{it} = A_{it}F_t(X_{it})$，其中 $Q_{it}$ 为企业 i 在 t 时期的产出向量，$X_{it}$ 为一组投入要素向量，$A_{it}$ 表示全要素生产率。设定一个代表性企业[①]，其 t 时期的生产函数为 $Q_t = A_tF_t(X_t)$，将所有企业与代表性企业的生产函数做对数差分，得到公式（4.3）

---

　　① 代表性企业是指在要素投入和产出水平上居全行业平均水平，在实际计量分析中我们采用行业的平均值来代替。

$$\ln Y_{it} - \ln Y_t = \ln A_{it} - \ln A_t + \ln F_{it}(X_{it}) - \ln F_t(X_t) \qquad (4.3)$$

令 $q_{it}^* = \ln Y_{it} - \ln Y_t$，$a_{it}^* = \ln A_{it} - \ln A_t$，$x_{it}^* = \ln X_{it} - \ln X_t$，由多元广义微分中值定理得：

$$q_{it}^* = a_{it}^* + \sum_{j=1}^{m} \alpha_{it}^j x_{it}^{*j} \qquad (4.4)$$

其中，j 表示第 j 种要素，m 表示要素总数，$\alpha_{it}^j$ 为 j 要素的产出弹性中值。

为了将式（4.4）与市场势力相联系，需要做如下假设：（1）所有家电企业在要素市场上都是价格接受者，而在产品市场上可能存在市场势力；（2）企业根据利润最大化来决定要素投入；（3）产业内各企业具有对称的推测弹性，则需求价格弹性等于溢价率的倒数（陈甬军、周末，2009）。企业利润最大化的一阶条件为：

$$A_{it} \frac{\partial F_{it}(X_{it})}{\partial X_{it}^j} = \frac{W_{it}^j}{(1 - 1/\varepsilon_{it})P_{it}} \qquad (4.5)$$

这里 $W_{it}^j$ 表示要素 j 的价格，市场势力溢价率 $\lambda_{it} = \dfrac{P}{MC} = \dfrac{-1}{(1 - 1/\varepsilon_{it})}$。

令 $\alpha_{it}^j = \lambda_{it} \bar{\rho}_{it}^j$，$\eta_{it} = \sum_{j=1}^{m} \alpha_{it}^j$，代入式（4.4）并分离出资本投入和非资本投入：

$$q_{it}^* = a_{it}^* + \lambda_{it} \sum_{j \neq k} \bar{\rho}_{it}^j (x_{it}^{*j} - x_{it}^{*k}) + \eta_{it} x_{it}^{*k} \qquad (4.6)$$

其中，$\eta_{it}$ 为 i 企业在 t 期的总边际产出率，表示规模弹性；$\lambda_{it}$ 为市场势力溢价；$\bar{\rho}_{it}^j$ 表示 j 投入要素占总产出的比重[①]；$x_{it}^{*j}$ 表示要素 j 的对数线性差；$x_{it}^{*k}$ 表示资本投入要素的对数线性差。

上述方法并未消除固定效应，克莱特（Klette，1999）认为，企业间的技术差异和规模是正相关的，更高的生产率往往具有更大的市场份额。但陈甬军、周末（2009）在测算钢铁产业的市场势力时指出，中国的钢铁业并不存在随着规模扩大而增长的企业绩效，因此，在钢铁行业中，同规模相关的技术产业可能并不存在，因此不需要采用固定效应模型。

由于我国家电企业同质化竞争严重，企业间的技术差距相对较小，

---

① 这个比重是以该企业与代表性企业之间的微分中值点来衡量的，在实际测算中我们使用各投入要素的算术平均值代替。

适宜采用随机效应模型。Hausman 检验结果表明，采用双向随机效应变截距模型更有效。

假设产业内存在普遍的市场势力溢价 $\lambda$ 和规模弹性 $\eta$，代入式（4.6）得到：

$$q_{it}^* = a_{it}^* + \lambda x_{it}^{*v} + \eta x_{it}^{*k} + (\lambda_{it} - \lambda) x_{it}^{*v} + (\eta_{it} - \eta) x_{it}^{*k} \qquad (4.7)$$

式（4.7）中，$x_{it}^{*v} = \sum\limits_{j \neq k} \overline{\rho}_{it}^j (x_{it}^{*j} - x_{it}^{*k})$，设截距项 $a_{it} = \alpha + \nu_i$，其中 $\nu_i = (\lambda_{it} - \lambda) x_{it}^{*v} + (\eta_{it} - \eta) x_{it}^{*k}$。$\alpha$ 为截距中的常数项，$\nu_i$ 为截距项的随机变量，代表个体的随机影响。构建随机效应变截距模型：

$$q_{it}^* = a + \lambda x_{it}^{*v} + \eta x_{it}^{*k} + \nu_i + \mu_{it} \qquad (4.8)$$

式（4.8）即为测算家电产业市场势力的回归模型。

（2）样本选择与指标选取。本书以新浪财经行业板块确定的 36 家家电上市公司为研究对象，由于我国从 2007 年开始实施新的会计准则，因此我们只选取了这些企业 2007～2014 年的数据资料。其中，美的电器（000527）于 2013 年 8 月退市，并于 9 月以美的集团（000333）重新上市，但 2013 年前后数据出现较大波动，从样本中剔除；另外，浙江美大（002677）、奋达科技（002681）、日出东方（603366）等上市时间较短，难以反映产业政策的影响，也予以剔除。最后选取了 18 家家电上市公司作为样本，具体公司和股票代码如表 4 - 11 所示。

表 4 - 11　　　　　　　　样本企业股票代码和公司名称

| 股票代码 | 公司名称 | 股票代码 | 公司名称 |
|---|---|---|---|
| 000016 | 深康佳 A | 002032 | 苏泊尔 |
| 000100 | TCL 集团 | 002035 | 华帝股份 |
| 000418 | 小天鹅 A | 002076 | 雪莱特 |
| 000521 | 美菱电器 | 600060 | 海信电器 |
| 000533 | 万家乐 | 600261 | 阳光照明 |
| 000541 | 佛山照明 | 600336 | 澳柯玛 |
| 000651 | 格力电器 | 600690 | 青岛海尔 |
| 000921 | 海信科龙 | 600839 | 四川长虹 |
| 002005 | 德豪润达 | 600854 | 春兰股份 |

为了估计出家电行业的市场势力溢价和规模弹性，需要获得产出和

投入要素变量以及工具变量。借鉴陈甬军、周末（2009）以及张占东、张铭慎（2011）的方法，我们选取"主营业务收入"作为产出变量，选取"支付给职工以及为职工支付的现金"作为劳动投入，选取"购买商品、接受劳务支付的现金"作为中间要素投入。资本投入包括固定资产折旧和资本成本两部分，其中，资本成本等于总资产乘以五年期贷款基准利率。样本上市公司投入产出数据全部来源于国泰安数据库中的"中国上市公司财务报表数据库"，五年期贷款基准利率来自中国人民银行网站。

（3）估计结果分析。由于企业之间存在生产效率差异，误差项与投入要素之间存在相关性，从而导致内生性问题，如果采用 OLS 估计，就会得到有偏估计。为了得到一致估计量，我们采用两阶段最小二乘法（2SLS）对模型进行回归分析。工具变量采用资产总计和企业员工数，因为这两个变量不会随时间上的经济波动产生系统性的大幅度调整（Klette，1999；陈甬军、周末，2009）。Hausman 检验的 P 值等于0.980，接受原假设："不存在个体固定效应"，应该选择随机效应模型，回归结果如表 4 - 12 所示：回归结果（1）是没有控制时间趋势的回归结果，回归结果（2）是控制时间趋势后的回归结果。可以看出，结果（2）中的系数更加显著，市场势力溢价和规模弹性都在 1% 的显著性水平下通过检验。

表 4 - 12　　　　　　　　　市场势力与规模弹性回归结果

|  | (1) | (2) |
|---|---|---|
| $\lambda$<br>（市场势力溢价） | 0.933 ***<br>(3.85) | 0.842 ***<br>(4.10) |
| $\eta$<br>（规模弹性） | 0.902 ***<br>(7.32) | 0.923 ***<br>(13.81) |
| a<br>（企业间差异） | −0.182<br>(−1.60) | −0.186 **<br>(−1.76) |
| 时间趋势 | 不控制 | 控制 |
| 样本数 | 144 | 144 |
| R - squared | 0.668 | 0.717 |
| Wald chi2 | 96.3 | 269.8 |

注：***、**、* 分别表示在 1%、5% 和 10% 的显著性水平下通过检验，括号内为 t 值。

市场势力溢价为 0.842，显著小于 1，这说明中国家电企业不存在市场势力。虽然家电市场的集中度不断提高，但企业之间的竞争仍然异常激烈。由于家电产品的差异性较小，各企业为了争夺市场份额展开激烈竞争，不断压低价格。这从家电企业的盈利能力可见一斑，2013 年，中国家电行业电视机市场份额前五名的企业创维、海信、TCL、长虹、康佳占据了电视机市场 70% 以上的份额，其净利润总和尚不如格力一家的利润额（刘军等，2015）。从产品短缺时代走出来的中国白色家电企业擅长以低成本参与竞争，却尚未走出同质化竞争的泥潭，尤其是在中低端市场，产品之间的差异性日益缩小。

规模弹性值为 0.923，中国家电企业上市公司的规模经济不明显。虽然从 20 世纪 90 年代中后期开始，中国家电产业组织结构不断优化、产品产量大幅增加、企业规模不断扩大、市场集中度显著提高，但企业的规模经济不明显。产生这种结果的原因可能是：家电企业同质化竞争严重，任何一个企业都不存在市场势力，产量还未达到规模经济的临界值；受全球经济下行的影响，家电产品出口受阻，产品销售量受到影响；随着"家电下乡"和"以旧换新"政策的结束，国内市场需求降低，从而导致家电企业出现产能过剩的态势。

## 4.4.2 中国家电企业的技术进步和生产效率

### 1. 测算方法与指标选取

全要素生产率（TFP）代表了行业的技术水平及其变化，目前用来测度全要素生产率的方法主要有生产函数法、随机前沿分析法（SFA）、指数法、数据包络分析法（DEA）。其中，Malmquist 指数法是基于数据包络分析法提出的，该方法有两个优点：其一，基于 DEA 的全要素生产率计算无须投入要素的相关价格信息；其二，DEA 方法无须设定生产函数。借鉴费尔（Fare R. et al.，1992）基于数据包络分析的 Malmquist 指数模型方法测算得到家电行业 2008～2014 年全要素生产率及其分解指标。其基本思想是在投入产出空间从一群决策点（DMU）中找出最优生产前沿，以各点到生产前沿距离的大小来衡量其效率。用 $D_n^t(x_n^t, y_n^t)$ 表示第 n 个决策单元在 t 期的相对有效性，DEA 模型就是求解以下线性规划问题：

$$D_n^t(x_n^t, y_n^t) = \min\theta$$

s. t. $\sum_{k=1}^{N} \lambda_k x_{ik}^t \leqslant \theta x_{in}^t$, $i = 1, 2, \cdots, m$; $\sum_{k=1}^{N} \lambda_k y_{rk}^t \geqslant y_m^k$, $r = 1, 2, \cdots, q$;

$$\lambda_k \geqslant 0, \quad k = 1, 2, \cdots, N \qquad (4.9)$$

式中，x 为投入向量，y 为产出向量。如果 $D_n^t(x_n^t, y_n^t) = 1$，则 DMU 有效率，小于 1 则无效率。

在规模报酬不变的假设下，用 DEA 方法计算的 Malmquist 指数可以把全要素生产率（TFP）分解为技术进步（Tech）和技术效率（Effch）；在规模报酬可变的条件下，技术效率又可以进一步分解为纯技术效率（Pech）和规模效率（Sech），纯技术效率可以理解为企业的管理效率，规模效率指企业通过扩大规模降低成本而产生的效率。全要素生产率的分解公式为：

$$M_o^t = \frac{D_o^t(x^{t+1}, y^{t+1})}{D_o^t(x^t, y^t)} \qquad (4.10)$$

式中，$D_o^t$ 为距离函数，下标 o 表示基于产出的距离函数，x 和 y 分别表示投入和产出，式（4.10）的 Malmquist 指数测度了在 t 时期的技术条件下，从 t 时期到 t + 1 时期的全要素生产率的变化。同样的道理，可以在 t + 1 时期的技术条件下，测度从 t 时期到 t + 1 时期的全要素生产率变化，如公式（4.11）所示。

$$M_o^{t+1} = \frac{D_o^{t+1}(x^{t+1}, y^{t+1})}{D_o^{t+1}(x^t, y^t)} \qquad (4.11)$$

为了避免出现较大误差，可以用式（4.10）和式（4.11）的几何平均值来衡量全要素生产率的变化，全要素生产率可以分解为技术进步（Tech）和技术效率（Effch）。在规模报酬可变的假设下，技术效率可以进一步分解为纯技术效率（Pech）和规模效率（Sech），分解公式如下：

$$M_o(x^{t+1}, y^{t+1}; x^t, y^t) = \left[\frac{D_o^t(x^{t+1}, y^{t+1})}{D_o^t(x^t, y^t)}\right]^{\frac{1}{2}} \times \left[\frac{D_o^{t+1}(x^{t+1}, y^{t+1})}{D_o^{t+1}(x^t, y^t)}\right]^{\frac{1}{2}}$$

$$= \frac{D_o^{t+1}(x^{t+1}, y^{t+1})}{D_o^t(x^t, y^t)} \left[\frac{D_o^t(x^{t+1}, y^{t+1})}{D_o^{t+1}(x^{t+1}, y^{t+1})} \times \frac{D_o^t(x^t, y^t)}{D_o^{t+1}(x^t, y^t)}\right]^{\frac{1}{2}}$$

$$= Tech \times Effch$$

$$= Tech \times Pech \times Sech$$

我们选取 18 家家电上市公司 2008～2014 年的样本数据，采用 DEA－Malmquist 方法测算家电行业的全要素生产率及其分解指标。DEA 方法的关键是投入和产出指标的选取。借鉴何枫、陈荣（2008），白雪洁、陈思如（2008）等的研究方法，我们选取主营业务收入作为企业产出指标，选取固定资产净值、职工人数和主营业务成本作为投入指标。数据全部来源于国泰安数据库中的"中国上市公司财务报表数据库"。

**2. 实证结果分析**

首先，从时间变化趋势看，中国家电产业的全要素生产率呈现出"N"型变化趋势。具体而言，如表 4－13 所示，2008～2009 年，TFP大幅提升，2009 年达到最高的 1.049，这主要得益于政府实施的"家电下乡"和"以旧换新"政策推动了家电产业的发展，缓解了家电行业的产品出口压力及就业压力，扩大了内需，促进了经济增长；2010 年家电产业的 TFP 开始下降，"家电下乡"等政策接近尾声，产业政策的作用趋弱，家电企业产品销量减少；从 2012 年开始，家电产业的 TFP进入新一轮上升期，家电产业进入转型阶段，企业开始从组装制造环节向价值链的上游和下游延伸，更加注重技术、研发和品牌、服务环节，产品附加值有了明显提高。

表 4－13　　　　　　　2008～2014 年家电产业生产效率变化趋势

| 年份 | TFP | 技术进步 | 技术效率 | 纯技术效率 | 规模效率 |
|---|---|---|---|---|---|
| 2008～2009 | 1.049 | 1.047 | 1.002 | 1.009 | 0.992 |
| 2009～2010 | 1.025 | 1.048 | 0.979 | 1.011 | 0.968 |
| 2010～2011 | 1.008 | 0.986 | 1.022 | 1.003 | 1.019 |
| 2011～2012 | 0.928 | 0.923 | 1.006 | 0.980 | 1.026 |
| 2012～2013 | 1.014 | 1.038 | 0.977 | 0.976 | 1.001 |
| 2013～2014 | 1.026 | 1.050 | 0.978 | 0.987 | 0.991 |
| 平均值 | 1.008 | 1.014 | 0.994 | 0.994 | 0.999 |

从分解指标来看，TFP 的提升主要得益于技术进步，技术效率的贡献较小，技术进步的年平均增长率为 1.4%，这说明家电企业主要依靠技术升级、产品更新换代来获取收益；纯技术效率年平均增长率为

－0.6%，说明家电企业管理效率不高；总体来看，家电企业的规模效率值为 0.999，规模经济不明显（见表 4 – 13），可见，采用 DEA 方法测算得到的规模效率和前面通过 NEIO 方法测算的规模弹性是一致的。但在 2010～2012 年间，家电企业的规模经济比较明显，2012 年以后规模效率逐渐降低。这与中国经济发展总体趋势相关，随着中国经济步入新常态，家电产业受到经济衰退的影响，出口和内需大幅缩减，一定程度上制约了家电企业的规模效率。

其次，从企业异质性来看，家电企业的全要素生产率提升也主要得益于技术进步，技术效率尤其是纯技术效率的贡献较小。如表 4 – 14 所示，18 家样本企业中，全要素生产率大于 1 的有 14 家，占 77.8%；技术进步大于 1 的有 16 家，占 88.9%。以格力电器和青岛海尔为代表的白色家电企业已经具备了较高的技术水平和规模经济。其中，格力电器的技术进步最为明显，全要素生产率和技术进步的年平均增长率达到 4.8%，纯技术效率和规模效率也达到 1，这说明格力电器不仅技术水平较高，而且企业的管理效率也达到较高水平；青岛海尔的全要素生产率年平均增长率也达到 2.8%，规模效率也达到 1。另外，纯技术效率大于等于 1 的企业只有 9 家，说明总体上家电企业的内部管理水平还不高，主要龙头企业的核心技术研发初具规模。

**表 4 – 14　　18 家家电企业 2008～2014 年 TFP 及其分解指标**

| 公司 | TFP | 技术进步 | 技术效率 | 纯技术效率 | 规模效率 |
|---|---|---|---|---|---|
| 深康佳 A | 1.000 | 1.023 | 0.978 | 0.979 | 0.999 |
| TCL 集团 | 1.002 | 1.041 | 0.963 | 0.958 | 1.005 |
| 小天鹅 A | 0.901 | 0.920 | 0.980 | 0.980 | 1.000 |
| 美菱电器 | 0.961 | 0.984 | 0.977 | 0.976 | 1.001 |
| 万家乐 | 1.026 | 1.026 | 1.000 | 1.000 | 1.000 |
| 佛山照明 | 1.021 | 1.015 | 1.006 | 1.002 | 1.004 |
| 格力电器 | 1.048 | 1.048 | 1.000 | 1.000 | 1.000 |
| 海信科龙 | 1.016 | 1.022 | 0.995 | 0.992 | 1.002 |
| 德豪润达 | 1.009 | 1.012 | 0.998 | 0.996 | 1.002 |
| 苏泊尔 | 1.010 | 1.024 | 0.986 | 0.985 | 1.001 |

| 公司 | TFP | 技术进步 | 技术效率 | 纯技术效率 | 规模效率 |
|------|------|---------|---------|-----------|---------|
| 华帝股份 | 1.012 | 1.012 | 1.000 | 1.000 | 1.000 |
| 雪莱特 | 0.997 | 1.009 | 0.989 | 1.000 | 0.989 |
| 海信电器 | 1.029 | 1.029 | 1.000 | 1.000 | 1.000 |
| 阳光照明 | 1.016 | 1.013 | 1.003 | 1.001 | 1.002 |
| 澳柯玛 | 1.012 | 1.019 | 0.993 | 0.993 | 0.999 |
| 青岛海尔 | 1.028 | 1.028 | 1.000 | 1.000 | 1.000 |
| 四川长虹 | 1.006 | 1.029 | 0.978 | 0.982 | 0.996 |
| 春兰股份 | 1.053 | 1.010 | 1.043 | 1.055 | 0.989 |
| 均值 | 1.008 | 1.014 | 0.994 | 0.994 | 0.999 |

最后，从区域发展情况来看，中国家电产业发展形成了三大产业集群：以顺德为代表的珠三角集群，以宁波为代表的长三角集群，以青岛为代表的胶东半岛集群，形成了明显的区域竞争优势。我们将 18 家企业按注册地划分为三大集群，比较三大区域集群的技术水平（见表4-15）。可以发现，三大区域集群存在较大差异。整体来看，胶东半岛集群的全要素生产率增速最快，年均增长率为 2.3%，其次是珠三角集群，增速为 1.4%，长三角集群 TFP 增速为 -1.3%。从分解指标看，胶东半岛集群和珠三角集群技术进步的增长都很快，年均增长率分别达到 2.5% 和 2.3%，胶东半岛集群既存在较快的技术进步，也呈现出明显的技术效率和纯技术效率，长三角地区的技术效率相对较低。

表 4-15　　三大家电产业集群的全要素生产率及其分解指标

| 区域 | TFP | 技术进步 | 技术效率 | 纯技术效率 | 规模效率 |
|------|------|---------|---------|-----------|---------|
| 珠三角集群 | 1.014 | 1.023 | 0.992 | 0.992 | 1.000 |
| 长三角集群 | 0.987 | 0.989 | 0.998 | 0.999 | 0.999 |
| 胶东半岛集群 | 1.023 | 1.025 | 0.998 | 0.998 | 1.000 |

注：珠三角集群包括深康佳 A、TCL 集团、万家乐、佛山照明、格力电器、海信科龙、德豪润达、华帝股份、雪莱特；长三角集群包括小天鹅 A、美菱电器、苏泊尔、阳光照明、春兰股份；胶东半岛集群包括海信电器、澳柯玛、青岛海尔。四川长虹除外，它不在任何区域内。

这主要是跟三大集群的发展机制与模式有关。青岛家电企业起步于国有企业，依靠强大的国有资本支持不断做大做强，青岛市政府的政策导向也鼓励家电企业的发展，如青岛市政府为家电企业营造宽松的外部环境，对企业的生产经营干预较少，企业可以根据市场变化进行决策；政策鼓励企业建立研发机构，自主创新，并对技术改进给予资金支持。珠三角集群起步于乡镇企业，地方政府出台相应的扶持政策，在土地、贷款、税收方面给予优惠，鼓励有潜力的企业迅速扩张，形成了寡占型市场格局，珠三角地区的家电产业大、中、小企业共生体系发达，具备较强的产业配套能力和完整的产业链，企业专注于专业化生产和技术研发，技术进步更快。长三角地区的家电企业多为民营企业，由一些小型家电配套企业发展而来，研发能力较弱，主要依靠低成本模仿策略占有市场，随着家电市场的竞争日趋激励，这些企业也开始进行技术改造和创新，提高产品质量。可以说，集群效应在中国家电产业发展过程中发挥了重要作用，产业集群产生的集聚效应可以提高公共资源的利用效率，促使企业、社会、政府更愿意投资公共资源建设，有利于发挥产业整体力量，打造区域品牌。中国家电产业集群仍然存在聚集度高而融合度低的特征，需要加强集群内的企业合作与竞争，提高集群的整体竞争力。

## 4.5 中国钢铁和家电产业政策绩效的比较与启示

通过梳理钢铁和家电产业政策，发现这两类产业政策的主要区别在于政府和市场的作用力度不同。钢铁产业受到政府过多的特殊"照顾"，产业发展过程一直伴随着政府强有力的管制和干预，钢铁产业存在明显的"行业市场化水平落后于国家的市场化水平"。相比之下，政府对家电行业的干预发生了很大转变，尤其是 20 世纪 90 年代之后，市场集中过程基本是在市场机制的作用下实现的。治理传统行业产能分散和过剩问题，根本方法是建立和维护公平的市场环境，让市场内生的产能集中机制更好地发挥作用，而不是"以扭曲对付扭曲"[1]。

---

① 徐朝阳，周念利. 市场结构内生变迁与产能过剩治理 [J]. 经济研究，2015（2）：75 – 87.

## 4.5.1 钢铁产业政策失效的原因

中国钢铁行业的快速发展对推动经济增长发挥了重要作用，但钢铁产业仍然存在市场集中度低、生产效率不高、没有形成规模经济、产能过剩的问题。1994 年以来，政府制定并实施了一系列产业政策对钢铁行业进行调控，但其效果远未达到预期，尤其是在抑制产能过剩和提高生产效率方面，政策制定不合理和执行不到位是导致产业政策失效的两大原因。

**1. 产业政策制定不尽合理**

中国钢铁产业政策具有很强的计划经济色彩，政策制定者对企业产量、投资规模以及产品结构进行直接预测，并根据预测制定相关的产业政策，对投资规模和产品数量进行管制和调控。所以说，这种选择性产业政策是否有效关键取决于政府对市场预测的准确性。但遗憾的是，面对复杂多变的市场经济运行过程，政府受到有限理性和认知局限性的约束，政策制定者无法获取市场的细节知识，并且难以整合这些知识，不可能对钢铁行业的市场发展做出准确预测。因此，产业政策必然无法完全适应产业发展的规律。

选择性产业政策以行政手段来控制企业的投资和产量，往往使高效率企业的正常发展受到抑制，低效率企业免于竞争得以存续。尤其是，中国钢铁产业政策中存在明显的"保护国有企业""抓大放小"和"规模论"特征，使得大型企业（主要是国有企业）免于高效率中小企业的竞争压力，整个钢铁行业的生产效率都难以提高。鉴于大型企业在钢铁行业中的主导地位，产业政策直接推动了大型钢铁企业的规模扩张；另外，以规模和产量作为淘汰标准的产业政策逆向推动了众多中小型钢铁企业扩张产能、扩大规模以求自保。结果是，政府直接调节产业投资削弱了市场竞争对投资的限制作用，以"控制产能、调整结构"为目标的产业政策造成了产能的急剧扩张。严格的项目审批和准入限制一向是政府宏观调控的主要手段，实际上强化了政府对于微观经济的干预行为。《钢铁产业发展政策》（2005）规定，凡是新上马的钢铁项目未经国家发展和改革委员会批准的，国土资源部不予办理土地使用手续，工商管理部门不予登记注册，商务管理部门不予批准合同和章程，金融机构不提供贷款，质监部门不予颁发生产许可证等。

### 2. 产业政策执行不到位

即使政府能够制定出合理的产业政策，其有效性依然难以保证，产业政策的执行过程还伴随着中央政府与地方政府之间、地方政府与地方政府之间、地方政府与企业之间的博弈。财税体制改革之后，地方政府具有独立的经济利益。以考核 GDP 增长率为核心的政府官员政治晋升体制，使得地方政府具有强烈的干预经济增长和企业经营的动机。地方政府把土地低价卖给企业，企业把所获得的低价土地抵押给银行获得贷款，造成企业自有资本投入过低，进而导致严重的风险成本外部化问题。体制扭曲下地方政府对微观经济的不当干预扭曲了企业的投资行为，企业通过成本外部化、风险外部化等方式获取廉价土地、政府补贴和银行信贷，从而导致企业过度投资和产能过剩（江飞涛、曹建海，2009）[①]。

钢铁、水泥、电解铝等资本密集型的竞争性行业在中国渐进式市场化改革进程中呈现出行业市场化进程滞后、国有企业比重较大的特征。一方面，政府希望在这类行业中保持较强的影响力，对行业进行干预，并制定了大量的产业政策，产业政策倾向于支持大型国有企业发展；另一方面，这些行业具有规模经济特征，企业规模大，就业人员多，政府考虑到企业退出造成的 GDP 增速下降、失业率上升等问题，对企业进行补贴，导致大量产能过剩、落后亏损的国有企业难以退出市场（范林凯、李晓萍、应珊珊，2015）[②]。当前以提高市场集中度为目标的产业组织政策鼓励各地区钢铁企业兼并重组，提高行业集中度，实际上是以行政力量而非市场力量来推动企业重组，让大企业兼并小企业，国有企业吞并民营企业，地方政府推动的企业兼并模式通过对国有资产重新组合来实现规模的扩大，难以打破钢铁行业的行政性区域分割和垄断，无法形成有效竞争。市场化水平的提高将有助于增强地方政府落实产业政策的激励，降低资源错配程度，进而优化产业政策的实施效果（孙早、

---

① 江飞涛，曹建海. 市场失灵还是体制扭曲——重复建设形成机理研究中的争论、缺陷与新进展 [J]. 中国工业经济，2009 (1)：53－64.

② 范林凯，李晓萍，应珊珊. 渐进式改革背景下产能过剩的现实基础与形成机理 [J]. 中国工业经济，2015 (1)：19－31.

席建成，2015）①。

## 4.5.2　家电产业政策的有益借鉴

从家电产业的发展历程来看，灵活的企业运行机制、宽松的外部环境和产业政策的有效实施是产业发展成功的必要保证。市场机制发挥了配置资源的决定性作用，市场竞争是提高市场集中度的主要力量；产业政策制定和实施以有利于发挥市场机制的作用为前提，遵循产业发展的客观规律。基于本书的分析，我们总结出家电产业政策有效实施的经验。

### 1. 政府适时退出生产领域

家电产业扩张阶段，政府的抑制政策未能很好地发挥作用，这种选择性产业政策违背了产业发展规律，例如，在整机装配方面通过计划方式进行定点生产并未取得成功，现在发展起来的家电龙头企业，如康佳、长虹、海尔、海信等，并非政府重点投资建设起来的（国家计委宏观经济研究院课题组，2001）。因此，政府应该适时退出企业的生产领域，减少直接干预，致力于企业退出援助政策，设立产业调整援助基金，制定失业和再就业政策，降低企业的退出壁垒。同时，社会保障制度改革要到位，以合理解决资源再配置过程中对市场机制产生的干扰问题。

### 2. 企业充分竞争

限制竞争意味着保护落后，竞争是家电企业提高市场集中度和技术进步的主要推动力量。首先，保证所有企业获得公平竞争的机会，国有企业不再受到政府特殊优待，民营企业获得公平竞争的机会，竞争激发企业的活力和潜能，企业规模不断扩大；其次，鼓励来自外国企业的竞争，国内市场的开放和外资的进入，迫使国内企业参与到国际竞争中，在竞争中不断进行技术革新，增强竞争力。分散竞争的市场结构是市场集中过程的必经阶段，政府要做的不是抑制这种竞争，而是要维持竞争

95

---

① 孙早，席建成. 中国式产业政策的实施效果：产业升级还是短期经济增长 [J]. 中国工业经济，2015（7）：52–67.

秩序，通过制定政策和法律法规保护市场公平竞争，通过政府的引导，缩短由过度分散竞争转向有序竞争的过程。

### 3. 发挥区域集群优势，组建技术联盟

中国家电产业已发展形成三大区域集群，然而局限于地理层面的聚集不足以打造出具有世界竞争力的家电企业，企业间联系过于松散，资源共享和信息共享不足。新的市场环境对家电产业提出了更高的要求，即从产业集群走向产业整合，组建技术联盟，共享资源，合作研发，提高产业的整体实力。如日本的研究组合制度就是一种得到政府支持的企业间策略性技术联盟制度，政府鼓励企业间建立技术合作协议，这种建立在技术进步基础上的策略性技术联盟可以迅速提高企业在国内和国际市场上的竞争力。

### 4. 实施功能型产业政策

政府对国内幼稚产业实行一定程度的保护是各国普遍的做法，中国正处在向工业化和市场化转轨的关键时期，政府对某些战略性产业实行一定的保护更有必要（杜传忠，2003）①。关键是政府干预的范围、程度和手段是否合适。短期来看，政府保护政策有利于这些产业快速成长，但从长期动态发展的视角看，政府过度干预则阻碍了企业竞争力的提升。因此，政府的干预必须适时、适度。政府应该实施功能型的产业政策，将企业推向市场，由市场选择有竞争力的企业，政府对这些企业的研发创新加以鼓励和扶持。

## 4.6 本章小结

本章系统梳理了钢铁产业和家电产业发展过程中产业政策的特征，并从产业规模、市场集中度、市场势力、技术进步和生产效率等方面实证分析了产业政策在钢铁和家电产业发展过程中的实施效果。钢铁产业政策延续了计划经济传统，政府通过市场准入、项目审批、贷款核准、

---

① 杜传忠. 我国汽车行业与家电行业市场集中过程的比较与启示 [J]. 当代财经，2003（2）：99 – 101.

目录指导、强制性清理等行政性手段干预经济，政府选择代替了市场竞争。这种选择性产业政策非但不能从根本上治理钢铁行业存在的过度投资和产能过剩，反而造成行业发展出现剧烈波动。行政性产业抑制政策试图以"通知""决定"等形式抑制产能过剩产业的发展，但这类产业政策是一种非常松弛的政策，政策的执行力度很弱。选择性产业政策扭曲了市场竞争机制，中小企业和民营企业难以获得公平参与竞争的机会。对钢铁产业政策绩效的实证分析发现，钢铁行业市场集中度较低，空间分布离散，地区重复建设严重，钢铁行业生产效率呈现下降趋势。

　　家电产业政策遵循了产业发展的客观规律，针对产业发展的特点采取扶植和诱导的政策手段，有效推动了家电产业较快发展。尤其是在起步阶段，政府通过各种扶持措施在短时间内实现了家电行业的跨越式发展。但在家电产业快速扩张阶段，政府采取行政命令方式抑制企业投资，没能有效发挥作用。20 世纪 90 年代之后，政府逐步放松了对家电行业的行政管制，转而采取间接引导的方式，有效控制了过度投资。中国加入 WTO 之后，政府降低进口关税，鼓励国内企业参与国际竞争，同时实施"家电下乡"等一系列政策释放过剩产能，缓解企业出口压力。本章选取了 18 家家电上市公司作为样本实证分析了家电企业的市场结构和技术进步：首先，采用新实证产业组织方法测算了家电企业的市场势力，发现家电市场集中度虽然较高，但企业不存在市场势力，家电行业仍然属于竞争性市场结构；其次，采用 DEA – Malmquist 方法测算了家电企业的全要素生产率，发现家电企业的全要素生产率不断提高。家电产业政策以发挥市场机制的作用为前提，正是保护企业间有序竞争才促使整个行业的技术水平不断提升。

# 第5章 高技术产业创新效率及产业政策绩效

技术创新是制造业转型升级的重要支撑，是推动经济持续增长的引擎。由于技术进步具有很强的外部性，新古典学派认为"市场失灵"的存在是政府干预的理论基础，政府应该把精力投向技术创新领域。技术创新主要有两条路径：一是通过基础研究和技术引进的方式进行自主创新；二是对原有的产业技术进行改造。由于"技术锁定"和"路径依赖"的存在，技术创新需要产业政策的引导和支持，解决企业研发能力不强和研发投入不足的困境。为此，中国先后提出了科教兴国战略和自主创新战略，增加在教育和研发领域的支出。2002年制定的《国家产业技术政策》指出，世界各国为了抢占并锁定产业价值链的高端环节，竞相加大对技术研发的投入力度，加快科技成果转化为现实生产力的步伐，以技术创新推动产业结构调整，发展新兴产业和高技术产业，增强产业的国际竞争力。为加快引进国外先进技术，增强我国高新技术自主创新能力，2003年科技部和商务部联合发布了《鼓励外商投资高新技术产品目录》。2012年11月党的十八大报告把实施创新驱动战略摆在国家发展全局的核心位置，具有知识密集型特征的高技术产业是推动技术创新和实现创新驱动的重要力量。本章以中国高技术产业发展为例，测算了行业层面和区域层面的高技术产业两阶段的创新效率，并分析了产业政策对技术创新的影响，最后提出了相应的政策建议。

## 5.1 引　言

改革开放以来，中国经济经历了40多年的高速增长，但这种依靠投资和出口拉动的经济增长模式效率较低，经济长期增长乏力，这就需要转变经济发展方式，实现经济增长由投资依赖型向创新驱动型转变。高技术产业作为国民经济发展的战略性产业，对中国经济发展方式转变和产业结构优化升级发挥了越来越重要的作用，成为当前和未来经济发展新的增长点。2012 年中国高技术产业增加值增速为 12.2%，高出规模以上工业平均增速 2.2 个百分点。同时，中国高技术产业发展仍然面临诸多问题，如技术创新能力不强、研发投入不足等。如何更好地提高中国高技术产业的创新能力，充分发挥高技术产业的创新带动作用，推动产业结构优化升级，实现经济发展方式转变，是转轨期中国经济发展的重要内容。

高技术产业研发投入对技术创新的影响受到学者们的普遍关注。阿格因和豪伊特（Aghion and Howitt，1992）[1] 建立了 R&D 型经济增长模型，认为企业研发活动是其技术进步的源泉。并且，研发投入与技术进步存在正向关系。国内学者对于高技术产业的研发效率及其影响因素的研究日渐丰富，研究方法主要包括数据包络分析（DEA）和随机前沿分析（SFA），样本选取集中在行业层面和区域层面的面板数据。虽然学者们采用的研究方法和样本选择不尽相同，却得出较为一致的结论，即中国高技术产业的创新效率普遍较低，但呈现逐步上升的趋势。

大多数学者在测算 R&D 效率时采用新产品销售收入作为创新产出，这样测算得出的是高技术产业的盈利能力，而不能反映其研发能力。高技术产业最直接的研发产出是专利数量，新产品销售收入是科技成果商业化的表现。余泳泽等（2010）[2] 基于价值链的视角将高技术产业的创新过程分为技术研发和成果转化两个阶段，分别测算了两阶段的创新效率。但在研究创新效率的影响因素时，将两阶段效率乘积作为整体来衡量，掩盖了各因素对两个阶段效率影响的差异。韩晶（2010）[3]、肖仁

---

① Aghion P，Howitt P. A model of growth through creative destruction [J]. Econometrica, 1992, 60 (2)：323-351.

② 余泳泽，武鹏，林建兵. 价值链视角下的我国高技术产业细分行业研发效率研究 [J]. 科学学与科学技术管理，2010 (5)：60-65.

③ 韩晶. 中国高技术产业创新效率研究——基于 SFA 方法的实证分析 [J]. 科学学研究，2010 (3)：467-472.

桥等（2012）① 对此做了修正，分别就两阶段的创新效率及其影响因素进行了分析。前者缺乏对两阶段创新的联系及比较分析，后者将专利数作为转化阶段的投入，测算方法有待商榷，从整个创新过程来看，专利只是中间产品，研发投入仍然是研发资本和研发人员。

　　测度创新效率的同时考虑其影响因素已经成为一个重要的研究方向，现有文献从多方面探讨了影响高技术产业研发效率的因素。朱有为和徐康宁（2006）②、白俊红（2011）③ 实证检验了市场规模、市场结构以及产权结构对创新效率的影响，认为企业规模和市场竞争对创新效率有正向影响，国有产权比重增加对创新效率产生抑制作用；沙文兵等（2011）④、高艳慧等（2011）⑤ 实证检验了 FDI 知识溢出、自主研发投入、企业性质以及资金来源等因素对高技术产业研发效率的影响。可见，关于高技术产业创新效率影响因素的研究已经涵盖了宏观经济环境和微观企业特征等方面，但涉及产业政策对创新效率影响的研究较少。格里菲斯等（Griffith et al.，2000）⑥、李和黄（Lee and Hwang，2003）⑦研究认为，政府研发投入对企业自主创新会产生正向的激励效应；朱平芳和徐伟民（2003）⑧ 研究了政府科技激励政策对大中型企业 R&D 投入和专利产出的影响；武鹏等（2010）⑨ 采用省级面板数据测算了高技术产业的研发效率，分析了市场化和政府介入对高技术产业研发效率的

　　① 肖仁桥，钱丽，陈忠卫．中国高技术产业创新效率及其影响因素研究［J］．管理科学，2012（5）：85 - 98.

　　② 朱有为，徐康宁．中国高技术产业研发效率的实证研究［J］．中国工业经济，2006（11）：38 - 45.

　　③ 白俊红．企业规模、市场结构与创新效率——来自高技术产业的经验证据［J］．中国经济问题，2011（5）：65 - 78.

　　④ 沙文兵，李桂香．FDI 知识溢出、自主 R&D 投入与内资高技术企业创新能力——基于中国高技术产业分行业动态面板数据的检验［J］．世界经济研究，2011（1）：51 - 56.

　　⑤ 高艳慧，万迪昉．企业性质、资金来源与研发产出——基于我国高技术产业的实证研究［J］．科学学与科学技术管理，2011（9）：146 - 156.

　　⑥ Griffith R，Redding S，Renee J. Mapping two faces of R&D：Productivity growth in a panel of OCED industries［J］. The Review of Economics and Statistics，2000，86（4）：883 - 895.

　　⑦ Lee M H，Hwang I J. Determinants of corporate R&D investment：An empirical study comparing Korea's IT Industry with its non-IT industry［J］. ETR I Journal，2003，25（4）：258 - 265.

　　⑧ 朱平芳，徐伟民．政府的科技激励政策对大中型工业企业 R&D 投入及其专利产出的影响——上海市的实证研究［J］．经济研究，2003（6）：45 - 53.

　　⑨ 武鹏，余泳泽，季凯文．市场化、政府介入与中国高技术产业 R&D 全要素生产率增长［J］．产业经济研究，2010（3）：62 - 69.

影响，产业政策仅限于政府资金扶持方面。法律层面的知识产权保护是政府鼓励创新的重要措施。施耐德（Schneider，2005）[①] 认为，知识产权保护对技术创新有重要影响，发达国家的知识产权保护与技术创新存在正相关关系，发展中国家则是负相关关系；顾群、翟淑萍（2013）[②] 研究发现，知识产权保护与创新效率呈倒"U"型关系。

高技术产业作为推动经济增长的战略性产业，其高投入、高风险以及较强的外部性特征决定了产业政策对高技术产业的发展会产生重要影响。本章基于价值链的视角，将高技术产业的创新过程分为技术研发和成果转化两个阶段，运用随机前沿分析（SFA）方法分别测算了 2000～2012 年中国高技术产业 16 个细分行业和中国 23 个省份高技术产业的研发效率和转化效率，并实证分析了产业政策和市场化因素对高技术产业创新效率的影响，最后提出了产业技术政策转型的政策建议。

## 5.2 中国高技术产业创新过程及发展状况

### 5.2.1 高技术产业两阶段创新过程

高技术产业创新是一个从投入到产出的统一过程，按其发展路径可以分为不同的创新阶段。我们借鉴并拓展了余泳泽（2010）基于价值链视角的研究方法，将高技术产业的创新过程划分为技术研发和成果转化两个阶段（见图 5-1）。第一阶段是科学技术研发过程，研发资源投入包括研发资本和研发人员，创新产出包括专利申请数量和其他技术改进，因为有些企业出于商业秘密和长期利润的考虑，研发出的先进技术并不去申请专利；第二阶段是科技成果转化过程，部分专利和创新技术转化为新产品销售收入，但也有一部分低质量的专利被束之高阁，没有

---

① Schneider P H. International Trade, Economic Growth and Intellectual Property Rights: A Panel Data Study of Developed and Developing Countries [J]. Journal of Development Economics, 2005, 78 (2): 529-547.

② 顾群，翟淑萍. 高技术产业知识产权保护、金融发展与创新效率——基于省级面板数据的研究 [J]. 软科学, 2013 (7): 42-46.

实现商业价值。相应地，高技术产业两阶段的创新效率分别称为技术研发效率和成果转化效率，根据两阶段效率的高低可以将高技术产业各细分行业区分为四种类型：低研发、低转化；低研发、高转化；高研发、高转化；高研发、低转化。

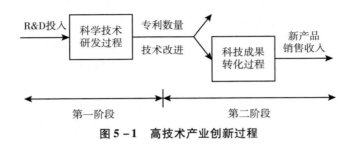

图 5 – 1　高技术产业创新过程

## 5.2.2　中国高技术产业发展状况

随着产业结构的不断升级，高技术产业技术进步对传统产业的渗透日益增强，对经济增长的贡献越发显著，表 5 – 1 列出了中国高技术产业 2000 ～ 2012 年的研发活动指标。一方面，每万人申请专利数从 2000 年的 5.8 个增长到 2012 年的 76.6 个，增长了 12 倍，说明我国高技术产业具有较高的科技研发能力；另一方面，新产品销售收入占主营业务收入的比重却维持在 23% 左右的较低水平，利润总额占主营业务收入的比重更低，仅 6% 左右，这说明我国的高技术产业不具有高收益特征。专利申请数量的高速增长并未带来企业新产品销售收入以及利润的增加，两阶段研发活动出现脱节。

表 5 – 1　　　　　　　　　　中国高技术产业发展状况

| 年份 | 每万人申请专利数（个） | 新产品销售收入/主营业务收入（%） | 利润总额/主营业务收入（%） | 研发强度（%） |
|------|------|------|------|------|
| 2000 | 5.76 | 26.58 | 6.71 | 1.07 |
| 2001 | 8.30 | 23.99 | 5.74 | 1.23 |
| 2002 | 13.18 | 24.05 | 5.07 | 1.24 |
| 2003 | 17.34 | 22.99 | 4.76 | 1.08 |

| 年份 | 每万人申请专利数（个） | 新产品销售收入/主营业务收入（%） | 利润总额/主营业务收入（%） | 研发强度（%） |
|---|---|---|---|---|
| 2004 | 18.78 | 21.88 | 4.47 | 1.05 |
| 2005 | 25.37 | 20.74 | 4.19 | 1.05 |
| 2006 | 32.66 | 20.42 | 4.27 | 1.09 |
| 2007 | 40.86 | 21.46 | 4.82 | 1.08 |
| 2008 | 41.96 | 23.11 | 4.89 | 1.15 |
| 2009 | 53.77 | 24.55 | 5.50 | 1.28 |
| 2010 | 54.65 | 21.97 | 6.55 | 1.30 |
| 2011 | 67.76 | 23.29 | 5.99 | 1.40 |
| 2012 | 76.60 | 23.23 | 6.05 | 1.46 |

注：研发强度等于研发经费支出占高技术产业总产值的比重。
资料来源：根据《中国高技术产业统计年鉴》数据整理得到。

　　按照经济合作与发展组织（OECD）的定义，高技术产业是指研发经费支出占总产值的比例远高于各产业平均水平的行业。与发达国家在企业研发方面的投入相比，中国的研发资本仍然是稀缺资源，研发强度长期处在 1% ~ 1.5% 的低水平，而发达国家的研发投入强度通常在 5% ~ 15% 之间，例如，美国 2009 年的研发强度达到 19.7%，日本 2008 年的研发强度为 10.5%，德国 2007 年为 6.9%，英国 2006 年为 11.1%，法国 2006 年为 7.7%，韩国 2006 年为 5.86%。因此，处在经济转轨期，中国还需要加强对技术创新的投入力度，提高研发支出占财政支出的比重。

　　中国高技术产业研发投入水平低加之利用效率不高，造成企业技术创新能力薄弱。因此，如何合理利用研发资源，提升中国高技术产业创新效率，就显得尤为重要。我们将对中国高技术产业两阶段的创新效率进行比较分析，并实证检验产业政策和市场化因素对创新效率的影响，从而提出提升中国高技术产业研发能力和创新效率的政策建议。

## 5.3 分行业高技术产业创新效率及产业政策绩效分析

### 5.3.1 模型设定和变量选取

**1. 模型设定**

目前用来测算技术效率的方法主要有两类：一类是以数据包络分析（DEA）为代表的非参数法，另一类是以随机前沿分析（SFA）为代表的参数法。DEA 方法无须建立生产函数，在多投入多产出效率测度时存在优势，但由于设定了确定的边界，且没有考虑测量误差而存在缺陷；SFA 方法采用计量分析对前沿生产函数进行估计，可以判断模型的拟合程度和各种统计检验值，在测量误差和统计干扰方面具有优势。我们借鉴巴特斯和科利（Battese and Coelli，1995）[①] 设定的随机前沿模型测算高技术产业的创新效率及其影响因素，SFA 模型的一般形式为：

$$\ln y_{it} = \ln f(x_{it}, t) + v_{it} - u_{it} \tag{5.1}$$

其中，$y_{it}$ 表示行业 i 在时期 t 的产出，$f(\cdot)$ 表示生产可能性边界上的前沿产出，x 表示投入向量，误差项 $v_{it} - u_{it}$ 为符合结构，$v_{it}$ 服从正态分布，表示随机扰动项，$u_{it}$ 为技术非效率项，表示个体冲击的影响。

技术效率 TE 定义为实际产出期望与前沿面产出期望的比值，即：

$$TE_{it} = \exp(-u_{it}) \tag{5.2}$$

随机前沿函数的优势在于对技术无效率项的考虑，如果模型不存在无效率项，那么采用一般函数更为有效。因此，需要检验随机前沿生产函数的有效性，具体采用指标 $\gamma = \sigma^{2u}/(\sigma^{2u} + \sigma^{2v})$ 来衡量，该指标越接近 1，说明存在明显的无效率项，采用随机前沿函数模型是合适的。

在测度技术效率的同时考虑其影响因素成为一个重要的研究方向，本书设定高技术产业创新效率影响因素模型如下：

---

① Battese G E, Coelli T J. A Model for Technical Inefficiency Effects in a Stochastic Frontier Production Function for Panel Data [J]. Empirical Economics, 1995, (20): 325 – 332.

$$TE_{it} = \delta_0 + Z_{it}\delta + w_{it} \qquad (5.3)$$

其中，$Z_{it}$ 为影响技术效率的因素，$\delta$ 为解释变量的系数，$w_{it}$ 为随机误差项。

## 2. 变量选取

（1）投入产出指标。现有文献广泛采用的产出指标包括专利申请数量和新产品销售收入，本书将高技术产业创新过程划分为两个阶段。第一阶段产出用申请专利数衡量，代表技术研发能力；第二阶段产出用新产品销售收入衡量，代表科技成果转化能力。投入指标为研发资本和研发人员，研发人员投入采用各行业的研发人员全时当量表示，研发资本投入采用永续存盘法计算得到的研发资本存量表示，这是因为研发过程存在连续性。研发资本存量的测算公式如下：

$$K_{it} = (1 - \sigma_i)K_{i,t-1} + E_{it} \qquad (5.4)$$

其中，$K_{it}$ 为产业 i 第 t 年的研发资本存量，$E_{it}$ 为产业 i 第 t 年新增研发资本，研发资本的初始值为 $K_{i0} = E_{i0}/(g_i + \sigma_i)$，$g_i$ 为各行业样本期间实际研发资本投入的年平均增长率，$\sigma_i$ 为研发资本存量折旧率，设为 15%[①]。

（2）影响因素指标。产业政策采用政府研发支出和知识产权保护两个指标来衡量。主要基于两个方面的考虑：一方面，高技术产业属于高投入和高风险行业，市场失灵导致企业研发投入不足，需要政府补贴和政策引导；另一方面，高技术产业创新存在较强的正外部性，会产生溢出效应，需要政府加强对知识产权的保护力度。市场化程度采用企业主研发投入和行业竞争程度来衡量，因为市场化程度较高的行业中企业享有更高的自主权，根据市场需求决定研发投入水平；而且，市场化程度越高的行业竞争程度越高，一般采用行业集中度来反映市场竞争程度，但由于缺乏行业集中度的精确数据，这里采用各行业的企业数量来代替。另外，从现有文献来看，影响高技术产业创新效率的因素还有企业规模和所有权结构。各变量的具体度量方法如表 5 - 2 所示。

---

① 朱平芳，徐伟民. 政府的科技激励政策对大中型工业企业 R&D 投入及其专利产出的影响——上海市的实证研究 [J]. 经济研究，2003（6）：45 - 53.

表 5 - 2                              变量指标衡量

| 变量名 | 符号表示 | 指标衡量 |
|---|---|---|
| 政府研发支出 | Rgov | 科技活动经费筹集中政府资金比重 |
| 知识产权保护 | IPR | 立法强度与执法强度的乘积 |
| 企业研发投入 | Rcom | 科技活动经费筹集中企业资金比重 |
| 市场竞争 | Stru | 用各行业企业个数代替 |
| 企业平均规模 | Size | 行业总产值/企业个数 |
| 所有权结构 | Open | 三资企业总产值/国有及国有控股企业总产值 |

### 3. 数据来源

本书采用的是 2000 ~ 2012 年中国高技术产业 16 个细分行业的面板数据，统计口径为大中型高技术企业，数据来源于历年《中国高技术产业统计年鉴》。新产品销售收入和行业总产值用工业品出厂价格指数折算成 2000 年不变价；研发资本投入需要用研发支出价格指数进行平减处理，采用朱平芳、徐伟民（2003）的方法，将 R&D 支出价格指数设定为固定资产投资价格指数和消费价格指数的加权平均，二者的权重分别取 0.45 和 0.55；知识产权保护强度等于立法强度乘以执法强度，数据采用文豪、陈中峰（2014）[①] 的计算结果。为消除回归过程中的异方差问题，所有解释变量均取自然对数形式。

## 5.3.2  分行业高技术产业两阶段创新效率

利用 Stata 11 软件对模型（5.1）进行 SFA 分析，回归结果如表 5 - 3 所示。两阶段前沿生产函数的 γ 值分别为 0.63 和 0.86，显著不等于 0，说明中国高技术产业的研发创新活动存在明显的技术无效率，采用随机前沿生产函数模型是合适的。η 值分别为 0.06 和 0.02，说明高技术产业两个阶段的创新效率进步分别收敛于 6% 和 2%，技术进步速度较慢，研发阶段创新效率高于转化阶段。

---

① 文豪，陈中峰. 知识产权保护、行业异质性与技术创新 [J]. 工业技术经济，2014（6）：131 - 138.

研发阶段投入要素的产出弹性分别为 0.92 和 0.17，且弹性之和大于 1，说明高技术产业研发活动存在规模经济；转化阶段投入要素的弹性分别为 0.57 和 0.19，弹性之和为 0.76，不存在规模经济。研发资本投入仍然是两阶段创新的主要影响因素，总体来说，中国高技术产业的技术创新主要依靠研发经费支出拉动，研发人员效率较低，缺乏高技术人才。

表 5 - 3　　　　　　　前沿生产函数回归结果

| 变量名 | 研发阶段 | 转化阶段 |
|---|---|---|
| 常数项 | - 5.84 *** （ - 7.41） | 6.82 *** （8.60） |
| 研发资本 | 0.92 *** （7.96） | 0.57 *** （5.49） |
| 研发人员 | 0.17 * （1.47） | 0.19 * （1.94） |
| μ | 0.74 * （1.79） | 1.14 ** （2.27） |
| η | 0.06 *** （5.20） | 0.02 *** （2.69） |
| γ | 0.63 | 0.86 |
| log 值 | - 171 | - 141 |

注：*、**、*** 分别表示在 10%、5% 和 1% 的显著水平下通过检验，括号内为 t 检验值。

如表 5 - 4 所示，高技术产业的研发效率总体偏低，2012 年的效率值仅为 0.41。但分行业来看，不同行业研发效率差距较大，其中，中成药制造、广播电视设备制造、医疗设备及器械制造和仪器仪表制造 4 个行业的研发效率较高，都超过了 0.6，相对于其他行业存在显著优势，说明这些行业具有较强的研发能力，科技成果显著。从动态趋势来看，中国高技术产业的研发效率不断提升，2000 年到 2012 年平均增长率达到 8.36%，并且效率值较低的行业增速更快，如航天器制造、飞机制造及修理和雷达及配套设备制造等，增速都在 10% 以上。总的来看，我国高技术产业研发阶段专利产出数量迅速增加，研发效率提升较快。

相对于研发效率，高技术产业转化效率明显偏低（见表 5 - 5），2012 年的效率值只有 0.25，这说明我国高技术产业科技成果转化能力不足，研发过程与转化过程存在脱节。分行业来看，仅计算机外部设备制造、计算机整机制造和家用视听设备制造 3 个行业成果转化效率存在

表5-4

中国高技术产业分行业研发效率

| 行业 | 2000年 | 2001年 | 2002年 | 2003年 | 2004年 | 2005年 | 2006年 | 2007年 | 2008年 | 2009年 | 2010年 | 2011年 | 2012年 | 增速（%） |
|---|---|---|---|---|---|---|---|---|---|---|---|---|---|---|
| 1 | 0.120 | 0.136 | 0.154 | 0.172 | 0.191 | 0.210 | 0.231 | 0.252 | 0.274 | 0.296 | 0.318 | 0.341 | 0.363 | 9.65 |
| 2 | 0.532 | 0.552 | 0.572 | 0.591 | 0.609 | 0.627 | 0.645 | 0.662 | 0.678 | 0.694 | 0.709 | 0.724 | 0.738 | 2.76 |
| 3 | 0.159 | 0.177 | 0.196 | 0.216 | 0.237 | 0.258 | 0.280 | 0.302 | 0.324 | 0.347 | 0.369 | 0.392 | 0.414 | 8.33 |
| 4 | 0.029 | 0.036 | 0.044 | 0.053 | 0.063 | 0.074 | 0.087 | 0.100 | 0.115 | 0.131 | 0.148 | 0.166 | 0.185 | 16.68 |
| 5 | 0.011 | 0.014 | 0.019 | 0.024 | 0.030 | 0.037 | 0.045 | 0.054 | 0.064 | 0.075 | 0.088 | 0.102 | 0.117 | 21.68 |
| 6 | 0.142 | 0.159 | 0.178 | 0.197 | 0.217 | 0.238 | 0.259 | 0.280 | 0.303 | 0.325 | 0.348 | 0.370 | 0.393 | 8.87 |
| 7 | 0.054 | 0.064 | 0.076 | 0.089 | 0.102 | 0.117 | 0.133 | 0.150 | 0.168 | 0.187 | 0.207 | 0.227 | 0.248 | 13.54 |
| 8 | 0.744 | 0.757 | 0.769 | 0.781 | 0.792 | 0.803 | 0.813 | 0.823 | 0.832 | 0.841 | 0.850 | 0.858 | 0.866 | 1.27 |
| 9 | 0.148 | 0.166 | 0.184 | 0.204 | 0.224 | 0.245 | 0.267 | 0.288 | 0.311 | 0.333 | 0.356 | 0.378 | 0.401 | 8.66 |
| 10 | 0.104 | 0.119 | 0.135 | 0.153 | 0.171 | 0.190 | 0.209 | 0.230 | 0.251 | 0.273 | 0.295 | 0.317 | 0.339 | 10.33 |
| 11 | 0.205 | 0.225 | 0.246 | 0.268 | 0.290 | 0.312 | 0.334 | 0.357 | 0.379 | 0.402 | 0.424 | 0.447 | 0.469 | 7.12 |
| 12 | 0.178 | 0.198 | 0.218 | 0.238 | 0.260 | 0.281 | 0.303 | 0.326 | 0.348 | 0.371 | 0.393 | 0.416 | 0.438 | 7.78 |
| 13 | 0.290 | 0.313 | 0.335 | 0.357 | 0.380 | 0.402 | 0.425 | 0.447 | 0.469 | 0.490 | 0.512 | 0.532 | 0.553 | 5.51 |
| 14 | 0.177 | 0.197 | 0.217 | 0.237 | 0.258 | 0.280 | 0.302 | 0.325 | 0.347 | 0.370 | 0.392 | 0.415 | 0.437 | 7.80 |
| 15 | 0.704 | 0.718 | 0.732 | 0.745 | 0.758 | 0.771 | 0.782 | 0.794 | 0.804 | 0.815 | 0.825 | 0.834 | 0.843 | 1.52 |
| 16 | 0.384 | 0.407 | 0.429 | 0.451 | 0.472 | 0.494 | 0.515 | 0.536 | 0.556 | 0.576 | 0.595 | 0.613 | 0.632 | 4.23 |
| 平均值 | 0.158 | 0.176 | 0.195 | 0.215 | 0.236 | 0.257 | 0.279 | 0.301 | 0.323 | 0.346 | 0.368 | 0.391 | 0.413 | 8.36 |

注：数字1~16分别代表高技术产业16个细分行业：1. 化学药品制造业；2. 中成药制造业；3. 生物生化制品的制造业；4. 飞机制造及修理业；5. 航天器制造业；6. 通信设备制造业；7. 雷达及配套设备制造业；8. 广播电视设备制造业；9. 电子器件制造业；10. 电子元件制造业；11. 家用视听设备制造业；12. 电子计算机整机制造业；13. 电子计算机外设制造业；14. 办公设备制造业；15. 医疗设备及器械制造业；16. 仪器仪表制造业。

表 5-5

中国高技术产业分行业转化效率

| 行业 | 2000年 | 2001年 | 2002年 | 2003年 | 2004年 | 2005年 | 2006年 | 2007年 | 2008年 | 2009年 | 2010年 | 2011年 | 2012年 | 增速（%） |
|---|---|---|---|---|---|---|---|---|---|---|---|---|---|---|
| 1 | 0.203 | 0.209 | 0.216 | 0.223 | 0.230 | 0.238 | 0.245 | 0.252 | 0.259 | 0.267 | 0.274 | 0.281 | 0.289 | 3.00 |
| 2 | 0.127 | 0.132 | 0.138 | 0.144 | 0.149 | 0.155 | 0.162 | 0.168 | 0.174 | 0.181 | 0.187 | 0.194 | 0.200 | 3.91 |
| 3 | 0.081 | 0.085 | 0.089 | 0.094 | 0.099 | 0.104 | 0.109 | 0.114 | 0.119 | 0.124 | 0.130 | 0.135 | 0.141 | 4.78 |
| 4 | 0.101 | 0.106 | 0.111 | 0.116 | 0.121 | 0.127 | 0.132 | 0.138 | 0.144 | 0.150 | 0.156 | 0.162 | 0.168 | 4.34 |
| 5 | 0.013 | 0.014 | 0.015 | 0.017 | 0.018 | 0.020 | 0.022 | 0.023 | 0.025 | 0.027 | 0.029 | 0.032 | 0.034 | 8.41 |
| 6 | 0.381 | 0.389 | 0.396 | 0.404 | 0.412 | 0.419 | 0.427 | 0.435 | 0.442 | 0.450 | 0.457 | 0.465 | 0.472 | 1.80 |
| 7 | 0.069 | 0.073 | 0.077 | 0.081 | 0.085 | 0.090 | 0.094 | 0.099 | 0.104 | 0.109 | 0.114 | 0.119 | 0.125 | 5.09 |
| 8 | 0.066 | 0.070 | 0.074 | 0.078 | 0.083 | 0.087 | 0.091 | 0.096 | 0.101 | 0.106 | 0.111 | 0.116 | 0.121 | 5.16 |
| 9 | 0.324 | 0.331 | 0.339 | 0.347 | 0.354 | 0.362 | 0.370 | 0.377 | 0.385 | 0.393 | 0.400 | 0.408 | 0.416 | 2.11 |
| 10 | 0.266 | 0.273 | 0.280 | 0.288 | 0.295 | 0.303 | 0.311 | 0.318 | 0.326 | 0.333 | 0.341 | 0.349 | 0.357 | 2.48 |
| 11 | 0.641 | 0.647 | 0.653 | 0.658 | 0.664 | 0.670 | 0.675 | 0.681 | 0.686 | 0.691 | 0.697 | 0.702 | 0.707 | 0.82 |
| 12 | 0.670 | 0.676 | 0.681 | 0.686 | 0.692 | 0.697 | 0.702 | 0.707 | 0.712 | 0.717 | 0.722 | 0.727 | 0.732 | 0.74 |
| 13 | 0.880 | 0.882 | 0.884 | 0.886 | 0.889 | 0.891 | 0.893 | 0.895 | 0.897 | 0.899 | 0.901 | 0.903 | 0.905 | 0.23 |
| 14 | 0.231 | 0.238 | 0.246 | 0.253 | 0.260 | 0.268 | 0.275 | 0.282 | 0.290 | 0.297 | 0.305 | 0.313 | 0.320 | 2.75 |
| 15 | 0.090 | 0.095 | 0.100 | 0.105 | 0.110 | 0.115 | 0.120 | 0.126 | 0.131 | 0.137 | 0.143 | 0.148 | 0.154 | 4.56 |
| 16 | 0.167 | 0.173 | 0.180 | 0.186 | 0.193 | 0.200 | 0.206 | 0.213 | 0.220 | 0.227 | 0.234 | 0.241 | 0.249 | 3.37 |
| 平均值 | 0.171 | 0.177 | 0.184 | 0.190 | 0.197 | 0.204 | 0.211 | 0.218 | 0.225 | 0.232 | 0.239 | 0.246 | 0.253 | 3.33 |

注：数字1～16分别代表高技术产业16个细分行业：1. 化学药品制造业；2. 中成药制造业；3. 生物生化制品的制造业；4. 飞机制造及修理业；5. 航天器制造业；6. 通信设备制造业；7. 雷达及配套设备制造业；8. 广播电视设备制造业；9. 电子器件制造业；10. 电子元件制造业；11. 家用视听设备制造业；12. 电子计算机整机制造业；13. 电子计算机外设制造业；14. 办公设备制造业；15. 医疗设备及器械制造业；16. 仪器仪表制造业。

明显优势，其他行业转化效率普遍偏低。从动态趋势看，高技术产业转化效率也呈现稳步增长的趋势，但增长速度较慢，2000年到2012年的平均增长率只有0.3%，大部分行业增速都低于5%。可见，较高的研发效率并未带来较高的转化效率，说明我国高技术产业快速增长的专利产出很难转化为商业价值，高技术产业过低的成果转化能力制约了中国制造业整体竞争力的提升。

以2012年数据为样本，绘制出各行业两阶段创新效率的二维分布图（见图5-2），并以0.6作为效率高低的划分边界。首先，我国高技术产业两阶段的创新效率较低，大部分行业都处在低研发效率、低转化效率区域内①；其次，电子计算机外设制造业、电子计算机整机制造业、家用视听设备制造业3个行业处在低研发效率、高转化效率区域内，这些行业的先进技术都被国外大型高技术企业垄断，国内企业很难在关键技术上有所突破，仅能在外观等方面进行改造创新，主要从事产

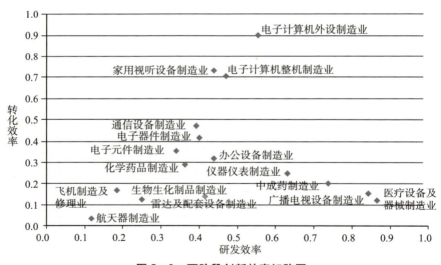

图5-2 两阶段创新效率矩阵图

---

① 本书测算的结果显示：飞机制造及修理、航天器制造、雷达及配套设备制造的研发效率和转换效率都较低。这可能跟样本数据的选择有关，本书测算高技术产业两阶段创新效率所采用的产出指标分别为专利申请数和新产品销售收入，而航空航天器及设备制造业涉及国家机密，其数据的公开性和准确性有待考证。

品组装工作，依靠较低的成本获取较大的利润①；最后，仪器仪表制造业、中成药制造业、医疗设备及器械制造业和广播电视设备制造业等行业研发效率较高，转化效率较低，说明研发效率与转化效率脱节，专利技术没有真正转化为行业利润，也说明这些行业并非真正具备较高的研发能力，缺乏核心技术制约高技术产业向更高层次发展。

### 5.3.3　产业政策对两阶段创新效率的影响

模型（5.3）中解释变量的相关系数检验结果表明各影响因素不存在多重共线性问题，所有相关系数都小于0.6。为了避免出现伪回归，模型中加入了时间趋势项。由于通过 SFA 方法测算得到的效率值介于0~1之间，需要采用 Tobit 模型进行回归分析，结果如表5-6所示。

表5-6　　　　　　　　　　模型回归结果

| 变量名 | 研发阶段 | 转化阶段 |
|---|---|---|
| C | -0.15 ** （-1.92） | 0.07 *** （3.55） |
| Rgove | 0.007 *** （2.94） | 0.004 *** （3.16） |
| IPR | 0.323 *** （16.4） | 0.024 *** （4.54） |
| Rcom | 0.015 （1.49） | 0.015 *** （3.33） |
| Stru | 0.021 *** （3.64） | 0.019 *** （14.4） |
| Size | -0.005 （-0.77） | 0.029 *** （29.0） |
| Open | -0.002 （-0.61） | -0.001 * （-1.77） |
| 时间趋势 | 控制 | 控制 |
| Wald | 3301 | 2743 |
| Log | 491 | 630 |

注：*、**、*** 分别表示在10%、5%和1%的显著水平下通过检验，括号内为 t 值。

#### 1. 产业政策对创新效率的影响

政府研发支出对高技术产业研发效率和转化效率都会产生正向影响，但政府支出的作用效果不大。具体来看，研发阶段政府投入增加

---

① 刘军，杨跑远，李鑫. 我国高新技术产业人力资本承载力评价实证研究［J］. 经济与管理评论，2013（1）：42-47.

1%，研发效率将提高 0.007%；转化阶段政府投入增加 1%，转化效率将提高 0.004%。相对而言，政府研发支出对研发效率的影响更大，这是因为政府研发资金更多地投向科研机构，增加了这些部门的专利产出，而转化阶段的研发资金主要来源于企业，政府研发支出不足。这说明政府扶持难以和市场导向的研发需求有效对接，市场主导下的企业作为研发主体更有效率。

知识产权保护强度的增加可以促进高技术产业创新效率的提高。分阶段来看，知识产权保护强度每增加 1%，高技术产业研发效率和转化效率将分别提高 0.32% 和 0.024%，这说明知识产权保护会对高技术产业产生有效的创新激励。但不同的是，知识产权保护对研发效率的影响要远远超过其对转化效率的影响，其中缘由不难解释，我国的知识产权保护制度并不完善，仅对专利申请具有很好的保护效果，对现实中的侵权行为监管不足。由于侵权行为难以界定，而且存在维权成本过高、侵权成本过低的问题，导致企业习惯于模仿和抄袭。因此，政府需要完善知识产权保护的法律体系，加强知识产权保护的执法力度，保障创新主体的合法权益，激发全社会的创新积极性。

## 2. 市场化因素对创新效率的影响

企业自主研发投入对研发效率的影响不显著，对转化效率有正向影响，企业自主研发投入每增加 1%，转化效率提高 0.015%。可以发现，相对于政府研发支出的作用，企业自主研发投入对创新效率的影响作用更大，这说明企业才是真正的市场主体，以市场为导向来创新，研发投入能够较好地产生创新效果。相比之下，政府每年在科技研发方面投入大量资金，但收效甚微，原因在于政府研发资金的配置效率和使用效率不高，而企业才是研发活动的主要力量，其研发动机源于对超额利润的追求，企业研发投入的利用效率更高。因此，在市场机制下，企业应该成为研发活动的主体，以市场需求为导向进行技术创新，政府建立企业研发投入的激励机制，激发企业的研发活力，而不是主导企业的研发活动。

市场竞争对研发效率和转化效率都有正向影响，企业数量每增加 1%，高技术产业研发效率和转化效率将分别提高 0.021% 和 0.019%，说明竞争性的市场环境有利于高技术产业技术进步，技术创新过程是一个有着良好运作机制的黑箱，会在市场机制下自行完成；企业规模对研发效率的影响不显著，但企业规模增大有利于转化效率的提升，企业平均规模扩大 1%，转化效率将提高 0.029%，大企业能够形成规模经济，降低生产成本，获取更多利润；所有权结构对研发效率的影响不显著，对转化效率的影响为负，也就是说，三资企业所占比重的增加不利于该行业创新效率的提高，这是因为国外企业进行技术封锁，国内企业很难引进其核心技术，而且，国外企业依靠技术垄断拿走了绝大部分利润，挤压国内企业的利润收入，企业研发投入也将随之减少。

## 5.4 分区域高技术产业创新效率及产业政策绩效分析

### 5.4.1 模型设定和变量选取

**1. 模型设定**

本节仍然采用上节中设定的随机前沿模型来测算高技术产业的创新效率及其影响因素，构造高技术产业创新效率及其影响因素的 SFA – Tobit 两步法模型。

首先，采用 SFA 方法测算高技术产业两阶段创新效率：

$$\ln Y_{it} = \beta_0 + \beta_k \ln K_{it} + \beta_l \ln L_{it} + v_{it} - u_{it} \tag{5.5}$$

$$TE_{it} = \exp(-u_{it}) \tag{5.6}$$

其中，$Y_{it}$ 表示区域 $i$ 在时期 $t$ 的产出，$K$、$L$ 表示资本投入和劳动投入，误差项 $v_{it} - u_{it}$ 为复合结构，$v_{it}$ 服从正态分布，表示随机扰动项，$u_{it}$ 为技术非效率项，表示个体冲击的影响。

其次，把创新效率作为因变量，各影响因素作为自变量构建技术效率函数。由于通过 SFA 方法模型测算出的效率值介于 0 ~ 1 之间，需采用 Tobit 模型进行回归分析，模型如下：

$$TE_{it} = \delta_0 + \delta_1 RDZF_{it} + \delta_2 IPR_{it} + \delta_3 RDQY_{it} + \delta_4 Stru_{it} + \delta_5 Scale_{it} + \delta_6 OPEN_{it} + w_{it}$$

其中，RDZF 表示政府研发投入所占比重；IPR 表示知识产权保护程度；RDQY 表示企业自主研发投入所占比重；Stru 为高技术产业市场结构，Scale 为企业平均规模，Open 为各地区开放程度。为避免产生异方差，所有变量均取自然对数。

### 2. 指标

（1）政府干预。高技术产业属于高投入和高风险行业，市场条件下会出现企业投资不足的现象，需要政府补贴和政策引导；高技术产业的技术创新存在较强的正外部性，会产生溢出效应，需要政府加大对知识产权的保护力度，激励企业进行技术创新。因此，我们用科技活动经费筹集额中政府资金所占比重和知识产权保护来表示政府干预。

（2）企业自主研发。在市场化程度较高的地区，企业享有更高的经营自主权，企业根据市场需求决定研发资本投入规模及方向。因此，可以用科技活动经费筹集额中企业自有资金比重来表示企业的自主研发程度。

（3）控制变量。从现有文献来看，影响中国高技术产业创新效率的因素还包括市场结构、企业平均规模、对外开放程度等。具体度量指标为：市场结构用各地区企业个数表示；企业规模用各地区高技术产业总产值与企业个数的比值表示；地区开放程度用工业行业三资企业总产值除以国有及国有控股企业总产值表示。

### 3. 数据来源

由于内蒙古、广西、海南、云南、青海、宁夏、西藏、新疆8个省份的数据存在缺失，最后的样本数据采用了2000~2012年中国23个省份（不含港澳台地区）高技术产业的面板数据，统计口径为大中型高技术企业，数据全部来源于历年《中国高技术产业统计年鉴》《中国统计年鉴》。新产品销售收入和行业总产值用工业品出厂价格指数折算成2000年不变价，知识产权保护强度等于立法强度乘以执法强度，数据来源于文豪、陈中峰（2014）的计算结果。

## 5.4.2 分区域创新效率及影响因素分析

### 1. 前沿生产函数模型分析

利用 Stata 11 软件，使用极大似然估计对模型进行回归分析，结果如表5-7所示，两阶段前沿生产函数的γ值分别为0.75和0.77，说明中国区域层面高技术产业的研发活动存在明显的技术无效率，采用随机前沿生产函数模型是合适的。η 值分别为 0.06 和 0.03，说明高技术产业两阶段的创新效率进步分别收敛于 6% 和 3%，技术进步速度较慢。

分阶段来看，研发阶段资本投入与劳动投入的产出弹性分别为0.69 和 0.21，且弹性之和为 0.9，表明高技术产业研发阶段的资本投入对专利产出的贡献较大，并且该阶段研发活动不存在规模经济；转化阶段资本投入和劳动投入的弹性分别为 0.52 和 0.21，弹性之和为 0.73，表明研发资本投入仍然是影响高技术产业创新效率的主要因素，同样，这一阶段的研发活动也不存在规模经济特征。

表 5－7 　　　　　　　　　前沿生产函数回归结果

| 变量名 | 研发阶段 | 转化阶段 |
|---|---|---|
| 常数项 | − 2.3* （− 1.8） | 7.2*** （9.3） |
| 研发资本 | 0.69*** （7.9） | 0.52*** （5.9） |
| 研发人员 | 0.21** （2.6） | 0.21*** （2.7） |
| μ | 1.60** （2.0） | 1.14*** （3.5） |
| η | 0.06*** （3.0） | 0.03*** （4.6） |
| γ | 0.75 | 0.77 |
| Log 值 | − 247 | − 230 |

注：*、**、*** 分别表示在 10%、5% 和 1% 的显著水平下显著，括号内为 t 值。

### 2. 分区域两阶段创新效率分析

分区域两阶段创新效率的测算结果如表 5－8 和表 5－9 所示。首先，高技术产业研发效率总体偏低，2012 年的效率值仅为 0.20。分区域看，各省份的研发效率差距不大，效率值都不到 0.5，说明中国各地区高技术产业的研发能力较低；从动态趋势看，2000～2012 年高技术产业的研发效率不断提升，从 0.03 上升到 0.2，年均增长率达到16.2%。其次，高技术产业转化效率相对较高，2012 年的转化效率值为 0.28，研发效率只有 0.20。分区域看，东部发达省份转化效率优势明显，如北京、天津、上海、江苏、福建、山东、广东等地，转化效率值都在 0.5 以上，说明东部地区的高技术产业发展较快；从动态趋势看，转化效率也呈现增长态势，从 2000 年的 0.17 上升到 2012 年的0.28，但增速较低，年平均增速只有 4.4%。

表 5 - 8　　中国高技术产业分区域研发效率

| 地区 | 2000 年 | 2001 年 | 2002 年 | 2003 年 | 2004 年 | 2005 年 | 2006 年 | 2007 年 | 2008 年 | 2009 年 | 2010 年 | 2011 年 | 2012 年 |
|---|---|---|---|---|---|---|---|---|---|---|---|---|---|
| 北京 | 0.036 | 0.044 | 0.053 | 0.064 | 0.075 | 0.088 | 0.102 | 0.118 | 0.134 | 0.152 | 0.170 | 0.190 | 0.210 |
| 天津 | 0.035 | 0.043 | 0.052 | 0.062 | 0.073 | 0.086 | 0.100 | 0.115 | 0.131 | 0.149 | 0.167 | 0.186 | 0.207 |
| 河北 | 0.018 | 0.024 | 0.030 | 0.037 | 0.045 | 0.054 | 0.065 | 0.077 | 0.090 | 0.104 | 0.120 | 0.136 | 0.154 |
| 山西 | 0.057 | 0.068 | 0.080 | 0.093 | 0.107 | 0.123 | 0.140 | 0.158 | 0.177 | 0.196 | 0.217 | 0.238 | 0.260 |
| 辽宁 | 0.021 | 0.027 | 0.034 | 0.042 | 0.050 | 0.061 | 0.072 | 0.084 | 0.098 | 0.113 | 0.129 | 0.147 | 0.165 |
| 吉林 | 0.044 | 0.054 | 0.064 | 0.076 | 0.089 | 0.103 | 0.118 | 0.135 | 0.152 | 0.171 | 0.190 | 0.211 | 0.232 |
| 黑龙江 | 0.016 | 0.021 | 0.026 | 0.033 | 0.041 | 0.049 | 0.059 | 0.071 | 0.083 | 0.097 | 0.112 | 0.128 | 0.145 |
| 上海 | 0.044 | 0.053 | 0.063 | 0.075 | 0.087 | 0.102 | 0.117 | 0.133 | 0.151 | 0.169 | 0.188 | 0.209 | 0.230 |
| 江苏 | 0.042 | 0.051 | 0.062 | 0.073 | 0.086 | 0.100 | 0.115 | 0.131 | 0.148 | 0.167 | 0.186 | 0.206 | 0.227 |
| 浙江 | 0.052 | 0.062 | 0.074 | 0.086 | 0.100 | 0.115 | 0.132 | 0.149 | 0.167 | 0.187 | 0.207 | 0.228 | 0.249 |
| 安徽 | 0.018 | 0.023 | 0.029 | 0.035 | 0.043 | 0.053 | 0.063 | 0.075 | 0.088 | 0.102 | 0.117 | 0.133 | 0.151 |
| 福建 | 0.033 | 0.040 | 0.049 | 0.059 | 0.070 | 0.082 | 0.096 | 0.111 | 0.127 | 0.144 | 0.162 | 0.181 | 0.201 |
| 江西 | 0.016 | 0.021 | 0.026 | 0.033 | 0.041 | 0.049 | 0.059 | 0.071 | 0.083 | 0.097 | 0.112 | 0.128 | 0.145 |
| 山东 | 0.062 | 0.074 | 0.086 | 0.100 | 0.115 | 0.132 | 0.149 | 0.167 | 0.187 | 0.207 | 0.228 | 0.249 | 0.271 |
| 河南 | 0.044 | 0.053 | 0.063 | 0.075 | 0.088 | 0.102 | 0.117 | 0.133 | 0.151 | 0.169 | 0.189 | 0.209 | 0.230 |
| 湖北 | 0.025 | 0.031 | 0.039 | 0.047 | 0.057 | 0.068 | 0.080 | 0.093 | 0.108 | 0.124 | 0.141 | 0.158 | 0.177 |
| 湖南 | 0.046 | 0.055 | 0.066 | 0.078 | 0.091 | 0.105 | 0.121 | 0.138 | 0.155 | 0.174 | 0.194 | 0.214 | 0.235 |

续表

| 地区 | 2000 年 | 2001 年 | 2002 年 | 2003 年 | 2004 年 | 2005 年 | 2006 年 | 2007 年 | 2008 年 | 2009 年 | 2010 年 | 2011 年 | 2012 年 |
|------|---------|---------|---------|---------|---------|---------|---------|---------|---------|---------|---------|---------|---------|
| 广东 | 0.102 | 0.118 | 0.134 | 0.152 | 0.170 | 0.189 | 0.210 | 0.231 | 0.252 | 0.274 | 0.297 | 0.320 | 0.343 |
| 重庆 | 0.051 | 0.061 | 0.072 | 0.085 | 0.098 | 0.113 | 0.129 | 0.147 | 0.165 | 0.184 | 0.204 | 0.225 | 0.246 |
| 四川 | 0.043 | 0.052 | 0.062 | 0.074 | 0.086 | 0.100 | 0.115 | 0.132 | 0.149 | 0.167 | 0.187 | 0.207 | 0.228 |
| 贵州 | 0.034 | 0.042 | 0.051 | 0.061 | 0.072 | 0.085 | 0.099 | 0.114 | 0.130 | 0.147 | 0.165 | 0.185 | 0.205 |
| 山西 | 0.011 | 0.015 | 0.020 | 0.025 | 0.031 | 0.038 | 0.047 | 0.057 | 0.067 | 0.080 | 0.093 | 0.107 | 0.123 |
| 甘肃 | 0.022 | 0.028 | 0.034 | 0.042 | 0.051 | 0.061 | 0.073 | 0.086 | 0.099 | 0.115 | 0.131 | 0.148 | 0.166 |
| 平均值 | 0.033 | 0.041 | 0.050 | 0.060 | 0.071 | 0.084 | 0.097 | 0.112 | 0.128 | 0.145 | 0.164 | 0.183 | 0.203 |

注：各年份的平均值为相应年份各地区的几何平均值。

表5-9　　中国高技术产业分区域转化效率

| 地区 | 2000 年 | 2001 年 | 2002 年 | 2003 年 | 2004 年 | 2005 年 | 2006 年 | 2007 年 | 2008 年 | 2009 年 | 2010 年 | 2011 年 | 2012 年 |
|---|---|---|---|---|---|---|---|---|---|---|---|---|---|
| 北京 | 0.539 | 0.549 | 0.558 | 0.567 | 0.576 | 0.585 | 0.594 | 0.602 | 0.611 | 0.619 | 0.628 | 0.636 | 0.644 |
| 天津 | 0.886 | 0.889 | 0.892 | 0.894 | 0.897 | 0.900 | 0.903 | 0.905 | 0.908 | 0.910 | 0.912 | 0.915 | 0.917 |
| 河北 | 0.069 | 0.074 | 0.080 | 0.085 | 0.092 | 0.098 | 0.105 | 0.111 | 0.118 | 0.126 | 0.133 | 0.141 | 0.149 |
| 山西 | 0.131 | 0.138 | 0.146 | 0.154 | 0.163 | 0.171 | 0.180 | 0.189 | 0.198 | 0.207 | 0.216 | 0.226 | 0.235 |
| 辽宁 | 0.213 | 0.222 | 0.232 | 0.241 | 0.251 | 0.261 | 0.271 | 0.281 | 0.291 | 0.302 | 0.312 | 0.322 | 0.333 |
| 吉林 | 0.054 | 0.058 | 0.063 | 0.068 | 0.074 | 0.079 | 0.085 | 0.091 | 0.098 | 0.104 | 0.111 | 0.118 | 0.126 |
| 黑龙江 | 0.061 | 0.066 | 0.072 | 0.077 | 0.083 | 0.089 | 0.095 | 0.102 | 0.108 | 0.115 | 0.123 | 0.130 | 0.138 |
| 上海 | 0.662 | 0.670 | 0.677 | 0.684 | 0.692 | 0.699 | 0.706 | 0.712 | 0.719 | 0.726 | 0.732 | 0.739 | 0.745 |
| 江苏 | 0.641 | 0.649 | 0.657 | 0.665 | 0.672 | 0.680 | 0.687 | 0.694 | 0.701 | 0.708 | 0.715 | 0.722 | 0.728 |
| 浙江 | 0.267 | 0.277 | 0.287 | 0.298 | 0.308 | 0.318 | 0.329 | 0.339 | 0.349 | 0.360 | 0.370 | 0.381 | 0.391 |
| 安徽 | 0.097 | 0.103 | 0.110 | 0.117 | 0.125 | 0.132 | 0.140 | 0.148 | 0.156 | 0.164 | 0.173 | 0.181 | 0.190 |
| 福建 | 0.774 | 0.780 | 0.785 | 0.790 | 0.795 | 0.800 | 0.805 | 0.810 | 0.815 | 0.819 | 0.824 | 0.828 | 0.833 |
| 江西 | 0.077 | 0.082 | 0.088 | 0.094 | 0.101 | 0.108 | 0.115 | 0.122 | 0.129 | 0.137 | 0.145 | 0.153 | 0.161 |
| 山东 | 0.421 | 0.431 | 0.441 | 0.451 | 0.461 | 0.471 | 0.481 | 0.491 | 0.501 | 0.511 | 0.521 | 0.530 | 0.540 |
| 河南 | 0.124 | 0.131 | 0.139 | 0.147 | 0.155 | 0.163 | 0.172 | 0.180 | 0.189 | 0.198 | 0.208 | 0.217 | 0.227 |
| 湖北 | 0.053 | 0.057 | 0.062 | 0.067 | 0.072 | 0.078 | 0.083 | 0.089 | 0.096 | 0.102 | 0.109 | 0.116 | 0.123 |
| 湖南 | 0.096 | 0.103 | 0.109 | 0.116 | 0.124 | 0.131 | 0.139 | 0.147 | 0.155 | 0.163 | 0.172 | 0.180 | 0.189 |

续表

| 地区 | 2000 年 | 2001 年 | 2002 年 | 2003 年 | 2004 年 | 2005 年 | 2006 年 | 2007 年 | 2008 年 | 2009 年 | 2010 年 | 2011 年 | 2012 年 |
|------|------|------|------|------|------|------|------|------|------|------|------|------|------|
| 广东 | 0.463 | 0.473 | 0.483 | 0.493 | 0.503 | 0.512 | 0.522 | 0.532 | 0.541 | 0.550 | 0.560 | 0.569 | 0.578 |
| 重庆 | 0.153 | 0.161 | 0.170 | 0.178 | 0.187 | 0.196 | 0.205 | 0.215 | 0.224 | 0.234 | 0.243 | 0.253 | 0.263 |
| 四川 | 0.246 | 0.256 | 0.266 | 0.276 | 0.286 | 0.297 | 0.307 | 0.317 | 0.327 | 0.338 | 0.348 | 0.359 | 0.369 |
| 贵州 | 0.061 | 0.066 | 0.071 | 0.077 | 0.083 | 0.089 | 0.095 | 0.101 | 0.108 | 0.115 | 0.122 | 0.130 | 0.137 |
| 山西 | 0.060 | 0.065 | 0.070 | 0.076 | 0.081 | 0.087 | 0.094 | 0.100 | 0.107 | 0.114 | 0.121 | 0.128 | 0.136 |
| 甘肃 | 0.040 | 0.044 | 0.048 | 0.052 | 0.057 | 0.062 | 0.067 | 0.072 | 0.078 | 0.083 | 0.089 | 0.096 | 0.102 |
| 平均值 | 0.167 | 0.176 | 0.184 | 0.193 | 0.202 | 0.212 | 0.221 | 0.231 | 0.240 | 0.250 | 0.260 | 0.270 | 0.280 |

注：各年份的平均值为相应年份各地区的几何平均值。

可以看出，中国高技术产业的两阶段创新效率普遍较低，研发资本投入的利用率不高。同时，两阶段研发活动存在脱节，相对而言，第一阶段研发效率较低，第二阶段转化效率较高，这与行业层面的测算结果截然不同。一般情况下，高技术产业应该先具备较高的研发能力，进而实现其商业价值，获得较高的转化效率。但从区域层面来看，中国高技术产业的研发效率较低，转化效率较高，这说明大部分省份倾向于发展那些容易获取新产品销售收入的产业，而不愿耗费大量资源从事研发，高技术企业并不具备核心技术的研发能力，相对于研发所面临的高投入和高风险，企业更倾向于从事技术含量较低、简单创新的组装工作，依靠资源和劳动力的低成本来获取微薄的利润。

### 3. 两阶段创新效率的影响因素分析

模型中引入了较多的解释变量，为避免产生多重共线性，需要对各变量进行相关系数检验，结果显示相关系数都小于 0.7，不存在多重共线性问题。为了避免出现伪回归，模型中加入时间趋势项。回归结果如表 5 - 10 所示。

表 5 - 10　　　　　　　　　　模型回归结果

| 变量 | 研发阶段 | 转化阶段 |
| --- | --- | --- |
| C | $-0.59^{***}$ （$-10.3$） | $0.04$ （$1.4$） |
| RDZF | $0.009^{***}$ （$4.1$） | $0.004^{***}$ （$3.0$） |
| $\text{RDZF}_{-1}$ | $0.006^{**}$ （$2.5$） | $0.004^{***}$ （$3.0$） |
| IPR | $0.15^{***}$ （$11.3$） | $0.08^{***}$ （$10.7$） |
| RDQY | $0.03^{***}$ （$3.2$） | $0.008^{*}$ （$1.8$） |
| $\text{RDQY}_{-1}$ | $0.02^{**}$ （$2.1$） | $0.007^{*}$ （$1.6$） |
| Stru | $0.04^{***}$ （$7.5$） | $0.02^{***}$ （$8.5$） |
| Scale | $0.07^{***}$ （$17.6$） | $0.03^{***}$ （$14.4$） |
| Open | $-0.03^{***}$ （$-5.1$） | $-0.004$ （$-1.4$） |
| Wald 值 | 2386 | 2429 |
| Log 值 | 685 | 813 |

　　注：*、**、*** 分别表示在 10%、5% 和 1% 的显著水平下显著，括号内为 t 值，下标 -1 表示滞后一期。

　　政府研发支出对高技术产业研发效率和转化效率都有正向影响，且存在滞后效应，从数值大小来看，政府研发支出对技术创新的贡献较小。具体来看，研发阶段和转化阶段的政府投入每增加 1%，研发效率和转化效率分别提高 0.009% 和 0.004%。政府研发投入对研发效率的影响相对更大，这是因为政府研发资金更多地投向科研机构，增加了这些部门的专利产出，而转化阶段研发资金主要来源于企业，政府投入不足。知识产权保护强度每增加 1%，高技术产业研发效率和转化效率将分别提高 0.15% 和 0.08%，知识产权保护对技术创新产生了有效的激励效应。不同的是，知识产权保护强度提高对研发效率的影响大于其对转化效率的影响。

　　企业自主研发投入对高技术产业研发效率和转化效率都有正向影响。且存在滞后效应，企业自主研发投入每增加 1%，研发效率和转化效率分别提高 0.03% 和 0.008%。可以发现，相对于政府研发投入，企业自主研发投入对高技术产业创新效率的影响效果更大。相比之下，政府虽然每年在科技研发方面投入大量资金，但收效甚微，主要是因为政府研发资金的配置效率和使用效率不高。因此，企业应该成为研发活动的主体，企业是研发投入的主要力量，其研发动机源于对超额利润的追求。市场机制下，政府建立企业研发投入的激励机制，激励企业以市场为导向进行技术研发，而不是由政府主导企业研发。

　　市场竞争对两阶段效率都有正向影响。企业数量每增加 1%，高技术产业研发效率和转化效率将分别提高 0.04% 和 0.02%，说明竞争性的市场环境有利于高技术产业技术进步；企业平均规模扩大 1%，研发效率和转化效率分别提高 0.07% 和 0.03%，说明大企业具有研发倾向，大企业能够形成规模经济，获取超额利润；所有权结构系数为负，说明三资企业所占比重对该地区的创新效率有负向影响，这是因为，三资企业对关键技术进行封锁，国内企业很难引进其核心技术，并且外国企业掌握着核心技术，依靠技术垄断攫取大部分利润，挤压国内企业的利润收入，期望通过引进国外先进技术来提高国内企业的技术水平，效果并不理想。

## 5.5　本章小结

　　本章基于行业和区域两个层面实证分析了中国高技术产业的创新效

率及产业政策在促进技术创新方面的绩效。价值链视角下，高技术产业的创新过程可分为技术研发和成果转化两个阶段，采用随机前沿生产函数模型（SFA）研究中国高技术产业研发效率和转化效率及产业政策的绩效。行业层面：2000～2012 年中国高技术产业 16 个细分行业两阶段创新效率水平总体偏低，2012 年两阶段创新效率分别为 0.41 和 0.25，相对而言，研发效率高于转化效率；从动态趋势来看，中国高技术产业的两阶段创新效率都不断提升，2000～2012 年研发效率平均增长率达到 8.36%，转化效率年平均增长率只有 0.3%。区域层面：2000～2012 年中国 23 个省份高技术产业的研发效率总体偏低，转化效率相对较高。分区域看，各省份研发效率差距较小，转化效率差距较大，东部发达省份的转化效率优势明显，如北京、天津、上海、江苏、福建、山东、广东等省份高技术产业发展较快。产业政策和市场化因素对两阶段创新效率的影响存在较大差异，政府研发支出和知识产权保护都对高技术产业创新效率产生正向影响，但政府研发支出对创新效率的影响作用较小，知识产权保护对研发效率的正向影响效果显著，但对转化效率的影响较小。相对而言，市场化因素的作用更大，企业研发投入、行业竞争程度和企业平均规模对转化效率都有显著的正向影响，而三资企业所占比重的提高不能提高我国高技术产业创新效率。总体来看，产业政策对高技术产业创新效率的贡献较弱，市场化因素能够有效地提高创新效率，尤其是成果转化阶段。

研发资本投入对高技术产业的创新能力至关重要。2012 年，中国的研发资本投入高达 2580 亿美元，虽然占 GDP 的比重还低于发达国家，但投入总量仅次于美国，居世界第二位。实证结果显示，中国高技术产业创新效率普遍较低，这与不断增加的研发投入形成巨大反差。究其原因，高技术产业研发资源投入利用率不高，企业自主研发能力薄弱，大多数企业主要从事技术含量较低的组装工作，缺乏核心关键技术的自主研发能力，造成这种结果的原因主要包括三个方面：

第一，技术研发与成果转化两阶段创新活动脱节。一般情况下，较高的研发效率可以带来较高的转化效率，但我国高技术产业两阶段研发活动发展不一致。2011 年中国专利部门受理的专利数超过日本和美国，成为世界第一大专利申请国，专利申请量的增长是技术水平不断提高的表现。同时，由于技术研发没有同市场需要相结合，导致了专利申请量迅速膨胀的背后也存在专利质量不高、转化效率低下等问题。这就需要搭建起技术研发过程与成果转化过程互动的桥梁，让市场机制来驱动技术创新。

第二，政府研发支出利用效率较低，对高技术产业创新效率提高的边际贡献较小。我国正处在经济转轨期，政府对经济发展和技术创新的过多干预，导致了技术开发模式以技术供给导向为主，缺乏市场需求的实用型核心技术，造成政府研发资源的浪费。因此，要提高政府研发支出的利用效率，企业必须成为真正的研发主体，以市场为导向进行技术创新。政府建立起企业研发投入的激励机制，以间接扶持为主，激发企业进行自主研发的动力。

第三，知识产权保护缺位成为阻碍企业自主创新的重要因素。目前形成的以《专利法》和《知识产权保护法》为核心的法律体系，虽然对专利申请具有很好的激励效果，但对经济活动中存在的侵权行为监管不足，致使创新主体的合法权益受到侵害，弱化了企业的创新动力。所以，必须完善知识产权保护的法律体系，保护自主创新，促进科技成果产业化。同时，建立开放竞争的研发环境，让市场机制在技术创新的优胜劣汰中发挥主导作用，使企业在技术创新中获取更多收益，激发企业的研发积极性。

# 第6章 外商直接投资对企业 技术创新的影响

## 6.1 引 言

　　高技术产业是国民经济发展的战略性先导产业，也是实现创新驱动的主要着力点，发展高技术产业对推动产业结构升级和经济转型具有不可替代的作用。技术创新是高技术产业持续发展的源泉，内资企业代表了高技术产业的技术创新能力。中国高技术产业有了较快发展，研发和创新能力也有了大幅提升。同时，中国高技术产业与发达国家相比还存在较大差距，如研发投入相对不足、核心技术创新能力较弱等。一般来讲，一个国家或地区技术进步的主要方式有两个：一是自主创新；二是技术引进以及在此基础上的模仿创新（余泳泽，2012）。FDI 作为国际资本流动和技术转移的重要载体，会产生技术溢出效应，提高发展中国家的技术水平。刘易斯认为发达国家在经济发展过程中，资本、市场和技术会逐步向发展中国家扩散，通过外商直接投资（FDI）技术外溢效应缩小发展中国家与发达国家的技术差距，甚至实现技术赶超。国外关于外商直接投资与高技术产业创新的研究已经很多，大多数研究认为FDI 会通过示范效应、竞争效应以及人员培训和流动效应提升东道国企业的技术水平和管理水平。迪梅利斯和劳里（Dimelis & Louri，2002）、阿佩吉斯（Nicholas Apergis，2008）分别以希腊和 27 个转型经济体为研究对象，认为 FDI 作为技术溢出的载体，提高了东道国的技术水平和人力资本水平；张和林（Cheung and Lin，2004）对中国进行的研究表明，FDI 流入能够提升中国的创新能力。也有一些研究却得到了相反的结论，如艾特肯和哈里森（Aitken & Harrison，1999）、詹科夫和赫克曼（Djankov & Hoekman，2000）等研究认为 FDI 的技术溢出效应比较微弱，并没有对东道国的技术进步产生明显的正向影响；哈里斯和罗宾逊（Harris & Robinson，2004）认为 FDI 的技术溢出效应并不显著。卡维塔（Kavita，2003）则认为，FDI 是否具有技术溢出效应是由东道国的经济发展水平、人力资本状况、知识产权保护等因素共同决定的。

　　国内学者对于 FDI 与高技术产业创新的研究也存在不同的观点。张婧（2002）认为外资对我国高技术产业的发展存在核心技术封锁较严、对国内企业促进作用不显著的问题；陈柳、刘志彪（2006）认为 FDI 本身的技术外溢对经济增长的贡献不大，需要同人力资本相结合才能发挥作用。也有一些学者认为 FDI 存在技术溢出效应。蒋殿春、夏良科（2005）认为，FDI 的竞争效应不利于国内企业创新，但会通过示范效应和科技人员流动效应促进企业研发；李晓钟（2012）的研究表明，外资通过竞争效应、人员流动效应、示范效应以及产业关联效应等带动高技术内资企业劳动生产率提高；戴航（2012）的实证研究表明，研发经费投入对高技术产业技术创新具有显著促进作用，研发人力资本投入和 FDI 对各行业技术创新的影响存在异质性；王宏伟、朱承亮（2014）以汽车产业为例，认为内资企业人力资本投入有助于 FDI 的技术溢出，研发投入对 FDI 技术溢出作用不明显。另外，一些研究认为 FDI 的技术溢出效应存在"门槛效应"。潘文卿（2003）认为，中国工业部门引进外商投资总体上对内资部门产出增长起到了积极作用，但由于"门槛效应"的存在，西部地区经济发展水平还未跨过外商投资起积极作用的门槛。余泳泽（2012）也认为，在 FDI 技术外溢过程中存在一定的"门槛条件"，外商投资规模、技术势能和潜在市场规模对 FDI 的技术溢出效应都存在"门槛条件"，并且与技术外溢存在倒"U"型关系。

　　已有大量文献讨论了 FDI 的技术溢出效应，本书在此基础上进行了两方面的拓展：首先，将内资企业的研发资本支出区分为政府支出和企业支出，对比分析 FDI 和自主研发支出对内资企业技术创新的影响；其次，分别用内资企业专利申请数和新产品销售收入作为被解释变量表示企业的创新能力和成果转化能力。我们采用高技术产业中内资企业 2005 ~ 2013 年的面板数据，实证分析 FDI 对内资企业的技术溢出效应。

# 6.2 中国高技术产业技术创新情况

20 世纪 90 年代以后知识密集型产业崛起，高技术产业技术创新对传统产业的渗透日益增强，对经济增长的贡献越发显著，中国高技术产业发展迅猛。表 6-1 列出了中国高技术产业 2000～2013 年的研发活动指标，可以看出，高技术产业专利申请数从 2000 年的 2245 个增长到 2013 年的 102532 个，增长了 44.7 倍，说明中国高技术产业的技术创新能力有了较大提升；然而，新产品销售收入占主营业收入的比重还不到 25%，利润总额占主营业收入的比重仅 6% 左右，这说明我国的高技术产业专利申请数量的高速增长并未带来企业新产品销售收入以及利润的增加，中国高技术产业创新成果的转化能力较低。跟发达国家相比，中国高技术产业研发经费支出水平较低，2013 年高技术产业研发支出强度只有 1.51%，而发达国家的研发支出强度通常为 5%～15%，例如，美国 2009 年的研发强度达到 19.7%，日本 2008 年的研发强度为 10.5%，德国 2007 年为 6.9%，英国 2006 年为 11.1%，法国 2006 年为 7.7%，韩国 2006 年为 5.86%（邱兆林，2014）。

表 6-1　　　　　　　中国高技术产业研发及创新情况

| 年份 | 专利申请数（件） | 新产品销售收入/主营业务收入（%） | 利润总额/主营业务收入（%） | 研发强度（%） |
|---|---|---|---|---|
| 2000 | 2245 | 26.58 | 6.71 | 1.07 |
| 2001 | 3379 | 23.99 | 5.74 | 1.23 |
| 2002 | 5590 | 24.05 | 5.07 | 1.24 |
| 2003 | 8270 | 22.99 | 4.76 | 1.08 |
| 2004 | 11026 | 21.88 | 4.47 | 1.05 |
| 2005 | 16823 | 20.74 | 4.19 | 1.05 |
| 2006 | 24301 | 20.42 | 4.27 | 1.09 |
| 2007 | 34446 | 21.46 | 4.82 | 1.08 |
| 2008 | 39656 | 23.11 | 4.89 | 1.15 |

| 年份 | 专利申请数（件） | 新产品销售收入/主营业务收入（%） | 利润总额/主营业务收入（%） | 研发强度（%） |
|---|---|---|---|---|
| 2009 | 51513 | 24.55 | 5.50 | 1.28 |
| 2010 | 59683 | 21.97 | 6.55 | 1.30 |
| 2011 | 77725 | 23.29 | 5.99 | 1.40 |
| 2012 | 97200 | 23.23 | 6.05 | 1.46 |
| 2013 | 102532 | 25.01 | 6.23 | 1.51 |

注：研发支出强度等于研发经费支出占高技术产业总产值的比重。
资料来源：各年度《中国高技术产业统计年鉴》。

分企业类型来看，不同注册类型企业研发活动存在较大差距（见表
6-2）。2013年中国高技术产业中内资企业的专利申请数和发明专利数
都遥遥领先于港澳台企业和外资企业，但发明专利占专利申请数的比重
只有49.7%，明显低于外资企业的61.2%，这反映出内资企业在专利
申请方面还局限在外观设计等领域，有效发明专利比重不高。内资企业
和外资企业的新产品销售收入绝对值相差不大，内资企业的新产品销售
收入占主营业务收入的比重比外资企业低3.4个百分点，这说明内资企
业在研发成果商业化方面还存在不足。

表6-2　　　　　2013年高技术产业内外资企业研发对比

| | 专利申请数（个） | 发明专利（个） | 发明专利占比（%） | 主营业务收入（亿元） | 新产品销售收入（亿元） | 新产品销售收入占比（%） |
|---|---|---|---|---|---|---|
| 内资企业 | 98060 | 48761 | 49.7 | 50119.7 | 12780.2 | 25.5 |
| 港澳台企业 | 17374 | 8420 | 48.5 | 23073.6 | 6046.8 | 26.2 |
| 外资企业 | 27571 | 16878 | 61.2 | 42855.6 | 12402.6 | 28.9 |

资料来源：各年度《高技术产业统计年鉴》。

总体而言，中国高技术产业研发投入水平低加之利用效率不高，造
成企业技术创新能力薄弱，使中国高技术产业研发水平长期与发达国家
存在较大差距。改革开放之后，国外大量资本进入中国，外商直接投资

（FDI）将国外的先进技术和管理方式引入中国，使得国内企业的技术水平有了较大提高。同时，我们也发现，中国的技术进步主要是通过引进国外的先进技术实现的，但内资企业的技术创新能力还较弱，大多数产业还处在全球价值链的低端环节。FDI 对内资企业技术溢出效应的影响仍然存在很大争议，本文将高技术产业创新分为技术研发能力和成果转化能力两个方面，实证研究 FDI 对内资企业技术创新能力和成果转化的影响，这对中国如何合理利用 FDI 和国内研发资源、提升中国高技术产业创新效率显得尤为重要。

# 6.3  模型设定与变量说明

## 6.3.1  模型设定

假设企业的投入产出符合柯布—道格拉斯生产函数形式，投入要素为资本和劳动，那么，企业的生产函数可以表示为：

$$Y = AK^{\alpha}L^{\beta} \tag{6.1}$$

其中，Y 表示产出，K 是资本投入，L 是劳动投入。A 为索洛剩余，表示技术进步水平。假设技术进步可以通过两种方式获取：一是国内企业通过研发投入进行自主研发；二是通过引进国外的先进技术模仿和学习，这主要是通过外商直接投资的技术溢出效应来实现的。那么，技术进步（A）就是研发投入和外商直接投资（FDI）技术溢出的函数，即：

$$A = e^{\mu}RDH^{\alpha}RDL^{\beta}FDI^{\gamma}X^{\delta} \tag{6.2}$$

两边取对数，得到：

$$\ln A = \alpha \ln RDH + \beta \ln RDL + \gamma \ln FDI + \delta X + \mu \tag{6.3}$$

其中，A 表示技术创新水平，RDH 表示研发资本投入，RDL 表示研发人员投入，FDI 表示外商直接投资，X 表示其他影响因素，$\mu$ 为随机扰动项。

考虑到政府研发支出和自主研发支出可能会对企业技术创新产生不同影响，我们将研发资本投入分为政府投入和企业投入两部分。同时，对于企业技术创新的衡量标准并不统一，为了更全面地分析 FDI 对高技术产业内资企业技术创新能力以及创新成果转化的影响，我们用各行业内资企业的专利申请数和新产品销售收入来表示企业的创新能力和成果转化能力。建立如下回归模型：

$$\text{lnpatent}_{it} = \alpha_0 + \alpha_1 \ln RDZF_{it} + \alpha_2 RDQY_{it} + \beta \ln RDL_{it} + \gamma \ln FDI_{it} + \delta X_{it} + \mu_i + \varepsilon_{it}$$

（6.4）

$$\ln Y_{it} = \alpha_0 + \alpha_1 \ln RDZF_{it} + \alpha_2 RDQY_{it} + \beta \ln RDL_{it} + \gamma \ln FDI_{it} + \delta X_{it} + \mu_i + \varepsilon_{it}$$

（6.5）

其中，i 表示行业，t 表示年份；patent 为专利申请数；Y 为新产品销售收入；RDZF 表示政府研发支出；RDQY 表示企业研发支出；RDL 表示研发人员投入；FDI 表示外商直接投资；X 表示其他控制变量；μ 为个体效应，ε 为随机扰动项。

## 6.3.2　变量选取及数据说明

（1）被解释变量。各行业内资企业的专利申请数和新产品销售收入分别表示企业的创新能力和成果转化能力。

（2）主要解释变量。政府研发支出（RDZF）用内资企业研发经费内部支出中政府资金表示；企业研发支出（RDQY）用内资企业研发经费内部支出中企业资金表示；FDI 用外资企业固定资产投资额表示。

（3）控制变量。研发人员投入（RDL）用各行业内资企业的研发人员全时当量表示；企业规模（scale）用高技术产业主营业务收入除以企业个数表示。学术界关于企业规模与技术创新的关系存在两种相反的观点：一种观点认为大企业更能进行技术革新，大企业资本雄厚，技术创新的沉淀成本是小企业难以承受的；另一种观点则认为，大企业缺乏创新的动力，而小企业更有利于技术创新。市场化程度（market）用高技术产业内资企业个数来表示，企业数量越多表示该行业的市场竞争程度越高。

本章选取了 2005～2013 年中国高技术产业 4 个大类行业的 16 个细分行业内资企业的面板数据。其中，航空、航天器及设备制造业由于较少引进外资，我们予以剔除。所需数据全部来源于 2006～2014 年各年度《中国高技术产业统计年鉴》，为了避免产生多重共线性，所有变量均采用自然对数形式。

## 6.4　FDI 对内资企业技术创新影响的实证分析

实证分析采用的是 2005～2013 年中国高技术产业的面板数据，表
6－3 列出了所有变量取对数后的描述性统计。在对面板数据进行回归
分析之前，应该确定模型选择固定效应还是随机效应，Hausman 检验的
P 值为 0.00，强烈拒绝原假设，应该选择固定效应模型。同时为了剔除
时间趋势对回归结果的影响，我们在模型中加入了时间趋势项，具体回
归结果如表 6－4 和表 6－5 所示。

表 6－3　　　　　　　　　　变量描述性统计

| 变量 | 样本数 | 平均值 | 标准差 | 最小值 | 最大值 |
|---|---|---|---|---|---|
| 新产品销售收入 | 144 | 14.16 | 1.36 | 10.71 | 17.13 |
| 专利申请数 | 144 | 6.68 | 1.46 | 2.20 | 9.89 |
| 政府研发支出 | 144 | 9.27 | 1.38 | 3.83 | 11.94 |
| 企业研发支出 | 144 | 11.97 | 1.28 | 8.63 | 15.19 |
| 研发人员全时当量 | 144 | 8.67 | 1.19 | 4.76 | 11.53 |
| 三资企业资产投资额 | 144 | 3.80 | 1.64 | －3.00 | 6.57 |
| 企业个数 | 144 | 6.20 | 1.18 | 3.78 | 8.20 |
| 企业平均规模 | 144 | 0.44 | 0.80 | －1.20 | 2.24 |

表 6－4　　　　　　　　FDI 对内资企业研发能力的影响

| | （1） | （2） | （3） | （4） | （5） | （6） |
|---|---|---|---|---|---|---|
| RDZF | －0.005 | 0.002 | －0.043 | －0.031 | －0.009 | －0.008 |
| | （－0.05） | （0.03） | （－0.54） | （－0.41） | （－0.12） | （－0.11） |
| RDQY | 0.244 ** | 0.0274 | 0.174 | 0.048 | 0.107 | 0.027 |
| | （2.07） | （0.25） | （1.60） | （0.45） | （0.99） | （0.25） |
| RDH | 1.102 *** | 0.856 *** | 1.022 *** | 0.866 *** | 0.515 *** | 0.495 *** |
| | （8.77） | （7.15） | （9.10） | （7.71） | （2.95） | （2.97） |

130

续表

|  | （1） | （2） | （3） | （4） | （5） | （6） |
|---|---|---|---|---|---|---|
| FDI |  |  | 0.368 *** | 0.270 *** | 0.254 *** | 0.190 *** |
|  |  |  | （5.83） | （4.21） | （3.76） | （2.82） |
| scale |  |  |  |  | 0.560 *** | 0.397 ** |
|  |  |  |  |  | （3.41） | （2.43） |
| market |  |  |  |  | 0.619 *** | 0.530 *** |
|  |  |  |  |  | （3.54） | （3.13） |
| 常数项 | − 5.750 *** | − 1.764 * | − 5.243 *** | − 2.588 *** | − 4.011 *** | − 2.434 ** |
|  | （− 6.90） | （− 1.74） | （− 6.88） | （− 2.67） | （− 3.81） | （− 2.21） |
| 时间趋势 |  | 0.134 *** |  | 0.095 *** |  | 0.084 *** |
|  |  | （5.79） |  | （4.07） |  | （3.52） |
| N | 144 | 144 | 140 | 140 | 140 | 140 |
| r2_a | 0.65 | 0.72 | 0.73 | 0.76 | 0.75 | 0.78 |
| F | 94.4 | 97.7 | 99.9 | 93.6 | 75.4 | 72.6 |

注：*** 、** 、* 分别表示在 1%、5% 和 10% 的显著性水平下通过检验，括号内为 t 值。

**表 6 – 5　　　　　　　FDI 对内资企业成果转化的影响**

|  | （7） | （8） | （9） | （10） |
|---|---|---|---|---|
| RDZF | − 0.014 | − 0.014 | − 0.051 | 0.009 |
|  | （− 0.17） | （− 0.17） | （− 0.66） | （0.15） |
| RDQY | 0.137 | 0.141 | 0.186 * | 0.048 |
|  | （1.30） | （1.26） | （1.70） | （0.56） |
| RDH | 1.151 *** | 1.156 *** | 1.163 *** | 0.358 *** |
|  | （10.24） | （9.58） | （10.14） | （2.62） |
| FDI |  |  | 0.141 ** | 0.021 |
|  |  |  | （2.16） | （0.39） |
| scale |  |  |  | 1.178 *** |
|  |  |  |  | （8.78） |

| | (7) | (8) | (9) | (10) |
|---|---|---|---|---|
| market | | | | 0.780 *** |
| | | | | (5.63) |
| 常数项 | 2.672 *** | 2.590 ** | 1.936 * | 5.360 *** |
| | (3.58) | (2.54) | (1.96) | (5.94) |
| 时间趋势 | | − 0.003 | − 0.025 | − 0.077 *** |
| | | ( − 0.12) | ( − 1.05) | ( − 3.95) |
| N | 144 | 144 | 140 | 140 |
| r2_a | 0.68 | 0.68 | 0.71 | 0.83 |
| F | 107.3 | 79.9 | 73.4 | 98.1 |

注：\*\*\*、\*\*、\* 分别表示在 1%、5% 和 10% 的显著性水平下通过检验，括号内为 t 值。

## 6.4.1 FDI 对内资企业研发能力的影响

表 6 - 4 是 FDI 影响内资企业研发能力的回归结果。结果显示，政府和企业研发资本支出对内资企业研发能力的影响都不显著，尤其是政府研发支出对内资企业专利申请数的影响为负。政府研发投入对高技术产业的技术创新可能存在两种效应：一方面，政府研发支出可以降低企业的研发风险，有利于激励企业进行技术创新；另一方面，政府研发投入对企业研发投入产生挤出效应，从而降低企业的研发效率。本章的实证结果显示，政府研发投入的挤出效应更明显，不利于内资企业的技术创新。企业研发投入的影响虽然为正，但不显著；研发人员全时当量对内资企业专利申请数有显著的正向影响。FDI 对内资企业技术研发能力的正向影响较为明显，具体而言，三资企业固定资产投资额增加 1%，内资企业专利申请数将增加 0.19%，FDI 对内资企业的技术研发能力产生溢出效应。中国的内资企业技术创新更多的是依靠高素质的研发人员，技术人才是企业创新的源泉，内资企业的研发资本利用效率较低。这与王宏伟、朱承亮（2014）的研究结果不谋而合，内资企业人力资本投入有助于 FDI 的技术溢出，研发投入对 FDI 技术溢出作用不明显。

从其他控制变量来看，企业平均规模对内资企业研发能力具有显著的正向影响，本章的实证结果表明，中国现阶段较大规模的企业创新能力更强，大企业具有更加雄厚的研发资本和研发人员实力，能够承受较大的沉淀成本和研发风险。市场化程度对内资企业的技术研发也有正向影响，市场化程度越高，企业竞争越激烈，为了获取超额利润，企业越会不断地进行技术革新，降低生产成本。

### 6.4.2　FDI 对内资企业成果转化的影响

表 6-5 给出的是 FDI 影响内资企业成果转化的回归结果。结果显示，政府研发支出对内资企业的创新成果转化的影响不稳健，模型（7）~模型（9）没有加入控制变量时，政府研发支出的系数为负，模型（10）加入控制变量企业平均规模和市场化程度之后，政府研发支出的系数变为正；企业研发支出的系数为正，但没有通过显著性检验，可以说企业自主研发投入比政府投入对企业技术创新有更好的效果，但企业研发投入的利用效率还较低，没能产生显著的正向影响；与表 6-4 中 FDI 对内资企业专利申请数的影响不同，模型（9）和模型（10）显示：没有加入控制变量时，FDI 对内资企业新产品销售收入的影响为正，加入控制变量之后，FDI 对内资企业新产品销售收入的影响变得不显著。一方面，这是由于国外企业垄断了核心技术，不会轻易进行技术转移；另一方面，虽然拥有高技术的外资企业进入国内市场，给内资企业带来了学习的契机，但受到国内企业自身学习能力和消化吸收能力的制约，创新专利的转化效率较低，造成 FDI 对新产品销售收入的技术溢出效应较小。

研发人员全时当量对内资企业新产品销售收入具有显著的正向影响，中国内资企业创新成果的转化更加依赖高素质的研发人员。企业平均规模和市场化程度对内资企业新产品销售收入的影响与表 6-4 中结果一致，二者都对内资企业成果转化有正向影响。具体来看，企业平均规模提高 1%，新产品销售收入将增加 1.18%；市场化程度提高 1%，内资企业的新产品销售收入将增加 0.78%。

### 6.4.3　稳健性检验

为了增强研究结论的稳健性，我们采用中国高技术产业中三资企业固定资产投资额所占比重来代替投资额实际值，实证检验 FDI 对内资企业技术创新的影响是否稳健（见表 6-6）。模型（11）和模型（12）是以内资企业专利申请数为被解释变量的回归结果，模型（13）和模型（14）是以内资企业新产品销售收入为被解释变量的回归结果。可以看出，表 6-6 的回归结果与表 6-4 和表 6-5 的结果一致，政府研发支出和企业研发支出对内资企业专利申请数和新产品销售收入的影响都没有通过显著性检验，研发人员全时当量对内资企业创新能力和成果转化能力都有显著的正向影响。同样，FDI 对内资企业专利申请数有显著的正向影响，但对内资企业新产品销售收入的影响不显著。企业平均规模和市场化程度对内资企业的技术研发能力和成果转化都有正向影响。

表 6-6　　　　　　　　　　稳健性检验回归结果

| 被解释变量 | 专利申请数 | | 新产品销售收入 | |
|---|---|---|---|---|
| | （11） | （12） | （13） | （14） |
| RDZF | -0.032 | -0.008 | -0.052 | 0.006 |
| | （-0.40） | （-0.11） | （-0.66） | （0.11） |
| RDQY | 0.042 | 0.016 | 0.181 | 0.045 |
| | （0.38） | （0.15） | （1.65） | （0.52） |
| RDH | 0.925 *** | 0.469 *** | 1.198 *** | 0.371 *** |
| | （7.83） | （2.89） | （10.17） | （2.78） |
| FDI | 0.254 *** | 0.239 *** | 0.145 * | 0.061 |
| | （3.15） | （3.13） | （1.80） | （0.98） |
| scale | | 0.463 *** | | 1.175 *** |
| | | （2.95） | | （9.10） |
| market | | 0.683 *** | | 0.793 *** |
| | | （4.39） | | （6.20） |
| 常数项 | -3.079 *** | -3.299 *** | 1.630 | 5.082 *** |
| | （-2.95） | （-2.86） | （1.56） | （5.35） |
| 时间趋势 | 0.150 *** | 0.123 *** | 0.005 | -0.069 *** |
| | （6.53） | （5.20） | （0.20） | （-3.56） |

| 被解释变量 | 专利申请数 | | 新产品销售收入 | |
|---|---|---|---|---|
| | （11） | （12） | （13） | （14） |
| N | 140 | 140 | 140 | 140 |
| r2_a | 0.75 | 0.78 | 0.71 | 0.83 |
| F | 86.9 | 73.9 | 72.3 | 98.9 |

注：\*\*\*、\*\*、\*分别表示在1%、5%和10%的显著性水平下通过检验，括号内为t值。

# 6.5 结论及政策建议

改革开放之后，国外资本大量涌入中国，促使中国高技术产业较快发展。然而，中国的技术进步主要是通过引进国外的先进技术，但内资企业的技术创新能力还较弱，大多数产业还处在全球价值链的低端环节。FDI对内资企业的技术创新的影响仍然存在很大争议，本章将高技术产业创新分为技术研发能力和成果转化能力两方面，采用2005～2013年中国高技术产业内资企业的面板数据实证分析FDI对内资企业技术研发能力和成果转化能力的技术溢出效应。回归结果显示：首先，FDI对内资企业技术研发能力有显著的正向影响，说明FDI对内资企业的专利产出具有溢出效应，政府和企业研发支出对内资企业研发能力的影响都不显著，研发人员全时当量对内资企业研发能力有正向影响；其次，FDI对内资企业成果转化能力的影响不显著，说明FDI在创新成果转化方面不存在技术溢出效应，政府和企业研发支出对内资企业成果转化的影响都不显著；最后，企业平均规模和市场化程度对内资企业技术研发能力和成果转化能力都有显著的正向影响。

基于本章的研究结论，我们提出以下政策建议：第一，增加研发资本投入，提高企业自主研发资本的利用效率。充足的研发资本投入是企业技术创新的保障，目前中国内资企业研发资本来源渠道和筹资方式有限，企业研发活动受到很大限制，政府有必要制定针对高技术产业创新的优惠政策，帮助企业拓展研发资金的来源，降低企业的研发成本和风险。同时，加强政府在高技术产业技术创新中的服务功能，避免政府直接干预企业的研发活动。第二，提高专利产出的成果转化能力。由于发达国家垄断了核心技术，不会轻易转让，加上内资企业研发以及消化吸收能力不足，致使中国高技术产业专利产出的商业化程度较低。这就需要通过引进和培训高素质研发人才，提高研发人员的人力资本水平，增强 FDI 技术溢出的吸收能力。第三，完善扩大内资企业规模和提高市场竞争程度的协调机制。一方面，培育大型企业，使其自主研发的能力更强，企业研发资本的利用效率更高，吸引更多高素质的研发人员；另一方面，完善竞争政策，避免形成垄断型市场结构，提高市场竞争程度，激发内资企业的研发活力。

# 第7章 中国制造业转型中产业政策的就业效应

　　立国之道，惟在富民。政府通过制定产业政策来保证经济社会更好更快发展，产业政策的内容主要包含经济增长和社会事业两方面，由于政府在社会服务领域的政策措施覆盖范围较广，如就业、医疗、卫生、保险、教育等，考虑到就业稳定一直是世界各国政府普遍关注的问题，本章主要研究中国制造业转型过程中产业政策的就业效应。这里需要说明的是：由于产业政策的实施手段众多，如财政工具、税收工具、金融工具以及行政命令等，且不同工具之间存在相互交叉和制约，因此，实证分析中很难对产业政策进行综合量化。而财政支出作为政府实施产业政策的重要工具，在我国经济和社会活动中扮演着越来越重要的角色，财政支出的规模和结构体现了政府干预经济社会发展的程度和方向，因此，本章基于财政支出的视角，分析产业政策对就业的影响。

　　就业是民生之本，稳定就业是产业政策的重要内容。奥肯定律（Okun's Law）表明，失业率与经济增长存在负向关系，经济增长对就业具有较强的带动作用。在中国经济步入新常态的关键时期，经济增速放缓、劳动力成本上升、人口红利逐渐消失，经济增长吸纳就业的能力逐渐减小。因此，优化财政支出结构，实现经济发展模式由投资驱动向技术和创新驱动的根本转变，维持就业稳定，对中国经济可持续发展具有重要的现实意义。

## 7.1 问题提出

　　自从阿罗和库尔茨（Arrow and Kurz，1970）把公共资本纳入生产函数中来考察政府支出对经济增长的影响，经济学家开始对财政支出与经济增长的关系展开了广泛研究。巴罗（Barro，1990）认为，政府消费性支出增加时，GDP 增长率和储蓄率下降；政府生产性支出增加时，增长率和储蓄率先上升后下降。德瓦拉杨和斯瓦沃普等（Devarajan and Swarwoop et al.，1996）发现，生产性支出占总支出的比重与经济增长负相关，而非生产性支出却与经济增长正相关。郭庆旺等（2003）实证分析了中国财政支出与经济增长的关系，认为财政支出总规模与经济增长负相关，而生产性支出与经济增长正相关。严成樑、龚六堂（2009）研究发现，生产性支出并不一定总能促进经济增长，不同地区间存在较大差异。内生增长理论则认为，经济长期增长由人力资本、知识或技术进步等因素决定，政府在人力资本和技术研发方面的投资可以提高经济增长率。郭庆旺、贾俊雪（2006）将政府公共资本投资分为物质资本投资和人力资本投资，研究发现物质资本投资对长期经济增长的正向影响更显著，人力资本投资对经济增长的正向影响较小，且短期内不利于经济增长。严成樑等（2010）将政府公共支出区分为资本性支出和研发型支出，考察了财政支出结构对经济增长的影响及传导机制。不难发现，上述研究主要关注财政支出对经济增长的影响，关于财政支出的社会效应研究较少。以能否促进经济增长作为衡量财政支出合理性的评价标准，似乎违背了政府职能的根本价值取向，作为政府弥补市场失灵的重要工具，财政支出的规模和结构安排应该以是否有利于弥补市场失灵作为评价标准。

由于基于增长绩效的分析过于狭隘，另有一些研究将财政支出与收入分配、贫困、技术、教育、社会保障等与市场失灵更直接的指标联系在一起，探讨财政支出的社会效应。郭凯明等（2011）利用动态一般均衡模型考察了公共教育和社会保障两种公共政策对经济增长和不平等的长期影响，发现提高公共教育投入可以促进经济增长，对调节收入分配的作用较弱，加大社会保障投入可有效降低不平等程度，却不利于经济长期增长。孙正（2014）探讨了地方政府支出结构与规模对收入分配的影响机制，认为地方政府生产性支出会扩大城乡居民收入差距，非生产性支出有利于缩小收入差距。方福前、孙文凯（2014）分析了政府支出结构与居民消费和社会总消费的关系，研究发现政府消费性支出与居民消费之间存在负向关系，政府消费对居民消费会产生"挤出效应"。陆铭、欧海军（2011）研究发现，当政府支出（特别是基本建设支出）与 GDP 的比值持续上升，就业弹性会持续下降；郭新强（2012）则认为，政府投资性支出的增加不仅能有效促进经济增长，还能促进就业，而服务性支出在一定程度上抑制了就业。可以发现，财政支出的社会效应开始成为学术界研究的重点，但现有研究关于财政支出对就业的影响还不够深入。而且，这些研究主要存在两方面的不足：一是关于财政支出的分类有待商榷；二是较少关注政府支出的滞后效应对就业的影响。

已有大量文献探讨了政府财政支出与经济增长的关系，关于财政支出规模和结构对就业的影响研究较少，且研究结论存在较大差异。经济新常态下政府财政支出规模和结构对就业的影响更加值得关注。借鉴已有研究，本章在以下两方面做了改进：第一，基于财政支出的增长效应和社会效应，将财政支出划分为经济建设支出、教育支出、技术支出和社会保障支出四类，分析不同类型的财政支出对就业的影响机制；第二，在理论分析的基础上，重点关注财政支出的滞后效应，选取 2007 ~ 2013年中国 30 个省（区、市）的面板数据，利用系统广义矩估计（SYS – GMM）方法实证检验我国财政支出规模和结构对就业的影响。

## 7.2　中国制造业转型中的就业形势和政策分析

就业一直是各国政府高度重视的社会问题。降低失业率、稳定就业一方面要靠经济增长，增加劳动力需求，另一方面要靠政府采取积极政策促进就业。中国经济步入新常态，最主要的表现就是经济增速放缓，经济增长对就业的拉动效应趋弱，这就需要政府进行宏观调控，通过财政手段保障就业市场的长期稳定。

### 7.2.1　中国制造业转型升级对就业的冲击

改革开放之后，制造业的快速发展推动了国民经济迅猛增长。凭借要素低成本优势，中国制造业在国际分工中建立起劳动密集型的加工制造业体系，成为促进就业总量增加的主要部门。随着成本优势的逐渐消失，中国传统制造业发展步入低谷。近10年来，增加值产出就业吸收能力大幅下降正在中国制造业行业普遍发生（袁富华、李义学，2008）[1]。同时，伴随第三次工业革命的兴起，技术密集型产业将会得到更快发展，制造业生产更多地依靠智能化、自动化来完成，制造业转型升级会不可避免地带来就业结构的改变，由于传统制造业衰退和产业重组引起的下岗和就业难问题可能会更加突出。

从2011年开始，中国经济增速开始持续下滑，经济发展步入"新常态"，2014年GDP增长率下降到7.4%，经济增速下滑对就业市场的冲击不容小觑。就目前来看，全国从业人员总量较为稳定，但增长率较低，2014年新增就业人口276万人，比上年增长了0.36%。这主要是因为产业结构调整对就业市场产生了较大影响，中国第三产业增加值占GDP的比重迅速提升，2014年达到48.2%，高于第二产业5.6个百分点。第三产业大多属于劳动密集型行业，就业带动效应明显。从中国2007～2014年就业分布情况来看（见表7－1），第一产业就业比重持续下降，第二产业就业比重稳中有降，第三产业就业比重大幅提升。2014年，三次产业的就业比重分别为29.5%、29.9%和40.6%。可以发现，受宏观经济萎缩的影响，中国制造业用工量不足，服务业开始成为吸纳就业的主力。

表7－1　　　　　　　2007～2014年中国经济增长和就业状况

| 年份 | 2007 | 2008 | 2009 | 2010 | 2011 | 2012 | 2013 | 2014 |
|---|---|---|---|---|---|---|---|---|
| GDP增长率（%） | 11.9 | 9.6 | 9.2 | 10.4 | 9.3 | 7.6 | 7.7 | 7.4 |
| 年末从业人数（万人） | 75321 | 75564 | 75828 | 76105 | 76420 | 76704 | 76977 | 77253 |
| 第一产业就业比重（%） | 40.8 | 39.6 | 38.1 | 36.7 | 34.8 | 33.6 | 31.4 | 29.5 |
| 第二产业就业比重（%） | 26.8 | 27.2 | 27.8 | 28.7 | 29.5 | 30.3 | 30.1 | 29.9 |
| 第三产业就业比重（%） | 32.4 | 33.2 | 34.1 | 34.6 | 35.7 | 36.1 | 38.5 | 40.6 |

资料来源：根据历年《中国统计年鉴》《中国人口就业统计年鉴》整理得到，2014年的数据来自《2014年人力资源和社会保障事业发展统计公报》。

---

[1] 袁富华，李义学. 中国制造业资本深化和就业调整——基于利润最大化假设的分析[J]. 经济学（季刊），2008（10）：197－210.

尽管目前中国就业形势保持向好局面，但就业总量矛盾依然存在，结构性问题突出。产业结构方面，第一产业就业比重仍然较高，农村剩余劳动力持续增加，制造业就业率已经临近饱和，经济增长和就业更加依赖服务业发展，但服务业的劳动生产率普遍较低，制约了经济增长。生产要素结构方面，中国经济增长方式开始由资本和劳动等要素投入驱动向技术和创新驱动转变，但技术进步缓慢再次制约了经济增长。劳动力供给和需求方面，劳动者素质结构与市场需求不匹配矛盾更加突出，高端技术型人才匮乏，高技能人才供给无法为技术创新和产业升级提供充分支持，而低技能劳动者面临严峻的就业冲击。长期来看，中国就业总量矛盾依然存在，GDP 增速下降不可避免地会带来劳动力需求萎缩的风险（张车伟，2015）[1]。同时，农村剩余劳动力、高校毕业生和经济转型造成的下岗职工等群体的就业形势依然严峻，劳动力市场结构性矛盾制约了就业增长。

经济新常态下，政府宏观调控的根本目标就是调结构和促就业（刘伟、苏剑，2014）。石庆伟等（2006）指出，中国制造业从劳动密集型向技术密集型升级过程中，要完善社会保障制度，政府通过实施积极的产业政策、财政政策和就业政策等妥善解决失业群体的再就业问题，降低经济转型发展的成本[2]。财政支出对资源具有再分配功能，是政府宏观调控的重要工具，经济下行造成的潜在失业风险和劳动力市场固有的结构性矛盾需要政府进行干预，通过调整财政支出规模和结构来保证就业市场长期稳定。根据凯恩斯的有效需求理论，扩张性财政政策能够解决有效需求不足的问题，进而促进经济增长，创造更多就业岗位；合理调整财政支出结构，如增加教育支出，有利于提高劳动者自身素质，缓解就业市场长期存在的结构性矛盾。因此，深入分析财政支出对就业的影响，对于政府利用财政手段来实现调结构和稳就业的目标具有重要意义。

## 7.2.2　财政支出结构及对就业的影响机制

考察财政支出结构对就业的影响，需要关注两方面的问题：一是如

---

① 张车伟. 新常态下就业面临的挑战 [J]. 社会观察，2015（1）：18-20.
② 石庆伟，陈孟阳. 经济专家胡祖六认为：制造业转型和扩大就业不矛盾 [N]. 新华每日电讯，2006-11-6，第 006 版.

何对财政支出进行合理分类；二是分析不同类型财政支出对就业的影响机制。目前，对于财政支出结构还未形成统一的分类标准，许多研究都沿用了阿罗和库尔茨（Arrow and Kurz，1970）的方法，将政府财政支出分为生产性支出和非生产性支出，但对于生产性和非生产性政府支出的划分，还存在较大分歧。索洛增长模型说明，总产出是资本积累、劳动投入和技术进步的函数；内生增长理论认为，经济长期增长是由人力资本、知识或技术进步等内生变量决定的。按照赵志耘、吕冰洋（2005）的划分标准，生产性支出主要包括基本建设支出、教育支出和科技支出，分别看作政府对物质资本积累、人力资本积累和技术研发的投资。然而，上述分类标准主要是考虑财政支出与经济增长的关系，而本书主要研究财政支出规模和结构对就业的影响，因此，社会保障支出在稳定就业方面的作用不容忽视。

我国政府支出一般可以分为三类：以行政管理支出、国防支出为主的维持性支出；以政府投资为主的经济性支出；以教育、卫生、社会保障为主的社会性支出（中国经济增长与宏观稳定课题组，2006）。能够产生就业效应的主要是经济性支出和社会性支出。根据不同类型财政支出对就业的影响机制不同，我们将政府财政支出划分为经济建设支出、教育支出、科技支出和社会保障支出四类。其中，经济建设支出包括农林、交通、电力、商业、金融等与产业发展相关的各项支出的总和；社会保障支出包括社会保障和就业、医疗卫生和计划生育两项支出。下面，我们具体分析不同财政支出项目对就业的影响机制。

第一，经济建设支出。经济建设支出是指政府对工业和基础设施等能够快速带动经济增长的项目进行的资本性投资。一方面，政府投资项目建设需要雇用大量劳动力，能够直接创造更多就业岗位，并且通过带动其他相关行业发展，间接带动劳动力需求；另一方面，经济建设支出主要投向资本密集型产业，这些产业对劳动的需求弹性较低，政府过度投资可能会对就业产生"挤出效应"。因此，经济建设支出对就业既有促进作用，也有抑制作用。从我国的就业状况来看，资本密集型产业的劳动力吸纳能力较弱，经济建设支出增加将不利于就业水平的提高。

第二，教育支出。教育可以提高人力资本水平，增加劳动者的就业机会。由于教育是一项长期投资，教育支出对就业的影响存在滞后效应。一方面，教育支出增加会减少劳动供给，因为劳动者选择教育和培训必然以放弃现有工作或者减少劳动时间为代价；另一方面，人力资本投资可以提高劳动供给质量，缓解市场供给和需求的结构性矛盾，就业机会增多，同时，劳动者的生产效率提高，企业规模扩大，劳动力需求增加。总体来看，当期教育支出对就业有负向影响，降低劳动力市场的就业水平；滞后期教育支出通过提高人力资本水平来促进就业。

　　第三，技术支出。技术进步是推动经济持续增长的不竭动力，技术进步对就业具有直接和间接双重影响。首先，技术进步带来劳动生产率和资本有机构成的提高，劳动的边际产量增加，劳动力需求相应减少，技术进步对就业产生"替代效应"；其次，技术进步推动经济增长，创造新的就业岗位，劳动力需求增加，形成技术进步对就业的"补偿效应"。因此，技术支出对就业的影响是由两种效应的大小决定的，而且由于技术类型和经济发展阶段的不同，两种效应的大小也会发生改变。我国当前技术水平相对较低，而且技术对推动经济增长的贡献较小，可以说，技术进步的替代效应更大，技术支出将对就业产生抑制作用。

　　第四，社会保障支出。一般来说，社会保障支出对劳动供给会产生"挤出效应"和"收入效应"。社会保障支出有助于消除居民后顾之忧，容易使其产生依赖性，居民参与就业的积极性降低；同时，社会保障支出可以提高居民未来收入水平，通过财富替代效应扩大当期消费，这又为就业扩张奠定了基础。鉴于我国目前的社会保障水平较低，社保收入不足以使居民获得较高的生活质量，劳动者不会放弃工作，社会保障支出的挤出效应较小。相反，随着居民消费倾向的提高，收入增加会在一定程度上扩大消费需求，推动经济增长，有利于就业水平的提高。

　　表 7-2 列出了我国 2007~2014 年财政支出的规模和结构状况，反映出政府干预经济的深度和方向。可以看出，财政支出总额占 GDP 的比重从 2007 年的 14.4% 快速提升到 2014 年的 23.8%，政府对经济的干预程度进一步强化。各类支出占财政支出总额的比重差别较大，经济建设支出所占比重较高，从 2007 年的 18.4% 提高到 2014 年的 28.5%，增长了 10 个百分点；教育支出、技术支出和社会保障支出占比变化不大，甚至有下降趋势，尤其是技术支出的比重只有 2.2%。财政支出结构扭曲是我国经济增长失衡的重要原因，特别是"重基本建设，轻人力资本和公共服务"的支出结构偏向（付勇、张晏，2007）。因此，政府可以合理调整财政支出结构，通过人力资本积累和技术进步来实现就业

稳定和经济增长路径转型的目标。

表 7 - 2　　　　　　2007～2014 年中国财政支出结构状况　　　　　单位：%

| 年份 | 2007 | 2008 | 2009 | 2010 | 2011 | 2012 | 2013 | 2014 |
|---|---|---|---|---|---|---|---|---|
| 财政支出/GDP | 14.4 | 15.7 | 17.9 | 18.4 | 19.6 | 20.6 | 21.1 | 23.8 |
| 经济建设支出占比 | 18.4 | 21.3 | 24.5 | 28.5 | 29.7 | 28.6 | 28.3 | 28.5 |
| 教育支出占比 | 17.5 | 17.3 | 16.2 | 16.0 | 16.7 | 18.8 | 17.4 | 15.1 |
| 技术支出占比 | 2.2 | 2.1 | 2.2 | 2.2 | 2.0 | 2.1 | 2.3 | 2.2 |
| 社会保障支出占比 | 18.4 | 18.6 | 19.3 | 18.2 | 18.3 | 17.9 | 18.4 | 17.1 |

资料来源：根据 2008～2015 年各年度《中国统计年鉴》和财政部网站数据整理得到。

# 7.3　模型设定与变量选取

## 7.3.1　模型设定

政府在经济发展过程中扮演了极其重要的角色，财政支出是影响经济增长的重要因素，我们借鉴巴罗（Barro，1990）的研究方法，将政府支出纳入生产函数中。假设投入要素包括资本、劳动和政府支出，生产函数符合柯布—道格拉斯函数形式，构造如下包含财政支出的生产函数：

$$Y = AK^{\alpha}L^{\beta}G^{\gamma} \tag{7.1}$$

等式两边取对数，并移项，可以得到：

$$\ln L = -\frac{1}{\beta}\ln A + \frac{1}{\beta}\ln Y - \frac{\alpha}{\beta}\ln K - \frac{\gamma}{\beta}\ln G \tag{7.2}$$

由式（7.2）可以得出，在经济均衡的情况下，就业量是经济产出、资本投入和政府支出的函数，即 $L = L(Y，K，G)$，而且财政支出结构差异会对就业产生不同的影响。考虑到就业市场存在刚性，当期就业参与率会受到上一期就业情况的影响。因此，我们在解释变量中引入被解释变量的滞后期，建立财政支出规模和结构影响就业的动态回归模型：

$$labor_{it} = \alpha_0 + \alpha_1 labor_{i,t-1} + \alpha_2 gdp_{it} + \alpha_3 scale_{it} + \alpha_4 X_{it} + \varepsilon_{it} \qquad (7.3)$$

$$labor_{it} = \beta_0 + \beta_1 labor_{i,t-1} + \beta_2 gdp_{it} + \beta_3 eco_{it} + \beta_4 edu_{it} + \beta_5 tech_{it}$$
$$+ \beta_6 soci_{it} + \beta_7 X_{it} + \varepsilon_{it} \qquad (7.4)$$

其中，i 表示区域，t 表示年份；labor 为就业参与率，$labor_{i,t-1}$ 表示被解释变量的滞后一期；gdp 表示人均实际 GDP；scale 为财政支出规模；eco 为经济建设支出，edu 为教育支出，tech 为科技支出，soci 为社会保障支出；X 表示其他控制变量；$\varepsilon_{it}$ 为随机误差项。

## 7.3.2　变量选取与数据说明

### 1. 被解释变量

衡量就业的指标有就业人数、就业率、失业率等，由于中国的城镇登记失业率存在漏记等缺陷，不能很好地反映实际失业情况，同时为了剔除各地区人口规模差异产生的干扰，我们采用就业参与率表示就业水平，即各地区就业人数除以总人口数。

### 2. 主要解释变量

我们主要研究经济增长、政府财政支出规模和结构对就业的影响。经济增长（gdp）采用各地区人均实际 GDP 表示；财政支出规模（scale）用各地区财政支出总额占 GDP 的比重表示；财政支出结构分别用各地区经济建设支出（eco）、教育支出（edu）、科技支出（tech）和社会保障支出（soci）表示。

### 3. 控制变量

借鉴已有研究，本书主要考虑以下变量对就业的影响：人均固定资产投资（invest）等于实际固定资产投资总额除以总人口数；城镇化率（urban）即城镇人口占总人口的比重；市场化程度（market）用除国有经济以外的其他类型经济体投资额占内资企业投资总额的比重表示；对外开放程度（open）采用外商和港澳台投资占固定资产投资的比重表示。

### 4. 数据来源

本书回归分析采用的是 2007 ~ 2013 年 30 个省份（不含港澳台地

区，西藏除外）的面板数据，数据全部来自历年《中国统计年鉴》《中国人口和就业统计年鉴》和国泰安数据库，教育和科技支出直接来源于统计年鉴，经济建设和社会保障支出统计口径依照前述分类标准。由于国家统计局在 2007 年对政府财政支出分类做了重大调整，2007 年前后各支出项目不具有可比性，因此，我们只选取了 2007～2013 年的数据。另外，为了剔除价格因素的影响，各地区生产总值和固定资产投资总额分别用 GDP 平减指数和固定资产投资价格指数平减为 2005 年的可比价。

## 7.3.3 估计方法

本书设定的模型中引入了被解释变量的滞后项，这会导致模型的内生性问题。同时，解释变量中引入了各地区人均 GDP，经济增长和就业水平存在相互影响，也会产生解释变量的内生性问题。当存在内生性问题时，传统的固定效应和随机效应的 OLS 估计方法得到的估计系数是有偏的。为了得到一致估计量，需要采用广义矩估计（GMM），包括差分广义矩估计（DIF - GMM）和系统广义矩估计（SYS - GMM）。在有限样本容量的情况下，系统 GMM 比差分 GMM 估计的偏差更小。因此，本书采用系统广义矩估计（SYS - GMM）对模型进行回归分析。最后，为避免出现异方差，所有变量均采用自然对数的形式。

## 7.4 实证结果分析

### 7.4.1 主要变量统计性描述

本节采用中国 2007～2013 年 30 个省份（不含港澳台地区，西藏除外）动态面板数据，利用系统 GMM 的方法对我国财政支出的就业效应进行回归分析，表 7 - 3 给出了各变量取自然对数后的描述性统计，可以看出，经济建设支出在财政支出中所占比重较大，均值为 6.281，而教育、技术和社会保障支出比重较小。考虑到政府财政支出对就业的影响可能存在滞后效应，我们在解释变量中加入了财政支出的滞后项，回归结果如表 7 - 4 和表 7 - 5 所示。Hansen 统计量 P 值接受 "模型中工具变量是有效的" 原假设, 通过工具变量过度识别检验。AR（2）的 P 值大于 0.1, 满足 "残差序列不存在二阶自相关" 的条件, 说明模型设定是合理的。

表 7 - 3                     主要变量统计性描述

| 变量 | 观测值 | 均值 | 标准差 | 最小值 | 最大值 |
|---|---|---|---|---|---|
| 就业参与率 | 210 | 4.025 | 0.116 | 3.680 | 4.261 |
| 财政支出规模 | 210 | 2.981 | 0.391 | 2.168 | 4.114 |
| 经济建设支出 | 210 | 6.281 | 0.771 | 3.827 | 7.627 |
| 教育支出 | 210 | 5.859 | 0.732 | 3.551 | 7.464 |
| 技术支出 | 210 | 3.495 | 1.025 | 0.926 | 5.843 |
| 社会保障支出 | 210 | 5.967 | 0.672 | 3.609 | 7.186 |
| 人均 GDP | 210 | 0.901 | 0.531 | -0.391 | 2.117 |
| 人均固定资产投资 | 210 | 0.459 | 0.504 | -0.972 | 1.653 |
| 城镇化率 | 210 | 3.915 | 0.249 | 3.341 | 4.495 |
| 对外开放程度 | 210 | 1.469 | 0.851 | -1.305 | 3.191 |
| 市场化程度 | 210 | 4.188 | 0.151 | 3.776 | 4.466 |

表 7 - 4                     财政支出规模对就业的影响

| 解释变量 | 被解释变量 （labor） | | | |
|---|---|---|---|---|
| | （1） | （2） | （3） | （4） |
| $labor_{-1}$ | 0.976 *** | 0.812 *** | 0.765 *** | 0.802 *** |
| | (92.06) | (80.99) | (32.37) | (42.73) |
| scale | -0.0380 *** | | -0.0697 *** | -0.0686 *** |
| | (-4.13) | | (-3.59) | (-4.78) |
| $scale_{-1}$ | 0.0382 *** | | 0.0501 *** | 0.0536 *** |
| | (4.02) | | (3.28) | (4.38) |
| gdp | | 0.0284 *** | | 0.0328 *** |
| | | (3.18) | | (3.55) |

| 解释变量 | 被解释变量（labor） | | | |
|---|---|---|---|---|
| | （1） | （2） | （3） | （4） |
| invest | | 0.0232 *** | 0.0430 *** | 0.0204 *** |
| | | (6.58) | (17.33) | (3.04) |
| urban | | -0.122 *** | -0.112 *** | -0.136 *** |
| | | (-5.77) | (-17.24) | (-7.61) |
| open | | 0.0110 *** | 0.0128 *** | 0.0094 *** |
| | | (8.47) | (6.35) | (3.51) |
| market | | 0.0225 *** | 0.0176 | 0.0063 |
| | | (4.64) | (1.10) | (0.86) |
| C | 0.108 ** | 1.096 *** | 1.343 *** | 1.306 *** |
| | (2.33) | (10.24) | (10.81) | (10.63) |
| AR（2） | 0.776 | 0.853 | 0.934 | 0.990 |
| Hansen 检验 | 0.244 | 0.883 | 0.754 | 0.809 |
| N | 180 | 180 | 180 | 180 |

注：*** 、** 、* 分别表示在1%、5%和10%的显著性水平下通过检验，括号内为 t 值，AR（2）表示 Arellano - Bond test 的 P 值，下标 -1 表示变量滞后一期。

表7-5　　　　　　　　财政支出结构对就业的影响

| 解释变量 | 被解释变量（labor） | | | | | | | |
|---|---|---|---|---|---|---|---|---|
| | （5） | | （6） | | （7） | | （8） | |
| labor $_{-1}$ | 0.794 *** | (75.98) | 0.769 *** | (69.42) | 0.833 *** | (45.84) | 0.793 *** | (51.23) |
| eco | 0.0017 | (0.73) | | | | | | |
| eco $_{-1}$ | 0.0004 | (0.16) | | | | | | |
| edu | | | -0.0046 | (-0.94) | | | | |
| edu $_{-1}$ | | | -0.0193 ** | (-2.14) | | | | |
| edu $_{-2}$ | | | 0.0281 *** | (4.80) | | | | |
| tech | | | | | 0.0478 *** | (5.69) | | |
| tech $_{-1}$ | | | | | -0.0558 *** | (-6.88) | | |

续表

| 解释变量 | 被解释变量（labor） | | | | | | | |
|---|---|---|---|---|---|---|---|---|
| | (5) | | (6) | | (7) | | (8) | |
| soci | | | | | | | − 0. 0087 | ( − 1. 53) |
| soci $_{-1}$ | | | | | | | 0. 0151 *** | (3. 54) |
| gdp | 0. 0271 *** | (2. 69) | 0. 0322 *** | (2. 80) | 0. 0972 *** | (6. 65) | 0. 0126 | (0. 93) |
| invest | 0. 0238 *** | (4. 12) | 0. 0317 *** | (5. 35) | 0. 0078 | (1. 60) | 0. 0235 *** | (4. 93) |
| urban | − 0. 127 *** | ( − 6. 58) | − 0. 154 *** | ( − 6. 04) | − 0. 224 *** | ( − 7. 55) | − 0. 100 *** | ( − 3. 64) |
| open | 0. 0129 *** | (6. 03) | 0. 0141 *** | (5. 42) | 0. 0141 *** | (5. 42) | 0. 0121 *** | (5. 30) |
| market | 0. 0220 *** | (3. 96) | 0. 0252 *** | (3. 49) | 0. 0043 | (0. 45) | 0. 0235 *** | (3. 55) |
| C | 1. 171 *** | (13. 08) | 1. 349 *** | (12. 47) | 1. 446 *** | (9. 58) | 1. 059 *** | (7. 43) |
| AR (2) | 0. 879 | | 0. 21 | | 0. 568 | | 0. 837 | |
| Hansen | 0. 734 | | 0. 702 | | 0. 606 | | 0. 848 | |
| N | 180 | | 150 | | 180 | | 180 | |

注：*** 、** 、* 分别表示在 1% 、5% 和 10% 的显著性水平下通过检验，括号内为 t 值，AR (2) 表示 Arellano-Bond test 的 P 值，下标 − 1 表示变量滞后一期，− 2 表示滞后二期。

## 7.4.2　财政支出规模和结构对就业的影响

### 1. 财政支出规模的就业效应

表 7 - 4 列出了财政支出规模影响就业的回归结果，从中可以看出，当年就业参与率受上一年就业情况的影响较大，滞后一期就业参与率的系数超过 0.8，说明我国的就业市场存在刚性。财政支出规模对就业的影响存在滞后效应，当期财政支出规模与就业参与率负相关，滞后一期财政支出规模与就业参与率正相关。这主要是因为财政支出结构差异对就业的影响不同造成的：首先，中国的财政政策具有较强的经济调控能力，更加重视资本密集型的基础建设支出，当期经济建设支出会对就业产生挤出效应，致使财政支出规模与就业负相关；其次，基础建设支出可以通过推动经济增长带动就业，但具有时滞效应；最后，教育和社会保障等社会性支出对就业的影响存在滞后效应，短期内不利于就业水平的提高。这也表明投资性支出对就业的刺激效果要弱于社会性支出，政

府的社会性投资对就业的拉动作用优于基础建设方面投资的拉动作用（武晓利、晁江锋，2014）。

从其他控制变量来看：第一，人均 GDP 对就业的影响为正，说明经济发展有助于就业率的提高，但人均 GDP 的系数只有 0.02% ~ 0.03%，经济增长对就业的拉动作用趋弱。第二，人均固定资产投资对就业具有拉动作用，这是因为资本与劳动相结合才能创造产出，直接形成劳动需求，固定资产投资通过推动经济增长间接扩大劳动需求。第三，城镇化率对就业参与率的影响显著为负，城镇化率提高 1 个百分点，就业参与率大约下降 0.13 个百分点。我国城镇化主要表现为大量农民工进入城市制造业和服务业部门，随着经济增速下降和人口红利逐渐消失，企业对劳动力的需求减少，劳动者虽然居住在城镇中，但就业参与率较低，居民城镇化严重滞后于土地和基础设施城镇化（周幼曼，2014）。第四，对外开放程度的系数显著为正，这说明国外资本更倾向于发挥中国经济的比较优势，投资劳动密集型产业。第五，市场化程度对就业有正向影响，因为市场化程度越高，市场配置资源的决定性作用越显著，根据要素禀赋优势，劳动密集型产业发展迅速，劳动力需求相应增加；而且，劳动力市场化程度高使得劳动者可以自由流动，就业成本降低，就业率提高。

## 2. 财政支出结构对就业的影响

考虑到不同类型财政支出之间可能存在相互影响，为了防止出现多重共线性，我们将四种类型的财政支出分别加入模型中进行回归分析，表 7 - 5 列出的是财政支出结构的就业效应。

第一，经济建设支出对就业的影响不显著。回归结果显示，经济建设支出的系数没有通过显著性检验，但从符号和数值来看，经济建设支出对就业的影响是正向的，且当期效果更大，说明经济建设对就业的拉动作用是暂时的。政府实施积极的财政政策，引导的重点投资领域都是资本密集度较高、劳动密集度较低的行业，虽然可以快速推动经济增长，但其本身对就业的吸纳能力相对较弱；同时，地方政府在追求 GDP 增长率的驱使下，往往压低土地与资本价格，劳动力相对价格上升，从而导致资本替代劳动（蔡昉等，2004[①]；陆铭、欧海军，2011[②]）。旨在鼓励资本密集型部门优先发展的战略，造成城市部门就业需求相对下降，延缓城市化进程，农村居民不能有效向城市转移，城乡收入差距扩大（陈斌开、林毅夫，2013）[③]。因此，经济建设等投资性支出对就业的带动作用不明显，而且不利于经济发展方式转型，财政支出应该向劳动密集型产业倾斜。

第二，教育对就业的影响存在滞后效应，教育支出当期和滞后一期对就业有负向影响，而滞后两期却对就业有正向影响，而且效果更加显著。具体来看，当期和滞后一期教育支出增加1%，就业参与率将分别降低0.005%和0.019%；滞后两期的教育支出增加1%，就业参与率将提高0.028%。劳动者参加教育培训需要花费时间，因此，教育支出存在时滞效应；当期教育支出降低了市场上的劳动供给，就业参与率降低；教育培训提高了劳动者的人力资本水平，使其更能适应市场需求的变化，劳动力市场匹配率提高，缓解了就业结构性矛盾，就业率相应提高。

第三，技术支出在当期对就业有正向影响，但滞后一期影响为负。当期技术支出增加1%，就业参与率将提高0.048%，滞后一期技术支出增加1%，就业参与率将降低0.056%。这表明短期内技术进步的"补偿效应"大于"替代效应"，实证结果与理论分析相悖，这是因为我国的技术进步主要是引进模仿国外先进技术，即所谓"后发优势"，技术当期就可以投入生产，推动经济增长，增加劳动需求。但长期中，技术支出对就业有抑制作用，这主要是因为世界技术革新突飞猛进，引进的技术很快被淘汰，经济后续增长乏力，技术进步的"补偿效应"逐渐弱化。总体而言，技术支出在短期对就业有正向影响，但这种促进作用不可持续。长期来看，必须转变技术创新模式，鼓励企业自主研发核心技术，延长技术进步推动经济增长的持续时间，扩大其补偿效应，促进就业。

第四，社会保障支出对就业的影响也存在滞后效应。当期社会保障

①　蔡昉，都阳，高文书. 就业弹性、自然失业和宏观经济政策——为什么经济增长没有带来显性就业 [J]. 经济研究，2004（9）：18 – 25.

②　陆铭，欧海军. 高增长与低就业：政府干预与就业弹性的经验研究 [J]. 世界经济，2011（12）：3 – 31.

③　陈斌开，林毅夫. 发展战略、城市化与中国城乡收入差距 [J]. 中国社会科学，2013（4）：81 – 102.

支出的系数为负，验证了社会保障支出的挤出效应，但系数不显著，说明中国的社会保障水平还相对较低，增加社会保障支出还不足以使居民放弃工作；滞后一期的社会保障支出对就业有显著的正向影响，社会保障支出增加1%，就业参与率将提高0.015%，表明社会保障支出的收入效应更加明显。这里需要说明的是，即使当期社会保障支出的系数变得显著，从系数大小来看，当期社会保障支出的抑制作用远小于滞后一期社会保障支出的促进作用，长期来看，增加社会保障支出的收入效应更大，可以刺激居民扩大消费，拉动经济增长，从而创造更多的就业岗位。

第五，其他控制变量对就业的影响。人均GDP、人均固定资产投资、城镇化率、对外开放程度和市场化程度的符号和数值都和表7-4中的结果相一致。经济增长和固定资产投资对就业有正向影响，这说明我国当前仍然依靠投资拉动经济增长，从而创造更多就业需求，但这种粗放型经济发展方式难以为继，依靠投资和粗放式增长来带动就业的作用正在趋弱。相反，对外开放程度和市场化程度的提高对就业的正向影响效果明显，且具有可持续性。因此，加快推进市场化改革、提升对外开放水平，不仅能为经济增长创造更大的活力，而且能够有效促进就业。

## 7.5　本章小结

本书采用中国30个省（区、市）2007～2013年的面板数据，运用系统广义矩估计（SYS-GMM）考察了政府财政支出规模和结构对就业的影响。研究发现，财政支出对就业的影响存在滞后效应，当期财政支出规模对就业有负向影响，而滞后一期财政支出规模对就业有正向影响。不同类型财政支出的就业效应存在较大差别。经济建设支出对就业的影响不显著，资本性支出往往投向就业弹性较低的资本密集型行业，降低了经济增长对就业的吸纳能力；教育支出存在滞后效应，当期和滞后一期教育支出对就业具有负向影响，但滞后两期教育支出对就业的正向影响更大；科技支出当期对就业有正向影响，而滞后一期影响为负，我国技术进步对就业的补偿效应缺乏可持续性；社会保障支出当期对就业的影响不显著，但滞后一期对就业有正向影响。总体来看，教育和社会保障支出对就业的长期正向影响显著，因此，要实现充分就业，既要发挥财政支出的短期刺激作用，更重要的是从根源入手，调整财政支出结构，解决劳动力市场上固有的结构性矛盾。政府倾向于基础建设领域的财政支出结构，虽然短期内可以较快推动经济增长，但这种粗放型增长方式难以为继。财政支出向技术、教育和社会保障等领域倾斜，将有利于实现集约式增长。

新常态下，我国经济增长面临下行压力，当前就业市场基本稳定，这为经济发展方式转变腾出了较大空间，不需要强刺激政策来拉动经济增长。同时，经济下滑和结构调整带来的就业矛盾依然存在，结构性矛盾突出，这就需要政府制定合理的财政政策实现"稳就业、转方式"的目标。基于本书的研究结论，我们对政府财政支出（产业政策）在促进就业、改善民生和社会安定方面提出如下政策建议：第一，政府在制定财政政策时应具有前瞻性。由于财政支出对就业的影响存在滞后效应，不同财政支出的滞后期存在差别，因此，政府必须定期组织科研机构、高校等部门的专家学者进行深入研究，充分考虑财政支出对就业的长期影响，并对就业市场可能出现的潜在风险做出预调和微调。第二，加强对第三产业的支持。第三产业大多属于劳动密集型行业，就业弹性较大，第三产业更好更快地发展既可以有效促进就业，又有利于经济发展方式转型。第三，增加财政教育支出，切实提高劳动者的人力资本水平；优化教育支出结构，加大对职业教育和培训的支持力度，为参加教育和培训的人员减免费用，对职业院校、就业培训机构和再就业服务中心等给予补贴，加快职业教育和培训发展，提高培训覆盖率。第四，增加政府研发投入，降低企业进行技术研发的风险；改革技术创新激励机制，减少政府直接干预，政府以税收优惠和研发补贴等方式激励企业以市场为导向进行自主研发（邱兆林，2014）。第五，提高财政在社会保障方面的支出比重，扩大社会保障的覆盖范围。完善城乡和地区统筹体系，提高农民、农民工的参保比例；改革社会保障缴费体制，政府应该承担更多的责任，降低员工个人和中小企业的缴纳比例，既可以减轻居民在医疗卫生、养老和就业方面的支出负担，吸引更多居民参保，又能降低企业用工成本，激发企业经营活力和劳动力需求。

# 第8章  中国传统产业政策的缺陷及转型分析

产业政策是政府调控经济运行的重要手段，中国制造业转型升级既要充分利用市场对资源的配置机制，也要更好地发挥产业政策的引导作用。本书系统分析了中国制造业转型升级中产业政策的特征，以及产业政策在结构调整、组织优化、技术进步和社会稳定四个方面的实施效果。研究发现：选择性产业政策体现出政府直接干预微观经济、政府选择代替市场竞争的特征，随着市场经济体制的不断完善，其激励不足、阻碍创新和维系行政垄断等弊端逐步显现出来，制约了产业结构调整和经济长期增长。因此，适应于市场经济发展的需要，产业政策应该由选择性产业政策向功能性产业政策转型，形成竞争政策优先、产业政策与竞争政策互补的公共政策体系。产业政策的作用范围局限在市场失灵和社会服务领域，政策手段由直接干预向市场监管和间接引导转变。

## 8.1  文献回顾与述评

自亚当·斯密提出"看不见的手"的理论以来，经济学研究就一直围绕政府与市场的关系展开争论。源于对政府与市场角色定位的不同认识，对于产业政策有效性的研究，理论界存在两种截然不同的观点。佩尔兹曼（Peltzman，1976）[1] 认为，市场的自发调节能够实现资源的最优配置，政府干预会导致价格机制的扭曲，降低市场配置资源的效率。然而，由于存在信息不对称、外部性、公共物品等原因，价格机制

---

[1]  Peltzman S. Toward a More General Theory of Regulation [J]. Journal of Law and Economics，1976，19（2）：211–240.

并不能起到最优配置资源的作用，从而出现"市场失灵"。罗德里克（Rodrik，1995）① 认为，政府应在市场失灵的领域发挥作用，外部性与市场失灵是产业政策存在的理论基础，产业政策如果得以正确实施，就可以有效弥补市场的不足，促进经济发展。

1992 年，党的十四大提出建立社会主义市场经济体制以来，政府与市场的关系随着实践拓展不断探索合理的科学定位。党的十八届三中全会提出"使市场在资源配置中起决定性作用和更好发挥政府作用"，市场机制的作用得到进一步强化。伴随政府与市场关系的调整，产业政策的有效性受到学者们的广泛关注，江小涓（1993）② 基于公共选择理论，认为政策制定者和执行者在考虑"全局利益"的同时，还有其相对独立的利益取向，产业政策的效果远不如预期。江飞涛（2010）③ 指出，中国干预型产业政策的效果并不理想，而且造成了不良的政策效应。何大安（2010）④ 也认为，政府受有限理性和认知局限性的约束，在制定产业政策时无法完全适应产业发展的规律。另外，即使产业政策的制定是合理的，其实施效果依然难以保证，因为政策执行过程还伴随着中央政府、地方政府与企业之间的相互博弈，在以 GDP 增长为标尺的晋升体制激励下，地方政府会对经济活动进行过多干预。

经济发展过程是由市场力量自发推动的资本加速累积的过程，由于市场失灵的存在，政府需要制定产业政策来克服经济发展中出现的信息、协调和外部性等问题。虽然我国的产业政策饱受质疑，要素市场的政策扭曲使得一些生产效率低下的国有企业生存下来，政府利用税收优惠和财政补贴，导致行业进入退出机制扭曲，低效率企业长期存在，高效率企业进入困难（罗德明等，2012）⑤。不可否认的是，产业政策在维持经济平稳较快增长方面发挥了重要作用，而且，政府对高技术产业扶持政策的效果显著，财政补贴和税收优惠有效促进了高技术产业发展

155

①　Rodrik Dani. Getting Interventions Right: How South Korea and Taiwan Grew Rich [J]. Economic Policy，1995（20）：55 – 107.

②　江小涓. 中国推行产业政策中的公共选择问题 [J]. 经济研究，1993（6）：3 – 18.

③　江飞涛，李晓萍. 直接干预市场与限制竞争：中国产业政策的取向与根本缺陷 [J]. 中国工业经济，2010（9）：26 – 36.

④　何大安. 政府产业规制的理性偏好 [J]. 中国工业经济，2010（6）：46 – 54.

⑤　罗德明，李晔，史晋川. 要素市场扭曲、资源错配与生产效率 [J]. 经济研究，2012（3）：4 – 14.

（张同斌等，2012）[①]。从实践来看，产业政策在不同领域的实施效果存在较大差别，这说明合理的产业政策有利于经济的健康发展。

我国正处在从计划经济向市场经济转型的关键期，产业政策不可避免地会受到两种经济体制的共同影响，由于市场机制尚不完善，所以产业政策是政府弥补市场不足的重要手段。当前，对产业政策是否必要的争论日渐平息，关键是如何设计、实施和管理（杨帅，2013）[②]。产业政策的实施并非纯粹在政府与市场之间进行抉择，而是合理界定二者的职能范围。赵坚（2008）[③] 基于企业能力理论的视角，认为传统的选择性产业政策扼杀了具有竞争优势企业出现的可能性，应该构建以企业能力为导向的竞争型产业政策，政府对在市场竞争中胜出的优势企业进行相应的扶持。由于产业发展的动因源自分工网络内部的自发演进，市场导向型产业政策顺应产业发展的自身规律，更能推动产业快速发展（邱兆林，2015）。

传统产业政策对促进我国经济增长和产业结构调整发挥了重要作用，但随着市场经济的不断完善，其弊端逐渐显现出来，产业发展不平衡、技术进步乏力、环境污染等问题严重制约了经济的长期增长，因此，产业政策应当根据制度环境的变化做出调整。本章在分析传统产业政策特征及缺陷的基础上，提出选择性产业政策向功能性产业政策转型的政策建议，构建竞争政策优先、产业政策与竞争政策互补的政策体系，合理界定产业政策的作用范围和实施手段。

## 8.2　传统产业政策的特征及缺陷

产业政策按其功能可分为选择性产业政策和功能性产业政策。选择性产业政策是指政府对某些特定产业进行保护和扶植，加快这些产业发展，从而实现经济赶超目标；功能性产业政策是指政府通过研发补贴、

---

① 张同斌，高铁梅. 财税政策激励、高新技术产业发展与产业结构调整［J］. 经济研究，2012（5）：58－70.

② 杨帅. 产业政策研究：进展、争论与评述［J］. 现代经济探讨，2013（3）：88－92.

③ 赵坚. 我国自主研发的比较优势与产业政策——基于企业能力理论的分析［J］. 中国工业经济，2008（8）：76－86.

人力资本投资等形式提高产业的核心竞争力，其目的是弥补市场失灵（于良春，2014）①。中国传统的产业政策虽然强调市场配置资源的基础性作用，但其实施手段仍然以行政性的直接干预为主，本质上依然是选择性产业政策（江飞涛等，2010）②。

## 8.2.1　传统产业政策的特征

一般来说，中国的产业政策以日本的产业政策为借鉴，但两者之间存在本质区别。日本 20 世纪五六十年代的产业政策主要采取间接干预的方式，70 年代开始，日本产业政策的指导方针发生了较大转变，逐渐建立起"市场机制配置资源的方式能够使经济得到充分发展"的共识，产业政策的运用限定在市场失灵的领域内。从我国实践来看，产业政策几乎涵盖了所有行业，在一些市场能够充分发挥作用的领域，政府也表现出极大的干预欲望。选择性产业政策很大程度上延续了计划经济传统，在政策制定和执行过程中均存在政府直接干预微观经济、政府选择代替市场竞争的特征。2009 年出台的《钢铁产业调整和振兴规划》提出"将 2009 年、2010 年的粗钢产量控制在 4.6 亿吨和 5 亿吨，前五位钢铁企业的产能占比达 45% 以上；鼓励企业兼并重组，到 2011 年形成以宝钢、鞍本、武钢等为首的特大型钢铁企业集团"。政策的结果却是，钢铁行业的产量和投资规模迅速膨胀，2009 年、2010 年粗钢产量分别达到 5.8 亿吨和 6.4 亿吨，远远超出预期目标，出现新一轮产能过剩。而且，行业集中度仍然较低，也没有实现规模经济。

产业政策的选择性不仅表现为对特定产业和企业的选择和扶持，更表现为对产业内特定技术、产品和工艺的选择。例如，《产业结构调整指导目录（2011 年本）》详细列出了政府鼓励类、限制类和淘汰类产品、工艺和技术分别达 758 种、233 种和 436 种，目录范围几乎涵盖了所有行业。从政策实施工具来看，政府强化了目录指导、市场准入、项目审批、强制清理等行政手段的运用，对微观经济的干预更加直接。需

① 于良春. 推进竞争政策在转轨新时期加快实施［J］. 中国工商管理研究，2014（9）：26 – 27.

② 江飞涛，李晓萍. 直接干预市场与限制竞争：中国产业政策的取向与根本缺陷［J］. 中国工业经济，2010（9）：26 – 36.

要说明的是，目录指导并非仅仅是指导，而是直接与项目审批、银行信贷、税收和土地优惠等政策紧密相连，项目审批和准入条件等还对企业的生产设备、产品种类以及产量等做了严格规定。总体而言，选择性产业政策通过保护和扶植特定企业，限制市场竞争，阻碍了企业提高生产效率；通过选择特定技术和产品制约了企业以市场需求为导向的创新活动，不利于技术进步。

## 8.2.2　选择性产业政策的缺陷

经济发展初期，政府利用产业政策扶持主导产业和战略性产业，可以加快经济增长和产业结构调整。随着经济发展阶段性目标的实现和市场体制的不断完善，选择性产业政策的弊端逐渐凸显。

### 1. 选择性产业政策的激励不足

产业政策要想实现预期效果，通常需要满足两个条件：政策制定的合理性和政策执行的有效性，即在政策设计和执行两个环节上满足可自我执行以及激励相容的要求（于良春等，2013）[①]。然而，在设计环节，政策制定部门并非完全是"公共利益"的代表，会出于自身权力的考虑而做出不利于公共利益最大化的决议，并且政府受自身认知理性的约束，无法准确预测产业的发展趋势，致使产业政策设计与现实出现不一致的现象，即"政策性偏离"；在执行环节，地方政府是推行和落实产业政策的主体，财税体制改革之后，地方政府具有相对独立的经济利益，同时，以经济增长为考核标准的晋升体制激发了地方政府干预经济的积极性，地方政府的自利行为会偏离产业政策的预期目标，即"行为性偏离"（姜琪，2012）[②]。总体而言，我国的产业政策从制定到执行均缺乏有效的激励机制，无法保证政策的合理设计和有效执行。

### 2. 选择性产业政策难以实现创新

从产业链的视角来看，当前制约我国产业结构升级和经济转型的主

---

[①]　于良春，张伟. 产业政策与竞争政策的关系与协调问题研究［J］. 中国物价，2013（9）：6-10.

[②]　姜琪. 转轨期行政垄断的形成机理与改革路径［J］. 现代经济探讨，2012（6）：84-88.

要障碍是核心技术掌握不足。产生这种现象的原因是，产业政策往往以提高市场集中度和实现规模经济为政策目标，各级政府表现出极大的规模和速度偏好，而忽视了技术进步和企业创新能力。政府按照企业规模大小来事先挑选"赢家"，直接给企业补贴，这些免于市场竞争的企业缺乏创新的动力；另外，产业政策还详细规定了企业今后重点发展的产品、工艺设备和技术类型等，剥夺了企业生产和研发的自主权，在技术进步日新月异的今天，那些事先挑选出来的产品和技术很快就被淘汰，不仅浪费了大量资源，更阻碍了企业以市场需求为导向的技术创新。

### 3. 选择性产业政策维系行政垄断，损害市场竞争

行政垄断是指政府运用公权力对市场竞争的限制和排斥，行政垄断对资源配置效率进而对经济长期增长的负面影响已成为学界共识。选择性产业政策通过限制新厂商进入，政府主导企业的兼并重组，形成特定的产业结构，这是典型的行政垄断行为。政府假以产业政策的名义干预微观经济，将行政垄断内生于选择性产业中，抑制产业内部以及来自外界的有效竞争，阻碍产业的转型升级。以钢铁产业为例，自 1996 年以来，政府为了提高钢铁产业的市场集中度、实现规模经济，出台了一系列产业政策，禁止新企业进入，行政干预企业合并重组。然而，经过近 20 年的政府调控，钢铁产业的集中度依然较低，规模经济不明显，低水平重复建设和过度投资现象严重，钢铁行业的区域性行政垄断程度不断提高。

总体而言，选择性产业政策通过保护和扶植特定产业来实现结构调整目标，政府主导企业兼并重组来提高行业集中度，采用强制性的行政命令手段解决重复建设和过度竞争问题，既不能从根本上解决产业内固有的结构性矛盾，又阻碍了市场机制发挥作用。行政保护忽视了企业创新能力的建设，受保护的企业免于市场竞争，往往缺乏创新的激励机制，致使整个行业的技术水平和生产效率得不到有效提高。从经济全球化的视角来看，生产要素逐渐实现自由流动，先进的生产要素及时流向效率更高的行业，经济增长正在由要素驱动向技术和创新驱动转变，选择性产业政策固有的缺陷恰恰阻碍了经济长期增长对技术进步的要求。

## 8.3 产业政策转型：功能性产业政策

随着经济全球化的发展和市场经济的不断完善，市场配置资源的决定性作用得到强化，政府对经济的直接干预行为应该得到控制，政府应致力于制定并完善法律法规，保障市场有序运行。与之相对应，产业政策的制定和实施也必须以市场为导向，其政策目标、作用范围和实施手段也在发生深刻变化，有必要对产业政策进行重新审视和定位。

### 8.3.1 产业政策的发展趋势及定位

在完善的市场经济中，竞争能够实现资源的优化配置，提升经济运行效率；竞争可以解决由信息不对称带来的激励不足问题，激励企业研发创新。因此，维护市场竞争是促进技术进步、加快经济增长的基本机制。现阶段，我国产业结构升级和经济转型需要依靠技术创新来推动，然而，选择性产业政策已经难以为继。党的十八届三中全会提出"使市场在资源配置中起决定性作用和更好发挥政府作用"，表明市场机制已经成为我国经济转轨期配置资源的主要工具，产业政策也必须随着市场与政府关系的不断调整进行转型。新型产业政策应该以市场竞争为导向，致力于培育企业的创新能力，通过技术研发补贴、人力资本投资等形式提高企业的核心竞争力，即实施功能性产业政策。

另外，实施产业政策不可避免地要涉及产业政策与竞争政策①的关系。中国长期采用产业政策对经济进行引导和调控，地方政府干预经济的行为造成了地区分割和行政垄断，阻碍了要素自由流动和经济长期增长，企业往往在政府干预下实现兼并重组，限制竞争，这些活动所产生的反竞争效应为《反垄断法》所不容，这就需要合理地协调产业政策

---

① 竞争政策，或者说反垄断政策，是保护市场竞争、维护竞争秩序、充分发挥市场配置资源基础性作用的重要制度。竞争政策可以定义为一套确保市场竞争不因受限制而减少经济福利的政策法规。

与竞争政策的关系（张伟、于良春，2010）①。市场经济体制下，竞争政策对实现要素自由流动、消除行政垄断具有重要意义，因此，必须确定竞争政策的优先地位，功能性产业政策的设计及实施应限定在竞争政策所确立的框架内。正如于良春（2013）所言，适应于中国经济发展方式转型的需要，产业政策与竞争政策的关系应该调整为竞争政策优先、产业政策与竞争政策互补的公共政策体系。

## 8.3.2　功能性产业政策的作用范围

功能性产业政策通过研发补贴、人力资本投资等形式提高产业的核心竞争力，目的是为了弥补"市场失灵"。因此，产业政策的作用范围也必须局限在市场失灵的领域。另外，基于"公平与效率并重"和"更加关注民生"等政策主张，功能性产业政策还应向社会服务领域倾斜。

### 1. 重视创新能力建设

经济全球化背景下，技术进步和研发创新能力是提升产业国际竞争力的关键因素。政府制定产业政策的基础必须着眼于提升产业竞争优势，政府可以通过多种方式来改善企业经营环境，但切不可限制竞争，因为政府在这些方面的"帮助"实际上只能阻碍企业创新，延缓生产效率的改进。近年来，中国政府不断加大对高新技术产业的研发投入，通过财政、税收和金融手段鼓励企业研发。然而，市场机制的不完善使得企业缺乏技术创新的动力，传统产业政策虽然推动了我国高技术产业规模上的较快发展，但核心关键技术的研发能力不足，没有形成企业竞争优势。政府直接主导的研发活动效率较低，而企业以市场需求为导向的研发，更有利于技术进步（邱兆林，2014）。因此，功能性产业政策要把创新能力建设作为其核心内容，政府的作用在于，通过教育、培训与研发激励等提高产业的核心竞争力，完善公平竞争的市场环境，加强专利保护与服务，为科研成果的转让和应用创造条件。

161

---

① 张伟，于良春. 中国竞争政策体系的目标与设计分析 [J]. 财经问题研究，2010 (6)：32－38.

## 2. 支持战略性新兴产业发展

战略性新兴产业是以重大技术突破和发展需求为基础的知识技术密集型产业。传统产业升级与新兴产业发展之间是良性互动的过程，战略性新兴产业培育可以为传统产业升级提供技术支撑，使二者呈现螺旋式上升趋势，政府应该在遵循比较优势的基础上制定相关产业政策，加快产业结构层次提升（孙军、高彦彦，2012）[①]。由于战略性新兴产业存在正的外部性和不确定性等经济属性，产业长期发展所需的外部环境尚不完善，完全依靠市场机制和企业自身能力难以快速成长，将弱化其战略性功能的发挥（吕铁、贺俊，2013）[②]。为此，需要发挥政府的引导和扶持作用，为战略性新兴产业的快速发展营造良好的市场环境和制度环境，但这并不意味着要让政府来主导产业发展，产业政策的出发点是有助于发挥战略性新兴产业的外部性和降低其不确定性。一方面，完善知识产权保护和技术转让制度，保护企业自主创新和合法权益；另一方面，通过研发补贴、政府购买、消费补贴等公共财政手段降低技术和需求的不确定性。

## 3. 保护中小企业发展

从产业组织发展形态来看，规模经济是市场竞争的结果，而非竞争的起点，任何一个产业都是从小到大的成长过程。大企业虽然资本雄厚，但其承受创新失败的成本也更高，而中小企业在创新活动中更加活跃，提高了技术分散化探索的经济性，技术多样性的中小企业群体维持了整个技术创新体系的动态性。通过产业政策保护中小企业更好发展，降低中小企业的融资成本和进入壁垒，既有利于形成有效竞争的格局，激励企业进行技术革新、提高生产效率，又能实现规模经济与专业化的分工与协作，形成大、中、小企业结构合理的产业组织体系。

## 4. 向社会服务领域倾斜

功能性产业政策发挥作用的立足点是弥补"市场失灵"，完善有助

---

① 孙军，高彦彦. 产业结构演变的逻辑及其比较优势——基于传统产业升级与战略性新兴产业互动的视角［J］. 经济学动态，2012（7）：70 – 76.

② 吕铁，贺俊. 技术经济范式协同转变与战略性新兴产业政策重构［J］. 学术月刊，2013（7）：78 – 89.

于形成有效市场竞争的制度环境。由于存在公共物品、信息不对称、规模经济以及外部性等市场失灵的领域，仅仅依靠市场机制无法解决经济发展中出现的公共品供给不足、不正当竞争以及环境污染等社会问题。因此，为了保障经济长期健康增长、社会和谐以及可持续发展，必须在出现市场失灵的社会服务领域更好地发挥政府的作用，功能性产业政策更多地向教育、科研、卫生、社会保障和环境保护等社会服务领域倾斜。

### 5. 产业结构调整援助政策

在一些产能过剩、过度竞争的行业，亏损企业由于存在大量沉淀资本，或者为了避免出现大量失业，难以从当前产业中退出。如果政府不能采取有效措施进行干预，则既浪费大量资源，又影响全行业的正常发展。需要说明的是，基于功能性产业政策的政府援助并非对企业直接干预，企业退出仍需遵循市场竞争择优汰劣的过程。政府应提供完善的退出机制和服务，对失业员工提供必要的生活补贴、失业保险以及再就业培训等政策支持。

### 6. 新型的国际贸易政策

经济全球化使得国际市场竞争日趋激烈，为了赢得在国际竞争中的主动权，政策制定部门必须立足全球视角重新审视产业政策的目标和体系构建。功能性产业政策应该以提升企业的国际竞争力为出发点，使本国产业在全球产业分工中占据有利位置和价值链的高端环节。传统产业政策主要通过引进国外资金、先进设备和最终产品来促进本国经济发展和技术进步，这些要素在一定程度上促进了国内产业发展，但在依靠技术和创新驱动经济增长的时代，产业发展迫切需要的是核心技术和高素质人才，因此，人才和知识的引进是未来国际贸易政策调整的重点。产业政策的制定应该区分国内和国际两个市场，在国际市场上应以贸易政策为主，政策目的是保护本国企业的快速发展，在国内市场上应以竞争政策为主，辅之以产业政策。

### 8.3.3 功能性产业政策的实施手段

**1. 从直接干预到市场监管的转变**

从政府干预经济的实践来看，生产型政府是失败的，服务型政府角色不明确，容易出现政府行为利益化和寻租腐败现象，因此，监管型政府成为政府职能转变的方向。政府角色从经济活动的直接掌控者向市场规则的建立者、竞争秩序的维护者转变，是市场经济发展的必然要求，政府监管意在矫正市场失灵、维护公共利益。既然监管属于政府行为，如果政府行为得不到有效约束，监管者容易被"俘获"，从而出现"监管失灵"，这就需要将政府的监管置于社会公众的监督之下，形成良性的"循环监管"，这样监管才有可能是有效的。最后，需要构建一套合理的监管体系，如健全的法律法规、高效的组织机构、先进的技术手段等。

**2. 综合利用供需两端的政策工具**

传统产业政策是政府为了加快经济增长和产业结构升级，从供给端来对产业发展实施干预，政府事先挑选"赢家"，通过项目审批、财政补贴以及税收减免等方式，改变产业的供给结构和规模，从而实现产业结构的调整。但这种从供给端进行的经济调控不利于产业内部的有效竞争，阻碍了技术水平的提高。功能性产业政策从供给和需求两方面来调控经济发展。供给侧实施结构性改革，对企业尤其是中小企业实施减税降费，鼓励企业技术创新和产品创新，以创新供给带动需求扩展；需求侧注重社会的消费需求，以扩大有效需求倒逼供给改革，实现结构调整和经济增长的相互促进[①]。在供给端，政府在尊重市场对资源配置功能的基础上，加大研发资本和人力资本投入力度，为产业发展搭建技术研发支撑体系，并对风险投资给予政策性扶持；在需求端，综合利用公共财政支出、政府采购及消费补贴等手段创造自由市场在短期内无法形成的需求规模，引导企业的生产活动和投资行为，这样更能激励企业

---

① 2015 年 12 月 2 日，李克强总理主持召开经济工作专家座谈会上的讲话. www.gov.cn/xinwen/2015 – 12/07/content_5020984.htm.

创新。

### 3. 发挥产业政策的信息传递功能

当前的产业政策实践中，普遍存在着产业政策供给与企业需求之间的不匹配现象，由于政府与企业之间缺少沟通，政策供给不完全适合企业需求。企业作为完全的市场主体，对市场的反应更加灵敏，可以根据市场需求的变化及时做出调整，改变投资战略。相比之下，政府对整个行业乃至全国范围内的供求状况、产能利用率以及投资规模等总量信息更有优势，因此政府应建立行业信息发布服务制度，定期、及时、详尽地收集和发布这些信息，既能引导投资者进行正确的投资，又能降低企业的信息搜寻成本，而让市场更好地发挥对调节资源配置的决定性作用。

### 4. 市场化的金融工具

除了行政性手段之外，政府还通过财政补贴、税收减免以及控制银行信贷的方式引导资本流向，本质上仍然是政府主导的政策性金融工具，为产业政策的有效实施服务。政策性金融在促进产业结构调整时更为直接和有效，却容易造成政府的过度干预。随着市场化进程的推进，以银行信贷为主的融资体系已经不能满足经济转型和产业结构升级的需要，而完善的多层次资本市场体系将更有效率。但是，同发达国家的成熟市场相比，我国资本市场在许多方面还存在较大差距，难以满足经济发展和结构转型的强烈需求。在功能性产业政策框架内，政府作为"顶层设计者"，应该致力于完善资本市场正常运行所需的制度和法律建设（张志元等，2014）[①]，放弃对资本市场的行政干预，由市场来决定资本的流向，进而实现产业结构调整和经济转型的目标。

## 8.4　本　章　小　结

根据新古典经济学的理论，经济发展是一个市场调节资源配置的自组织过程。但"市场失灵"的存在说明市场还需要进一步完善，政府

---

① 张志元，马雷，张梁. 基于战略视角的中国金融发展模式研究 [J]. 经济与管理评论，2014（4）：83–89.

165

必须承担起清除市场发育障碍，推动市场经济发展的责任。发达市场经济国家的政府主要依靠法律手段，以市场化的方式来调节经济活动，并结合财政、税收和金融等经济政策组合来规范市场秩序。对于市场经济体制还远未完善的中国来说，在法律和经济手段之外还需辅之以一定的行政手段，在特定环境下，带有强制性的行政手段可能更加有效。然而行政手段的运用会产生不良后果，政府部门往往以行政权力代替市场机制，习惯于计划经济时期的直接干预方式，这样会严重阻碍我国的市场化进程及经济的长期增长。

产业政策与竞争政策最终涉及政府与市场的关系及定位，市场经济体制下，必须确定竞争政策的优先地位，功能性产业政策的设计及实施限定在竞争政策所确立的框架内，合理协调产业政策与竞争政策的关系，形成竞争政策优先、产业政策与竞争政策兼容互补的公共政策体系。传统的选择性产业政策通过政府选择代替市场竞争，不利于企业的技术创新，并且产业政策的实施效果也无法保证。未来经济增长将由要素和投资驱动向技术和创新驱动转变，选择性产业政策显然不再满足经济增长方式转型和产业结构升级的要求。随着经济体制改革和政府职能的转变，政府逐渐从配置资源和组织生产的领域中退出，产业政策的制定和实施应该以市场为导向，由选择性产业政策向功能性产业政策转型。功能性产业政策的作用范围应该局限在市场失灵和社会服务领域，政策手段由直接干预向市场监管和间接引导转变。产业政策与竞争政策的关系反映了政府与市场的角色定位问题。党的十八届三中提出经济体制改革是全面深化改革的重点，经济体制改革的核心问题就是处理好政府和市场的关系，发挥市场在资源配置中的决定性作用。政府角色的转变反映在产业政策的转型上，监管型政府成为政府角色转变的方向，产业政策也应该以市场为导向，向功能性产业政策转型。在设计产业政策的方法时，注重激励机制和程序改革。在产业结构的有序发展过程中，市场选择是最基本的方式，正常的市场机制将促进产业健康成长，产业政策服从并服务于市场选择。

# 第9章 结论和展望

## 9.1 主要研究结论

中国正处在经济转轨的关键时期，政府在经济发展中的作用举足轻重，产业政策是政府宏观调控的主要工具，中国自1986年在"七五"计划中明确提出产业政策的概念之后，政府相继出台了大量的产业政策文件。从产业政策的范围来看，制造业是政府实施产业政策最多的领域，中国的工业化进程和制造业转型升级都是在产业政策的引导下完成的。《90年代国家产业政策纲要》将产业政策划分为产业结构政策、产业组织政策、产业技术政策和产业布局政策。本书结合产业政策的具体实践，提出制造业转型中产业政策的目标主要包括结构调整、组织优化、技术进步和就业稳定四个方面。结构调整是实现产业结构的合理化和高级化；组织优化是对某一产业内部市场结构和生产效率等进行调整；技术进步是指政府通过研发支出、专利保护、鼓励技术引进和自主创新等方式来提高国家的技术水平，突出技术进步对经济增长的贡献率；就业稳定是指政府通过扩张性财政政策来增加就业率，降低失业率，维持社会稳定。我们采用理论分析与实证检验相结合的方法，对产业政策的绩效进行分析，主要研究结论如下：

第一，选择性产业政策对制造业结构调整的效果不理想，固定资产投资倾斜与产出增长率之间存在负向关系，对全要素生产率和技术改进有正向影响，但对技术效率的影响不显著；研发资金倾斜对产出增长率和技术进步的影响都不显著。

基于耗散结构理论的分析表明，产业发展的动因源自分工网络内部的自发演进，产业结构变动是系统内各元素相互作用的结果，因而，产业发展及产业结构调整是在市场条件下自发实现的。中国的产业政策大多属于"选择性产业政策"，政府倾向于挑选规模较大且国有资本比重较高的特定行业进行扶持，这种选择性行为违背了市场规律，产业政策的效果往往并不理想。

本书采用要素投入倾斜度来衡量产业政策偏向，建立回归模型实证分析产业政策对产业结构调整的影响。结果表明：在产出方面，固定资产投资倾斜与行业产出增长率之间存在负向关系，中国产业政策具有较强的选择性，政府投资倾向于规模较大且国有资本比重较高的行业，这些行业的规模较大，但其产出增长率较低；研发资金倾斜对产出增长率的影响不显著，且符号为负，政府研发支出并没有通过促进技术进步来推动经济增长。在技术进步方面，固定资产投资倾斜对全要素生产率和技术改进具有显著的正向影响，对技术效率的影响不显著，这是由于中国全要素生产率的提升主要得益于技术改进，技术改进常常局限于对国外先进机器设备的购进，这主要是通过固定资产投资来完成的；研发资金倾斜对技术进步的影响不显著，说明政府研发支出的利用效率较低，政府主导型而非市场导向型研发活动缺乏创新活力。总体而言，随着经济发展模式向技术和创新驱动转型，传统产业政策对制造业结构调整的效应正在减弱，选择性产业政策抑制了市场化程度较高的行业更快发展，阻碍了行业间的有序竞争和技术进步。

第二，产业组织政策应该以发挥市场的作用为前提。钢铁产业政策以政府选择代替市场竞争，没能从根本上治理钢铁行业存在的过度投资和产能过剩现象；家电产业政策遵循产业发展的客观规律，针对不同阶段产业发展的特点采取扶植和诱导的政策手段，有效推动了家电产业组织结构的优化。

本书对1994年以来政府针对钢铁产业实施的产业政策进行了梳理。钢铁产业政策带有明显的计划经济色彩，政府选择代替市场竞争，政府通过市场准入、项目审批、贷款核准、目录指导、强制清理等行政性手段调整产业发展。通过测算钢铁行业市场结构和生产效率来说明产业政策的实施效果，结果表明：钢铁行业市场集中度较低，2012年钢铁行业的集中度$CR_4$和$CR_{10}$分别只有27%和45.9%；钢铁企业空间分布比较离散，各地区重复建设严重；钢铁行业的生产效率呈下降趋势，2006

年全国的平均值为 0.617，2012 年下降到 0.586。原因在于，地方政府为促进本地经济发展，保护落后企业，粗放式发展严重。以"扶大限小"为特征的产业政策产生了负面效应，大企业免于市场竞争所带来的压力，缺乏提高生产效率的动力；政策反向激励企业不断扩大规模以求自保，忽视对技术和生产效率的投入；弱化了市场竞争的"优胜劣汰"机制，不利于高效率企业的快速成长，更不利于市场化改革的推进。

家电产业政策遵循了产业发展的客观规律，针对产业不同发展阶段的特点采取了扶植和诱导的政策。尤其是在起步阶段，政府通过各种扶持措施在短时间内实现了家电行业的跨越式发展；在充分竞争阶段，政府逐步放松了对家电行业的行政管制，转而采取间接引导的方式，有效控制了过度投资，产业政策的效果显著。在市场和政策的双重作用下，家电产业的市场集中度不断提高，产品技术含量和出口能力显著增强。从家电产业政策的绩效来看，经过市场竞争的优胜劣汰，市场集中度不断提升，2012 年 12 月，中国洗衣机、电冰箱、空调器、电视机产品的品牌占有率（CR4）分别为 69.0%、62.5%、68.2%、54.5%。进一步采用新实证产业组织（NEIO）方法测度产业的市场势力，家电企业的市场势力溢价为 0.842，显著小于 1，说明中国家电企业不存在市场势力，虽然家电市场的集中度较高，但企业之间竞争仍然异常激烈。最后，采用基于数据包络分析（DEA）的 Malmquist 指数模型方法测算得到家电行业 2007～2014 年全要素生产率及分解指标，家电行业的 TFP 较高，主要得益于技术进步，技术效率的贡献较小，规模经济开始显现。

第三，中国高技术产业的研发效率和转化效率都不高，相对而言，行业层面的研发效率高于转化效率，而区域层面的研发效率低于转化效率；产业政策和市场化因素对两阶段创新效率都有正向影响，但市场化因素的促进作用更明显。

价值链视角下，高技术产业的创新过程可分为技术研发和成果转化两个阶段（余泳泽，2010），本书采用 SFA 方法分别测算了中国高技术产业行业层面和区域层面的科技研发效率和成果转化效率，结果显示：（1）行业层面。高技术产业两阶段创新效率都不高，2012 年的研发效率和转化效率分别为 0.41 和 0.25，相对而言，研发效率高于转化效率。可见，较高的研发效率并未带来较高的转化效率，说明中国高技术产业快速增长的专利产出很难转化为商业价值。（2）区域层面。中国 23 个省份的高技术产业研发效率总体偏低，2012 年的平均值仅为 0.2，不同省份之间研发效率差距不大，效率值都不到 0.5，说明各地区高技术产业研发能力较低；高技术产业转化效率相对较高，2012 年的平均值为 0.28，东部发达省份转化效率优势明显，北京、天津、上海、江苏、福建、山东、广东等地的转化效率值都在 0.5 以上，说明东部地区的高技术产业发展较快。一般情况下，高技术产业先具备较高的研发能力，进而实现其商业价值，获得较高的转化效率。但在区域层面，中国高技术产业的研发效率较低，转化效率较高，说明中国大部分省份的高技术企业还不具备核心技术的研发能力，相对于研发所面临的高风险，企业更倾向于从事技术含量较低的组装工作，依靠资源和劳动力的低成本来获取微薄的利润。

产业政策和市场化因素对两阶段创新效率都有正向影响，市场化因素的作用相对更大，具体来看：（1）行业层面。政府研发支出和知识产权保护都对高技术产业创新效率产生正向影响，政府研发支出增加 1%，研发效率和转化效率将分别提高 0.007% 和 0.004%，说明政府研发支出对创新效率的影响作用较小；知识产权保护强度提高 1%，研发效率和转化效率分别提高 0.32% 和 0.024%，知识产权保护对研发效率的正向影响更大；企业自主研发投入增加 1%，转化效率将提高 0.015%，说明企业自主研发对技术创新的促进作用远大于政府研发支出；市场竞争程度对研发效率和转化效率都有正向影响。（2）区域层面。政府研发支出增加 1%，研发效率和转化效率分别提高 0.009% 和 0.004%；知识产权保护强度提高 1%，两阶段创新效率分别提高 0.15% 和 0.08%；企业自主研发投入每增加 1%，高技术产业的研发效率和转化效率分别提高 0.03% 和 0.008%。通过比较可以发现，相对于政府研发支出，企业自主研发投入对技术创新的推动作用更大。因此，市场条件下，企业应该成为研发活动的主体，企业以市场需求为导向进行技术创新，效率更高，政府致力于构建企业创新的激励机制，间接引导和鼓励企业研发，而非主导企业的研发活动。

第四，财政支出对就业的影响存在滞后效应，不同类型财政支出的就业效应存在较大差别，教育和社会保障支出在长期有利于促进就业，而经济建设支出的影响不显著，优化财政支出结构可以实现"稳就业"和"转方式"的双重目标。

　　长期来看，中国经济转型过程中就业总量矛盾依然存在，GDP 增速下降不可避免地会带来劳动力需求萎缩的风险。结构性问题突出，劳动者素质结构与市场需求不匹配矛盾更加突出，高端技术型人才匮乏，农村剩余劳动力、高校毕业生和经济转型造成的下岗职工等群体的就业形势依然严峻，这就需要政府采取积极政策促进就业。根据不同类型财政支出对就业的影响机制不同，我们将政府财政支出划分为经济建设支出、教育支出、科技支出和社会保障支出四类。统计数据显示，中国财政支出总额占 GDP 的比重从 2007 年的 14.4% 快速提升到 2014 年的 23.8%，政府对经济的干预程度进一步强化。各类支出占财政支出总额的比重差别较大，经济建设支出所占比重较高，从 2007 年的 18.4% 提高到 2014 年的 28.5%，增长了 10 个百分点；教育支出、技术支出和社会保障支出占比变化不大，甚至有所降低，尤其是技术支出的比重只有 2.2%。因此，应合理调整财政支出结构，通过人力资本积累和技术进步来实现就业稳定和经济增长路径转型的目标。

　　本书采用中国 30 个省（区、市）2007～2013 年的面板数据，运用系统广义矩估计（SYS - GMM）考察了政府财政支出规模和结构对就业的影响。研究发现，财政支出对就业的影响存在滞后效应，当期财政支出规模对就业有负向影响，而滞后一期财政支出规模对就业有正向影响。不同类型财政支出的就业效应存在较大差别，经济建设支出对就业的影响不显著，资本性支出往往投向就业弹性较低的资本密集型行业，降低了经济增长对就业的吸纳能力；教育支出存在滞后效应，当期和滞后一期教育支出对就业具有负向影响，但滞后两期教育支出对就业的正向影响更大；科技支出当期对就业有正向影响，而滞后一期影响为负，技术进步对就业的补偿效应缺乏可持续性；社会保障支出当期对就业的影响不显著，滞后一期对就业有正向影响。总体来看，教育和社会保障支出对就业的长期正向影响显著，因此，要实现充分就业，既要发挥财政支出的短期刺激作用，更要从根源入手，调整财政支出结构，解决劳动力市场上固有的结构性矛盾。

　　第五，选择性产业政策直接干预微观经济，以政府选择代替市场竞争，其激励不足、阻碍创新和维系行政垄断等弊端逐步凸显，制约了产业结构调整和经济长期增长，新型产业政策应该以市场为导向，实施功能性产业政策。

中国传统的产业政策虽然强调市场配置资源的基础性作用，但实施手段仍以行政性的直接干预为主，产业政策的选择性不仅表现为对特定产业和企业的选择和扶持，更表现为对产业内特定技术、产品和工艺的选择。例如，《产业结构调整指导目录》（2011 年本）详细列出的政府鼓励类、限制类和淘汰类的产品、工艺和技术分别达 758 种、233 种和436 种，从政策实施工具看，政府强化了目录指导、市场准入、项目审批、强制清理等行政手段的运用，对微观经济的干预更加直接。随着经济发展阶段性目标的实现和市场体制的不断完善，选择性产业政策的弊端逐渐凸显，如产业政策激励不足、制约了企业创新、维系了行政垄断等。

产业政策与竞争政策最终涉及政府与市场的关系及定位，市场经济体制下，必须确定竞争政策的优先地位，功能性产业政策的设计及实施限定在竞争政策所确立的框架内，合理协调产业政策与竞争政策的关系，形成竞争政策优先、产业政策与竞争政策兼容互补的公共政策体系。传统的选择性产业政策通过政府选择代替市场竞争，不利于企业的技术创新，并且产业政策的实施效果也无法保证。未来经济增长将由要素和投资驱动向技术和创新驱动转变，选择性产业政策显然不再满足经济增长方式转型和产业结构升级的要求。随着经济体制改革和政府职能转变，政府逐渐从配置资源和组织生产的领域中退出，产业政策的制定和实施应该以市场为导向，由选择性产业政策向功能性产业政策转型。功能性产业政策的作用范围应该局限在市场失灵和社会服务领域，政策手段由直接干预向市场监管和间接引导转变。

## 9.2　研究不足与展望

本书从结构调整、组织优化、技术进步和就业稳定四个方面实证分析了中国制造业转型升级过程中产业政策的绩效。但本书仍然存在需要进一步完善的地方，可作为今后深入研究的方向。

第一，第 3 章研究产业政策对制造业结构调整的影响时，对产业政策的量化存在一定的局限性。对产业政策进行量化是一个较难的技术性问题，受数据可获得性的限制，我们采用政府固定资产投资和研发投资来衡量产业政策，没有涉及税收等其他政策工具。分税制改革之后，税收手段逐渐成为政府实施产业政策的重要工具，因此，从财政和税收两方面来研究产业政策的绩效对产业政策的评价将更全面。寻求更加合理、准确的方法来量化产业政策，并从实证的层面来分析产业政策的绩效，是今后进一步研究的重要内容。

第二，第6章以财政支出作为产业政策实施的工具，研究了产业政策对就业的影响。我们的初衷是要分析制造业转型中产业政策的社会效应，由于这个题目较大，很难在书中全部体现。考虑到就业稳定是实现社会和谐的重要因素，而且就业问题一直是各国政府部门普遍关心的问题，所以，我们从就业的角度来分析产业政策的社会效应。无疑，产业政策的社会效应也是笔者今后的重要研究方向，如产业政策在教育、医疗卫生、养老等领域的实施效果，系统全面地分析产业政策的社会效应。

第三，本书主要研究了中国制造业层面的产业政策绩效，未涉及农业和服务业。中国产业政策覆盖面较广，20世纪80年代之后，中国政府出台的产业政策几乎涵盖了第一、第二、第三产业。政府在农业方面投入了较多的资源，但中国农业经济和农村经济的发展质量不高，农村剩余劳动力不断向城镇转移，却很难享受到相同的社会保障服务。而且，随着中国经济发展的快速推进，服务业在国民经济中的比重逐渐增加，服务业逐渐成为政府实施产业政策较多的领域，虽然中国服务业总量发展较快，但服务业的生产效率普遍较低，大部分行业属于劳动密集型行业，技术含量和附加值较低，长期处在世界产业链的低端水平。因此，研究产业政策在农业和服务业发展中的绩效将是对本书较好的补充。

173

# 参 考 文 献

[1]［美］迈克尔·波特. 国家竞争优势［M］. 李明轩，邱如美译，北京：中信出版社，2012.

[2]［美］丹尼·罗德里克. 相同的经济学，不同的政策处方［M］. 张军扩，侯永志等译. 北京：中信出版社，2009.

[3]［美］杰里米·里夫金. 第三次工业革命［M］. 张体伟，孙豫宁译，北京：中信出版社，2012.

[4]［美］詹姆斯·布坎南. 自由、市场和国家［M］. 吴良健等译，北京：北京经济学院出版社，1989.

[5]［日］青木昌彦. 政府在东亚经济发展中的作用：比较制度分析［M］. 张春霖等译，北京：中国经济出版社，1998.

[6]［日］下河边淳，管家茂. 现代日本经济事典［M］. 北京：中国社会科学出版社，1982：23-27.

[7]［日］小宫隆太郎，奥野正宽，铃村兴太郎. 日本的产业政策［M］. 黄晓勇等译，北京：国际文化出版公司，1988.

[8] 白俊红. 企业规模、市场结构与创新效率——来自高技术产业的经验证据［J］. 中国经济问题，2011（5）：65-78.

[9] 白雪洁，陈思如. 效率改善、技术进步与中国家电跨国企业的成长——基于 DEA 模型的实证分析［J］. 财经问题研究，2008（3）：36-42.

[10] 宾雪花，何强. 美国产业政策立法及对中国的三启示［J］. 法学杂志，2013（8）：98-107.

[11] 宾雪花. 美国产业政策立法与反托拉斯法关系探析［J］. 经济法论丛，2011（2）：321-336.

[12] 蔡昉. 中国经济增长如何转向全要素生产率驱动型［J］. 中国社会科学，2013（1）：56-71.

[13] 蔡昉,都阳,高文书.就业弹性、自然失业和宏观经济政策——为什么经济增长没有带来显性就业 [J].经济研究,2004 (9):18-25.

[14] 查默斯·约翰逊.通产省与日本奇迹——产业政策的成长(1925-1975) [M].金毅等译,长春:吉林出版集团有限责任公司,2010.

[15] 陈建安.日本的产业政策与企业的行为方式 [J].日本学刊,2007 (5):69-81.

[16] 陈建勋,武治印.转轨国家技术创新效率的评价——基于转轨国家技术创新数据的经验分析 [J].财经科学,2012 (3):33-41.

[17] 陈江华,丁国锋.经验与借鉴:日本的产业政策与竞争政策 [J].郑州大学学报(哲学社会科学版),2011 (4):45-48.

[18] 陈瑾玫.中国产业政策效应研究 [D].沈阳:辽宁大学,2007.

[19] 陈剩勇.中国政府的宏观调控为什么失灵——以1996年以来中国钢铁产业的宏观调控为例 [J].学术界,2013 (4):5-24.

[20] 陈甫军,周末.市场势力与规模效应的直接测度——运用新产业组织实证方法对中国钢铁产业的研究 [J].中国工业经济,2009 (11):45-55.

[21] 程俊杰.中国转型时期产业政策与产能过剩——基于制造业面板数据的实证研究 [J].财经研究,2015 (8):131-144.

[22] 迟莹莹.国内家电业竞争力动态分析 [J].家电科技,2007 (5):76-78.

[23] 戴魁早.产业集中度与利润率的关系研究——来自钢铁产业的实证检验 [J].当代经济科学,2007 (6):67-73.

[24] 杜传忠.我国汽车行业与家电行业市场集中过程的比较与启示 [J].当代财经,2003 (2):99-101.

[25] 范凌钧,陈燕儿,李南.R&D对中国高技术产业技术效率的影响研究 [J].研究与发展管理,2010 (3):36-43.

[26] 方福前,孙文凯.政府支出结构、居民消费与社会总消费——基于中国2007-2012年省际面板数据分析 [J].经济学家,2014 (10):35-44.

175

[27] 冯俏彬，贾康．"政府价格信号"分析：我国体制性产能过剩的形成机理及其化解之道 [J]．财政研究，2014（4）：2-9．

[28] 冯晓琦，万军．从产业政策到竞争政策：东亚地区政府干预方式的转型及对中国的启示 [J]．南开经济研究，2005（5）：65-71．

[29] 弗里德里希·李斯特．政治经济学的国民体系 [M]．北京：商务印书馆，1983．

[30] 付保宗．家电产业发展与产业政策绩效分析（上）[J]．家电科技，2008（12）：51-53．

[31] 付勇，张晏．中国式分权与财政支出结构偏向：为增长而竞争的代价 [J]．管理世界，2007（3）：4-12．

[32] 干春晖，郑若谷，余典范．中国产业结构变迁对经济增长和波动的影响 [J]．经济研究，2011（5）：4-16．

[33] 高艳慧，万迪昉．企业性质、资金来源与研发产出——基于我国高技术产业的实证研究 [J]．科学学与科学技术管理，2011（9）：146-156．

[34] 顾海峰．战略性新兴产业培育、升级与金融支持 [J]．改革，2011（2）：29-34．

[35] 顾群，翟淑萍．高技术产业知识产权保护、金融发展与创新效率——基于省级面板数据的研究 [J]．软科学，2013（7）：42-46．

[36] 顾昕．产业政策的是是非非——林毅夫"新结构经济学"评论之三 [J]．读书，2013（12）：27-36．

[37] 顾昕．政府积极干预主义的是是非非——林毅夫"新结构经济学"评论之二 [J]．读书，2013（11）：36-45．

[38] 郭凯明，张全升，龚六堂．公共政策、经济增长与不平等演化 [J]．经济研究，2011（S2）：5-15．

[39] 郭庆旺，贾俊雪．政府公共资本投资的长期经济增长效应 [J]．经济研究，2006（7）：29-40．

[40] 郭庆旺，吕冰洋，张德勇．财政支出结构与经济增长 [J]．经济理论与经济管理，2003（11）：5-12．

[41] 郭新强，胡永刚．中国财政支出与财政支出结构偏向的就业效应 [J]．经济研究，2012（S2）：5-17．

[42] 国家计委宏观经济研究院课题组．促进我国工业结构调整和

产业升级研究——家用电器和通信设备制造业的启示 [J]. 世界经济, 2001 (3)：67 - 87.

[43] 韩超. 战略性新兴产业政策依赖性探析——来自地方政府补贴视角的实证检验 [J]. 经济理论与经济管理, 2014 (11)：57 - 71.

[44] 韩晶. 中国高技术产业创新效率研究——基于 SFA 方法的实证分析 [J]. 科学学研究, 2010 (3)：467 - 472.

[45] 韩乾, 洪永淼. 国家产业政策、资产价格与投资者行为 [J]. 经济研究, 2014 (12)：143 - 158.

[46] 韩小威. 经济全球化背景下中国产业政策有效性问题研究 [D]. 长春：吉林大学, 2006.

[47] 何大安. 政府产业规制的理性偏好 [J]. 中国工业经济, 2010 (6)：46 - 54.

[48] 何德旭, 姚战琪. 中国产业结构调整的效应、优化升级目标和政策措施 [J]. 中国工业经济, 2008 (5)：46 - 56.

[49] 何枫, 陈荣. R&D 对中日家电企业效率差异的经验解释：SFA 和 DEA 的比较 [J]. 研究与发展管理, 2008 (6)：10 - 15.

[50] 何记东, 史忠良. 产能过剩条件下的企业扩张行为分析——以我国钢铁产业为例 [J]. 江西社会科学, 2012 (3)：182 - 185.

[51] 贺俊, 毛科君. 市场开发、组织变迁与产业绩效——以中国家用电器业的发展为例 [J]. 经济评论, 2002 (6)：101 - 105.

[52] 胡刚. 成熟产业中的衰退产业市场行为及产业组织对策——对当前主要家电产业新一轮价格战的思考 [J]. 中国经济问题, 2000 (6)：40 - 45.

[53] 胡立君, 石军伟, 傅太平. 产业结构与产业组织互动关系的实现机理研究 [J]. 中国工业经济, 2005 (5)：50 - 57.

[54] 黄健柏, 徐震, 徐珊. 土地价格扭曲、企业属性与过度投资——基于中国工业企业数据和城市地价数据的实证研究 [J]. 中国工业经济, 2015 (3)：57 - 69.

[55] 黄建军. 产业链纵向关系的演进分析——以我国家电产业和汽车产业为例 [M]. 北京：经济管理出版社, 2014.

[56] 黄茂兴, 李军军. 技术选择、产业结构升级与经济增长 [J]. 经济研究, 2009 (7)：143 - 151.

177

[57] 黄庆华. 战略性新兴产业的背景、政策演进与个案例证 [J]. 改革, 2011 (9): 39 - 47.

[58] 黄群慧, 贺俊. 中国制造业的核心能力、功能定位与发展战略——简评《中国制造 2025》[J]. 中国工业经济, 2015 (6): 5 - 17.

[59] 黄群慧. 中国的工业大国国情与工业强国战略 [J]. 中国工业经济, 2012 (3): 5 - 16.

[60] 黄先海, 诸竹君. 新产业革命背景下中国产业升级的路径选择 [J]. 国际经济评论, 2015 (1): 112 - 120.

[61] 黄先海, 宋学印, 诸竹君. 中国产业政策的最优实施空间界定——补贴效应、竞争兼容与过剩破解 [J]. 中国工业经济, 2015 (4): 57 - 69.

[62] 江飞涛, 曹建海. 市场失灵还是体制扭曲——重复建设形成机理研究中的争论、缺陷与新进展 [J]. 中国工业经济, 2009 (1): 53 - 64.

[63] 江飞涛, 陈伟刚, 黄健柏, 焦国华. 投资规制政策的缺陷与不良反应——基于中国钢铁工业的考察 [J]. 中国工业经济, 2007 (6): 53 - 61.

[64] 江飞涛, 李晓萍. 直接干预市场与限制竞争: 中国产业政策的取向与根本缺陷 [J]. 中国工业经济, 2010 (9): 26 - 36.

[65] 江静. 公共政策对企业创新支持的绩效——基于直接补贴与税收优惠的比较分析 [J]. 科研管理, 2011 (4): 1 - 8.

[66] 江小涓. 产业政策实践效果的初步评价 [J]. 社会科学辑刊, 1996 (1): 53 - 57.

[67] 江小涓. 经济转轨时期的产业政策: 对中国经验的实证分析与前景展望 [M]. 上海: 上海三联出版社、格致出版社, 2014.

[68] 江小涓. 论我国产业结构政策的实效和调整机制的转变 [J]. 经济研究, 1991 (3): 9 - 15.

[69] 江小涓. 中国推行产业政策中的公共选择问题 [J]. 经济研究, 1993 (6): 3 - 18.

[70] 姜琪. 转轨期行政垄断的形成机理与改革路径 [J]. 现代经济探讨, 2012 (6): 84 - 88.

[71] 蒋殿春, 张宇. 经济转型与外商直接投资技术溢出效应 [J].

经济研究，2008（7）：26 - 38.

[72] 蒋宁，张维，倪玉婷．动态环境下我国产业政策体系建设研究 [J]．科技与经济，2010（5）：12 - 16.

[73] 焦国华，江飞涛，陈舸．中国钢铁企业的相对效率和规模效率 [J]．中国工业经济，2007（10）：37 - 44.

[74] 金碚．中国制造2025 [M]．北京：中信出版社，2015.

[75] 金戈．产业结构变迁与产业政策选择——以东亚经济体为例 [J]．经济地理，2010（9）：1517 - 1523.

[76] 金戈，史晋川．多种类型公共支出与经济增长 [J]．经济研究，2010（7）：43 - 56.

[77] 金乐琴．美国的新式产业政策：诠释与启示 [J]．经济理论与经济管理，2009（5）：75 - 79.

[78] 寇娅雯，张耀东．家电下乡补贴政策的经济学分析：基于信息不对称视角 [J]．生态经济，2013（1）：131 - 133.

[79] 雷玷，雷娜．产业政策、产业结构与经济增长的实证研究 [J]．经济问题，2012（4）：45 - 48.

[80] 李皓，章冬梅．现代产业体系下产业政策解析——基于分工的超边际分析框架 [J]．产经评论，2010（5）：5 - 13.

[81] 黎文靖，李耀淘．产业政策激励了公司投资吗 [J]．中国工业经济，2014（5）：122 - 134.

[82] 李歆，牟燕．"以旧换新"政策与企业绩效关系实证研究——以家电产业为例 [J]．财会通讯，2014（11）：19 - 21.

[83] 林毅夫，巫和懋，邢亦青．"潮涌现象"与产能过剩的形成机制 [J]．经济研究，2010（10）：4 - 19.

[84] 林毅夫．潮涌现象与发展中国家宏观经济理论的重新构建 [J]．经济研究，2007（1）：126 - 131.

[85] 林毅夫．新结构经济学 [M]．北京：北京大学出版社，2012.

[86] 刘秉镰，林坦，刘玉海．规模和所有权视角下的中国钢铁企业动态效率研究——基于 Malmquist 指数 [J]．中国软科学，2010（1）：150 - 157.

[87] 刘澄，顾强，董瑞青．产业政策在战略性新兴产业发展中的作用 [J]．经济社会体制比较，2011（1）：196 - 203.

［88］刘军，杨跑远，李鑫．我国高新技术产业人力资本承载力评价实证研究［J］．经济与管理评论，2013（1）：42－47.

［89］刘社建．中国产业政策的演进、问题及对策［J］．学术月刊，2014（2）：79－85.

［90］刘伟，蔡志洲．我国工业化进程中产业结构升级与新常态下的经济增长［J］．北京大学学报（哲学社会科学版），2013（3）：5－19.

［91］刘伟，李绍荣．产业结构与经济增长［J］．中国工业经济，2002（5）：14－21.

［92］刘伟，苏剑．"新常态"下的中国宏观调控［J］．经济科学，2014（4）：5－13.

［93］刘志彪．经济发展新常态下产业政策功能的转型［J］．南京社会科学，2015（3）：33－41.

［94］陆昂．20世纪90年代以来美国和日本产业政策调整评析［J］．经济问题探索，2004（2）：41－45.

［95］陆铭，欧海军．高增长与低就业：政府干预与就业弹性的经验研究［J］．世界经济，2011（12）：3－31.

［96］吕明元．产业政策、制度创新与具有国际竞争力的产业成长［J］．经济社会体制比较，2007（1）：134－137.

［97］吕铁，贺俊．技术经济范式协同转变与战略性新兴产业政策重构［J］．学术月刊，2013（7）：78－89.

［98］罗德明，李晔，史晋川．要素市场扭曲、资源错配与生产效率［J］．经济研究，2012（3）：4－14.

［99］马晓河，赵淑芳．中国改革开放30年来产业结构转换、政策演进及其评价［J］．改革，2008（6）：5－22.

［100］潘士远，金戈．发展战略、产业政策与产业结构变迁——中国的经验［J］．世界经济文汇，2008（1）：64－76.

［101］彭博．家电下乡和以旧换新对我国家电制造业市场势力的影响［D］．成都：西南财经大学，2014.

［102］戚聿东，刘健．第三次工业革命趋势下产业组织转型［J］．财经问题研究，2014（1）：27－33.

［103］秦嗣毅．日本产业政策的演变及特点［J］．东北亚论坛，

2003 (2): 68 - 71.

[104] 邱兆林, 马磊. 经济新常态下政府财政支出的就业效应——基于中国省级面板数据的系统 GMM 分析 [J]. 中央财经大学学报, 2015 (12): 22 - 30.

[105] 邱兆林. 高技术产业两阶段的创新效率 [J]. 财经科学, 2014 (12): 107 - 116.

[106] 邱兆林. 行业垄断、异质性人力资本与行业收入差距 [J]. 经济与管理评论, 2014 (5): 18 - 25.

[107] 邱兆林. 行业收入差距及垄断行业高收入的实现路径——基于技术进步的视角 [J]. 当代经济管理, 2015 (3): 38 - 44.

[108] 邱兆林. 行业收入差距扩大的原因分析——基于人力资本异质性的视角 [J]. 经济体制改革, 2015 (2): 21 - 25.

[109] 邱兆林. 行政垄断、技术进步与行业收入差距——基于工业行业面板数据的实证分析 [J]. 贵州财经大学学报, 2014 (6): 1 - 9.

[110] 邱兆林. 政府干预、企业自主研发与高技术产业创新——基于中国省级面板数据的实证分析 [J]. 经济问题探索, 2015 (4): 43 - 48.

[111] 邱兆林. 中国产业政策的特征及转型分析 [J]. 现代经济探讨, 2015 (7): 10 - 14.

[112] 邱兆林. 中国产业政策有效性的实证分析——基于工业行业的面板数据 [J]. 软科学, 2015 (2): 11 - 14.

[113] 邱兆林. 中国钢铁产业政策变迁及实施效果研究 [J]. 湖北经济学院学报, 2015 (3): 21 - 29.

[114] 芮明杰. 新一轮工业革命正在叩门, 中国怎么办? [J]. 当代财经, 2012 (8): 5 - 12.

[115] 沙文兵, 李桂香. FDI 知识溢出、自主 R&D 投入与内资高技术企业创新能力——基于中国高技术产业分行业动态面板数据的检验 [J]. 世界经济研究, 2011 (1): 51 - 56.

[116] 石奇, 孔群喜. 实施基于比较优势要素和比较优势环节的新式产业政策 [J]. 中国工业经济, 2012 (12): 70 - 82.

[117] 石庆伟, 陈孟阳. 经济专家胡祖六认为: 制造业转型和扩大就业不矛盾 [N]. 新华每日电讯, 2006 - 11 - 6, 第 006 版.

[118] 史晋川. 论经济发展方式及其转变——理论、历史、现实 [J]. 浙江社会科学, 2010 (4): 12 - 18.

[119] 史晋川, 黄良浩. 总需求结构调整与经济发展方式转变 [J]. 经济理论与经济管理, 2011 (1): 33 - 49.

[120] 史忠良. 产业经济学 [M]. 北京: 经济管理出版社, 2005.

[121] 舒锐. 产业政策一定有效吗? ——基于工业数据的实证分析 [J]. 产业经济研究, 2013 (3): 45 - 54.

[122] 宋丽智. 我国固定资产投资与经济增长关系再检验: 1980 - 2010 年 [J]. 宏观经济研究, 2011 (11): 17 - 46.

[123] 宋凌云, 王贤彬. 重点产业政策、资源重置与产业生产率 [J]. 管理世界, 2013 (12): 63 - 77.

[124] 孙军, 高彦彦. 产业结构演变的逻辑及其比较优势——基于传统产业升级与战略性新兴产业互动的视角 [J]. 经济学动态, 2012 (7): 70 - 76.

[125] 孙泗泉, 叶琪. 创新驱动制造业转型的作用机理与战略选择 [J]. 产业与科技论坛, 2015 (2): 15 - 18.

[126] 孙早, 王文. 国家特征、市场竞争与产业政策效率的决定 [J]. 当代经济科学, 2010 (1): 1 - 8.

[127] 孙早, 席建成. 中国式产业政策的实施效果: 产业升级还是短期经济增长 [J]. 中国工业经济, 2015 (7): 52 - 67.

[128] 孙正. 地方政府财政支出结构与规模对收入分配及经济增长的影响 [J]. 财经科学, 2014 (7): 122 - 130.

[129] 万学军, 何维达. 中国钢铁产业政策有效的影响因素分析 [J]. 经济问题探索, 2010 (8): 18 - 24.

[130] 汪斌. 经济全球化与当代产业政策的转型——兼论中国产业政策的转型取向 [J]. 学术月刊, 2003 (3): 37 - 43.

[131] 汪菁, 何大安. 固定资产投资与产业结构调整——基于我国 1978 - 2006 年情况的分析 [J]. 中共浙江省委党校学报, 2008 (3): 105 - 110.

[132] 王弟海, 龚六堂. 幼稚产业发展的路径及其政府政策的分析 [J]. 数量经济技术经济研究, 2006 (3): 24 - 36.

[133] 王辉. "家电下乡" 试点政策实施情况及改进建议——基于

山东、河南、四川三地试点的调查分析 [J]. 价格理论与实践，2009 (3)：17 - 18.

[134] 王立国，王磊. 产权结构、地方政府干预与产能过剩——基于 SSCP 分析范式的中国工业经济绩效研究 [J]. 经济与管理研究，2014 (7)：65 - 73.

[135] 王文，孙早，牛泽东. 产业政策、市场竞争与资源错配 [J]. 经济学家，2014 (9)：22 - 32.

[136] 王文娟. 家电下乡政策的效率与公平性分析——基于支农惠农目标的评估 [J]. 中国软科学，2011 (12)：92 - 100.

[137] 王喜文. 中国制造 2025 解读：从工业大国到工业强国 [M]. 北京：机械工业出版社，2015.

[138] 王燕梅，周丹. 中速增长时期的产业政策转型——以中国装备制造业为例 [J]. 当代经济科学，2014 (1)：82 - 88.

[139] 文豪，陈中峰. 知识产权保护、行业异质性与技术创新 [J]. 工业技术经济，2014 (6)：131 - 138.

[140] 吴剑奴，敖文. 论产业政策与产业竞争力的关系——基于家电产业的案例分析 [J]. 生产力研究，2012 (2)：171 - 173.

[141] 吴敬琏. "国进民退"：中国改革的风险 [J]. 中国民营科技与经济，2012 (Z3)：100 - 103.

[142] 吴意云，朱希伟. 中国为何过早进入再分散：产业政策与经济地理 [J]. 世界经济，2015 (2)：140 - 166.

[143] 武鹏，余泳泽，季凯文. 市场化、政府介入与中国高技术产业 R&D 全要素生产率增长 [J]. 产业经济研究，2010 (3)：62 - 69.

[144] 武晓利，晁江锋. 政府财政支出结构调整对经济增长和就业的动态效应研究 [J]. 中国经济问题，2014 (9)：39 - 47.

[145] 肖仁桥，钱丽，陈忠卫. 中国高技术产业创新效率及其影响因素研究 [J]. 管理科学，2012 (5)：85 - 98.

[146] 辛仁周. 实现产业政策与竞争政策的紧密结合 [N]. 人民日报，2011 - 1 - 25 (7).

[147] 徐二明，高怀. 中国钢铁企业竞争力评价及其动态演变规律分析 [J]. 中国工业经济，2004 (11)：40 - 46.

[148] 徐康宁，韩剑. 中国钢铁产业的集中度、布局与结构优化研

究——兼评 2005 年钢铁产业发展政策 [J]. 中国工业经济，2006（2）：37－44.

[149] 徐朝阳，林毅夫. 发展战略与经济增长 [J]. 中国社会科学，2010（3）：94－108.

[150] 徐朝阳，周念利. 市场结构内生变迁与产能过剩治理 [J]. 经济研究，2015（2）：75－87.

[151] 严成樑，龚六堂. 财政支出、税收与长期经济增长 [J]. 经济研究，2009（6）：4－15.

[152] 严成樑，王弟海，龚六堂. 政府财政政策对经济增长的影响——基于一个资本积累与创新相互作用模型的分析 [J]. 南开经济研究，2010（1）：51－65.

[153] 晏宗新. 政府和市场转型与产业政策的新取向 [J]. 上海经济研究，2007（8）：11－15.

[154] 杨东进，刘人怀. 政府蔽荫与自主品牌缺失的探索性研究——基于轿车行业与家电行业的比较分析 [J]. 科技进步与对策，2008（5）：137－141.

[155] 杨帅. 产业政策研究：进展、争论与评述 [J]. 现代经济探讨，2013（3）：88－92.

[156] 杨思正. 产业政策的国际比较——日本、西欧、美国的产业政策 [J]. 上海社会科学院学术季刊，1988（4）：31－40.

[157] 于良春. 推进竞争政策在转轨新时期加快实施 [J]. 中国工商管理研究，2014（9）：26－27.

[158] 于良春，付强. 地区行政垄断与区域产业同构互动关系分析——基于省际的面板数据 [J]. 中国工业经济，2008（6）：56－66.

[159] 于良春，余东华. 中国地区性行政垄断程度的测度研究 [J]. 经济研究，2009（2）：119－131.

[160] 于良春，张伟. 产业政策与竞争政策的关系与协调问题研究 [J]. 中国物价，2013（9）：6－10.

[161] 于良春，张伟. 中国行业性行政垄断的强度与效率损失研究 [J]. 经济研究，2010（3）：16－27.

[162] 于文超，殷华. 财政补贴对农村居民消费的影响研究——基于"家电下乡"政策的反事实分析 [J]. 农业技术经济，2015（3）：

61 - 70.

[163] 余东华, 胡亚男, 吕逸楠. 新工业革命背景下"中国制造2015"的技术创新路径和产业选择研究 [J]. 天津社会科学, 2015 (4): 98 - 107.

[164] 余东华, 吕逸楠. 政府干预不当与战略性新兴产业产能过剩——以中国光伏产业为例 [J]. 中国工业经济, 2015 (10): 53 - 68.

[165] 余东华. 中国家电行业的市场集中: 从过度竞争到有效竞争 [J]. 石油大学学报 (社会科学版), 2005 (4): 20 - 24.

[166] 余永定. 发展经济学的重构——评林毅夫《新结构经济学》 [J]. 经济学 (季刊), 2013 (3): 1075 - 1078.

[167] 余泳泽, 武鹏, 林建兵. 价值链视角下的我国高技术产业细分行业研发效率研究 [J]. 科学学与科学技术管理, 2010 (5): 60 - 65.

[168] 俞立平. 不同来源科研经费对内贸与外贸贡献的比较——基于省际高技术产业的实证 [J]. 财经科学, 2013 (4): 111 - 119.

[169] 袁富华, 李义学. 中国制造业资本深化和就业调整——基于利润最大化假设的分析 [J]. 经济学 (季刊), 2008 (10): 197 - 210.

[170] 张车伟. 新常态下就业面临的挑战 [J]. 社会观察, 2015 (1): 18 - 20.

[171] 张纯, 潘亮. 转轨经济中产业政策的有效性研究——基于我国各级政府利益博弈的视角 [J]. 财经研究, 2012 (12): 85 - 94.

[172] 张军, 陈诗一, Gary H. Jefferson. 结构改革与中国工业增长 [J]. 经济研究, 2009 (7): 4 - 20.

[173] 张军, 施少华, 陈诗一. 中国的工业改革与效率变化——方法、数据、文献和现有的结果 [J]. 经济学 (季刊), 2003 (1): 1 - 38.

[174] 张鹏飞, 徐朝阳. 干预抑或不干预?——围绕政府产业政策有效性的争论 [J]. 经济社会体制比较, 2007 (4): 28 - 38.

[175] 张其仔, 郭朝先, 白玫. 协调保增长与转变经济增长关系的产业政策研究 [J]. 中国工业经济, 2009 (3): 29 - 39.

[176] 张其仔, 李颢. 产业政策是应遵循还是违背比较优势? [J]. 经济管理, 2013 (10): 27 - 37.

[177] 张世贤. 工业投资效率与产业结构变动的实证研究 [J]. 管理世界, 2000 (5): 79 - 115.

[178] 张同斌, 范庆泉, 李金凯. 研发驱动高技术产业全要素生产率提升的有效性研究——基于断点检验与门限回归的结构变动分析 [J]. 经济学报, 2015 (3): 65 - 83.

[179] 张同斌, 高铁梅. 财税政策激励、高新技术产业发展与产业结构调整 [J]. 经济研究, 2012 (5): 58 - 70.

[180] 张伟, 于良春. 行业行政垄断的形成及治理机制研究 [J]. 中国工业经济, 2011 (1): 69 - 78.

[181] 张伟, 于良春. 中国竞争政策体系的目标与设计分析 [J]. 财经问题研究, 2010 (6): 32 - 38.

[182] 张卫国, 任燕燕, 花小安. 地方政府投资行为、地区性行政垄断与经济增长——基于转型期中国省级面板数据的分析 [J]. 经济研究, 2011 (8): 26 - 37.

[183] 张卫国, 任燕燕, 侯永健. 地方政府投资行为对经济长期增长的影响——来自中国经济转型的证据 [J]. 中国工业经济, 2010 (8): 23 - 33.

[184] 张许颖. 产业政策失效原因的博弈分析 [J]. 经济经纬, 2004 (1): 71 - 74.

[185] 张泽一. 产业政策有效性问题的研究 [D]. 北京: 北京交通大学, 2010.

[186] 张占东, 张铭慎. 市场势力、煤电矛盾与潜在福利损失——来自上市公司的经验证据 [J]. 产业经济研究, 2011 (1): 21 - 30.

[187] 张志元, 李兆友. 新常态下我国制造业转型升级的动力机制及战略趋向 [J]. 经济问题探索, 2015 (6): 144 - 149.

[188] 张志元, 马雷, 张梁. 基于战略视角的中国金融发展模式研究 [J]. 经济与管理评论, 2014 (4): 83 - 89.

[189] 赵嘉辉. 产业政策的理论分析和效应评价 [M]. 北京: 中国经济出版社, 2013.

[190] 赵坚. 我国自主研发的比较优势与产业政策——基于企业能力理论的分析 [J]. 中国工业经济, 2008 (8): 76 - 86.

[191] 赵晶晶. 区域产业政策的制度基础、实施路径与效果测度研

究 [D]. 天津：南开大学，2012.

[192] 赵志耘，吕冰洋. 政府生产性支出对产出—资本比的影响——基于中国经验的研究 [J]. 经济研究，2005（11）：46－56.

[193] 郑华懋，钟腾，程晓宁. 政府实施购买补贴政策的效应分析——以"家电下乡"补贴政策为例 [J]. 中国物价，2014（12）：22－25.

[194] 郑筱婷，蒋奕，林暾. 公共财政补贴特定消费品促进消费了吗？——来自"家电下乡"试点县的证据 [J]. 经济学（季刊），2012（4）：1323－1344.

[195] 中国经济增长与宏观稳定课题组. 增长失衡与政府责任——基于社会性支出角度的分析 [J]. 经济研究，2006（10）：4－17.

[196] 周辰珣，朱英隽. 政府主导模式下我国行业潮涌现象作用机制的实证研究 [J]. 南方经济，2013（5）：49－56.

[197] 周叔莲，吕铁，贺俊. 新时期我国高增长行业的产业政策分析 [J]. 中国工业经济，2008（9）：46－57.

[198] 周叔莲等. 中国产业政策研究 [M]. 北京：经济管理出版社，1990.

[199] 周亚虹，蒲余路，陈诗一，方芳. 政府扶持与新型产业发展——以新能源为例 [J]. 经济研究，2015（6）：147－161.

[200] 周幼曼. 推进人口城镇化的财税体制改革研究 [J]. 经济与管理评论，2014（4）：102－107.

[201] 周振华. 产业结构政策的选择基准：一个新的假说 [J]. 经济研究，1989（3）：36－41.

[202] 周振华. 产业政策分析的基本框架 [J]. 当代经济科学，1990（6）：26－32.

[203] 周振华. 论产业政策的两种调节方式 [J]. 天津社会科学，1990（6）：31－35.

[204] 朱平芳，徐伟民. 政府的科技激励政策对大中型工业企业R&D投入及其专利产出的影响——上海市的实证研究 [J]. 经济研究，2003（6）：45－53.

[205] 朱有为，徐康宁. 中国高技术产业研发效率的实证研究 [J]. 中国工业经济，2006（11）：38－45.

［206］ Aghion P, Howitt P. A model of growth through creative destruction ［J］. Econometrica, 1992, 60 (2): 323 – 351.

［207］ Aghion P, Dewatripont M, Du L, Harrison A. and Legros P. Industrial Policy and Competition ［R］. NBER Working Paper, No. 18048, 2012.

［208］ Arrow K J, Kurz M. Public investment, the rate of return and optimal fiscal policy ［R］. Johns Hopkins University Press, 1970.

［209］ Barro R J. Government Spending in a Simple Model of Endogenous Growth ［J］. Journal of Political Economy, 1990, 98 (5): 103 – 125.

［210］ Battese G. E. , Coelli T. J. A Model for Technical Inefficiency Effects in a Stochastic Frontier Production Function for Panel Data ［J］. Empirical Economics, 1995 (20): 325 – 332.

［211］ Blonigen B A, Wilso W. Foreign Subsidization and Excess Capacity ［J］. Journal of International Economics, 2010 (80): 200 – 211.

［212］ Brezis E S, Krugman P R and Tsiddon D. Leapfrogging in International Competition – A Theory of Cycles in National Technological Leadership ［J］. American Economic Review, 1993 (83): 1211 – 1219.

［213］ Cabral L. Sunk Costs, Firm Size and Firm Growth ［J］. Journal of Industrial Economics, 1995, 43 (2): 161 – 172.

［214］ Christian H. M. Ketels. Industry Policy in the United States ［J］. Journal of Industry Competition & Trade, 2007, 7 (3): 147 – 167.

［215］ Dasgupta, Partha, and Joseph Stiglitz. Learning – by – Doing, Market Structure and Industrial and Trade Policies ［J］. Oxford Economic Papers, 1988, 40 (2): 246 – 268.

［216］ David P, Hall H, Toole A. Is Public R&D a Complement or Substitute for Private R&D? A Review of Economic Evidence ［J］. Research Policy, 2000, 29 (4): 497 – 529.

［217］ Devarajan S, Swarwoop V, Zou H. The Composition of Public Expenditure and Economic Growth ［J］. Journal of Monetary Economics, 1996 (37): 313 – 344.

［218］ Dickson P R, Czinkota M R. How the United States Can Be Number One Again: Resurrecting the Industrial Policy Debate ［J］. The Columbia Joural of World Business, 1996, 31 (3): 76 – 87.

[219] Eaton J, Gene M. Grossman. Optimal Trade and Industrial Policy under Oligopoly [J]. Quarterly Journal of Economics, 1986, 101 (2): 383 – 406.

[220] Faccio M. Politically Connected Firms [J]. The American Economic Review, 2006, 96 (1): 369 – 386.

[221] Fare R, Grosskopf S, Lindgren B, et al. Productivity change in Swedish Pharmacies 1980 – 1989: A Nonparametric Malmquist Approach [J]. Journal of Productivity Analysis, 1992 (3): 85 – 101.

[222] Fisman R. Estimating the Value of Political Connections [J]. The American Economic Review, 2001, 91 (4): 1095 – 1102.

[223] Furman L, Porter E, Stern S. The determinants of national innovative capacity [J]. Research Policy, 2002 (31): 899 – 933.

[224] Griffith R, Redding S, Renee J. Mapping two faces of R&D: Productivity growth in a panel of OCED industries [J]. The Review of Economics and Statistics, 2000, 86 (4): 883 – 895.

[225] Hehui Jin, Yingyi Qian, Berry R. Weingast. Regional Decentralization and Fiscal Incentive: Federalism Chinese Style [J]. Journal of Public Economics, 2005 (89): 1719 – 1742.

[226] Ito T. The Japanese Economy. Cambridge, Mas: MIT Press, 1992.

[227] J. Peter Neary, Dermot Leahy. Strategic Trade and Industrial Policy towards Dynamic Oligopolies [J]. The Economic Journal, 2000, 110 (4): 484 – 508.

[228] Joseph E. Stiglitz. Some Lessons From the East Asian Miracle [J]. The World Bank Research Observer, 1996, 11 (2): 151 – 177.

[229] Katsuro Sakoh. Japanese Economic Success: Industrial Policy or Free Market [J]. Cato Journal, 1984, 4 (2): 521 – 543.

[230] Klepper S. Entry, Exit, Growth, and Innovation over the Product Life Cycle [J]. The American Economic Review, 1996, 86 (3): 562 – 582.

[231] Klette T J. Market Power, Scale Economies and Productivity:

189

Estimates from a Panel of Establishment Data [J]. The Journal of Industrial Economics, 1999, 47 (4): 451 – 476.

[232] Kornai, Janos. The Socialist System: The Political Economy of Communism [M]. Princeton University Press, 1992.

[233] Krueger A O, Tuncer B. An Empirical Test of the Infant Industry Argument [J]. American Economic Review, 1982, 72 (5): 1142 – 1152.

[234] Lee M H, Hwang I J. Determinants of Corporate R&D Investment: An Empirical Study Comparing Korea's IT Industry with its non – IT Industry [J]. ETR I Journal, 2003, 25 (4): 258 – 265.

[235] Lewis M. Branscomb. Does America Need a Technology Policy? [J]. Harvard Business Review, March – April, 1992: 24 – 31.

[236] Li Hongbin and Zhou Lian. Political Turnover and Economic Performance: The Incentive Role of Personnel Control in China [J]. Journal of Public Economic, 2005 (89): 1743 – 1762.

[237] Lin, Justin Yifu. Development Strategy, Viability and Economic Convergence [J]. Economic Development and Cultural Change, 2003, 51 (2): 277 – 308.

[238] Lynne Pepall, Dan Richards and George Norman. Industrial Organization: Contemporary Theory and Empirical Applications [M]. Malden, MA: Blackwell Publishing Company, 2008: 32 – 33.

[239] Martin F. Rethinking the Role of Fiscal Policy [J]. The American Economic Review, 2009, 99 (2): 556 – 559.

[240] Michael. E. Porter, Hirotaka Takeuchi, Mariko Sakakibara. Can Japan Compete [J]. New York: Basic Books, 2000.

[241] Norton R D. Industrial Policy and American Renewal [J]. Journal of Economic Literature, 1986, 24 (1): 1 – 40.

[242] Nunn N. and Trefler D. The Structure of Tariffs and Long-term Growth [J]. American Economic Journal: Macroeconomics, 2010, 2 (4): 158 – 194.

[243] Peltzman S. Toward a More General Theory of Regulation [J]. Journal of Law and Economics, 1976, 19 (2): 211 – 240.

[244] Richard Beason, David E Weinstein. Growth, Economies of

Sale, and Targeting in Japan (1955 – 1990) [J]. The Review of Economics and Statistics, 1996, 78 (2): 286 – 295.

[245] Rodrik Dani. Getting Interventions Right: How South Korea and Taiwan Grew Rich [J]. Economic Policy, 1995 (20): 55 – 107.

[246] Rodrik Dani. Coordination Failures and Government Policy: A Model with Application to East Asia and Eastern Europe [J]. Journal of International Economics, 1996 (40): 1 – 21.

[247] Ronald W. Mcquaid. Entrepreneurship and ICT Industries: Support from Regional and Local Policies [J]. Regional Studies, 2002, 36 (8): 909 – 919.

[248] Russo C, Goodhue R E, Sexton R J. Agricultural Support Policies in Imperfectly Competitive Markets: Why Market Power Matters in Policy Design [J]. American Journal of Agricultural Economics, 2011, 93 (5): 1328 – 1340.

[249] Schneider P H. International Trade, Economic Growth and Intellectual Property Rights: A Panel Data Study of Developed and Developing Countries [J]. Journal of Development Economics, 2005, 78 (2): 529 – 547.

[250] Sanjaya Lall. Reinventing Industrial Strategy: The Role of Government Policy in Building Industrial Competitiveness [C]. The G24 Intergovernmental Group on Monetary Affairs and Development. Queen Elizabeth House, University of Oxford, Working Paper Number 111, 2003: 1 – 35.

[251] Schilling M. A. Toward a General Modular Systems Theory and Its Application to Inter-firm Product Modularity [J]. The Academy of Management Review, 2000, 25 (2): 312 – 334.

[252] Stephen Martin. Competition Policy for High Technology Industries [J]. Journal of Industry, Competition and Trade, 2001, 1 (4): 441 – 465.

[253] Stiglitz J E. Some Lessons from the East Asian Miracle [J]. The World Bank Research Observer, 1996, 11 (2): 151 – 177.

[254] Succar Patricia. The Need for Industrial Policy in LDCs-A Restatement of the Infant-Industrial Argument [J]. International Economic Review, 1987, 28 (2): 521 – 534.

[255] Tansey, Michael. Price Controls, Trade Protectionism and Political Business Cycles in the U. S. Steel Industry [J]. Journal of Policy Modeling, 2005, 27 (9): 1097 – 1109.

[256] Thun E. Keeping Up with the Jones: Decentralization, Policy Imitation, and Industrial Development in China [J]. World Development, 2004, 32 (8): 1289 – 1308.

[257] Williams S L. Japanese Industrial Policy: What is it, and has it worked? [J]. Canada-United States Law Journal, 1993 (19): 79 – 92.